本书系甘肃政法大学 2017 年校级重点项目"公平公正待遇条款适用的大数据分析"(2017 XZDLW01)的阶段性成果

国际投资协定之公平公正待遇条款研究

姬云香◎著

中国社会科学出版社

图书在版编目(CIP)数据

国际投资协定之公平公正待遇条款研究 / 姬云香著 .—北京：中国社会科学出版社，2023.3
ISBN 978-7-5227-1334-2

Ⅰ.①国… Ⅱ.①姬… Ⅲ.①国际投资—经济协定—研究 Ⅳ.①D996.4

中国国家版本馆 CIP 数据核字(2023)第 022406 号

出 版 人	赵剑英
责任编辑	梁剑琴
责任校对	刘 娟
责任印制	郝美娜
出　　版	中国社会科学出版社
社　　址	北京鼓楼西大街甲 158 号
邮　　编	100720
网　　址	http://www.csspw.cn
发 行 部	010-84083685
门 市 部	010-84029450
经　　销	新华书店及其他书店
印刷装订	北京市十月印刷有限公司
版　　次	2023 年 3 月第 1 版
印　　次	2023 年 3 月第 1 次印刷
开　　本	710×1000 1/16
印　　张	14.5
插　　页	2
字　　数	245 千字
定　　价	88.00 元

凡购买中国社会科学出版社图书，如有质量问题请与本社营销中心联系调换
电话：010-84083683
版权所有　侵权必究

摘　　要

目前，公平公正待遇条款成为国际投资仲裁中当事者博弈的焦点之一。由于关于判断公平公正待遇的协定或权威文件尚未出现，其条款适用及内容的争议成为学界与实务界最为热门的话题。鉴于公平公正待遇已成为投资者援引最多和最为成功的索赔依据，我国作为资本输出与输入大国，理应更加重视公平公正待遇条款的研究。

现代投资保护协定中的公平公正待遇条款，源于早期多边协定中的公平公正待遇的规定。20世纪90年代，公平公正待遇条款成为条约惯例，并经历无约束力的宣言；有约束力的协定条款；内容被限定的协定条款三个阶段。公平公正待遇条款表述并不统一，以美国为代表的北美国家多将公平公正待遇与国际最低待遇标准相关联，部分国家则将公平公正待遇与其他待遇条款共同规定。表述多样的公平公正待遇条款有着共同的价值承载，即正义。正义是国际法追求的目标，强调东道国公共利益和外国投资者利益平衡保护的公平公正待遇条款，是投资保护协定实现国际正义的路径。依据 Thomas M. Franck 的公正理论，将公平公正待遇判断纳入平衡稳定和变革争议的公正论证模式，可提高法律推理和决策质量，是仲裁庭实现正义的司法实践过程。

公平公正待遇条款出现之初，由于其语义抽象且与其他待遇共同规定而遭遇判断困惑。这种困惑的焦点集中于公平公正待遇是等同于国际最低待遇标准，还是基于"公平公正"的文义需独立审查？部分仲裁庭为避免这种纠缠，或采用将其他实体条款内容纳入公平公正待遇的内容说明，或提出国际最低待遇标准具有"进化"特征而不必恪守。抽象的语义也为公平公正待遇条款带来解释的难题。鉴于"公平公正"的"普通含义"难以确定，仲裁庭更倾向于运用目的解释法确定公平公正待遇的内容。由于协定的目标与宗旨通常不能用来改变十分明确的实体规定，针对规定较为明晰的公平公正待遇条款，为平衡保护投资者和东道国的利益，仲裁庭应适用整体解释法,并尊重缔约国解释,以获得在世界公共秩序框架中识别满足当事方共享期待之事情。公平公正待遇条款的适用广泛,一般认为东道国对待投资者的待遇达到公平公正需履行以下义务:正当程序、保护投资者合理期待、透明度、非歧视。

中国缔结的国际投资协定中的公平公正待遇条款存在的主要问题有:条款规定差异大;术语使用不一致;条款在协定中的位置不统一。这些问题的存在对我国可能遭遇的仲裁极为不利,因而需要改进。公平公正待遇条款的改进需坚持条款的可诉性,统一性质与术语;列举"东道国义务",避免形成过高保护待遇;允许"协议新增"内容;设置例外条款。公平公正待遇条款采用"列举"和"协议新增"的方式,符合我国资本输入和输出大国双重混同身份的考虑,也满足灵活处理国家间差异,平衡保护投资者和东道国利益的立场要求,是目前较为现实的选择。

缩略语

缩略语	英文全称	中文全称
BITs	Bilateral Investment Treaties	双边投资协定
CETA	Comprehensive Economic and Trade Agreement	加拿大—欧盟全面性经济与贸易协定
CPTPP	Comprehensive and Progressive Agreement for Trans-Pacific Partnership	全面与进步跨太平洋伙伴关系协定
FCN	Treaties on Friendship, Commerce and Navigation	友好通商航海条约
FDI	Foreign Direct Investment	外国直接投资
FTAs	Free Trade Agreements	自由贸易协定
GATS	General Agreement on Trade in Service	服务贸易总协定
GATT	General Agreement on Tariffs and Trade	关税与贸易总协定
ICSID	International Center for Settlement of Investment Disputes	投资争端解决国际中心
IIAs	International Investment Agreements	国际投资协定
MAI	Multilateral Agreement on Investment	多边投资协定
NAFTA	North American Free Trade Agreement	北美自由贸易协定
OECD	Organization for Economic Co-operation and Development	经济与合作发展组织
RECP	Regional Comprehensive Economic Partnership	区域全面经济伙伴关系协定
TPP	Trans-Pacific Partnership Agreement	跨太平洋伙伴关系协定
UNCITRAL	United Nations Commission on International Trade Law	联合国国际贸易法委员会
UNCTAD	United Nations Conference on Trade and Development	联合国贸易和发展会议
WTO	World Trade Organization	世界贸易组织

目 录

前言 ……………………………………………………………… (1)
    一　研究背景 ………………………………………………… (1)
    二　问题的提出 ……………………………………………… (3)
    三　已有研究的梳理 ………………………………………… (11)
    四　研究基本思路 …………………………………………… (16)

第一章　公平公正待遇条款的性质与价值 ……………………… (18)
  第一节　公平公正待遇条款的形成 …………………………… (18)
    一　公平公正待遇条款的起源与发展 ……………………… (18)
    二　公平公正待遇的条款模式 ……………………………… (24)
    三　公平公正待遇条款的发展归因 ………………………… (28)
  第二节　公平公正待遇条款的性质 …………………………… (34)
    一　公平公正待遇条款是倡议性规范 ……………………… (34)
    二　公平公正待遇条款是义务性规范 ……………………… (36)
    三　公平公正待遇条款是可执行性规范 …………………… (41)
  第三节　公平公正待遇条款的价值体现 ……………………… (42)
    一　公平公正待遇条款承载正义价值 ……………………… (42)
    二　公平公正待遇条款是正义最直接表达 ………………… (46)
    三　公平公正待遇条款的正义论证模式 …………………… (51)
  本章小结 ………………………………………………………… (59)

第二章　公平公正待遇条款的独立性 ………………………… (61)
  第一节　公平公正待遇与国民待遇、最惠国待遇 …………… (61)
    一　公平公正待遇与国民待遇、最惠国待遇的关系概述 ……… (61)
    二　公平公正待遇与国民待遇条款 ………………………… (62)
    三　公平公正待遇与最惠国待遇条款 ……………………… (65)
  第二节　公平公正待遇与国际最低待遇标准 ………………… (67)

  一 公平公正待遇与国际最低待遇标准的理论纷争……（67）
  二 公平公正待遇与国际最低待遇标准的实践之争……（71）
  三 公平公正待遇与国际最低待遇标准的关系……（83）
 第三节 公平公正待遇与其他投资保护条款……（87）
  一 充分保护与安全条款……（87）
  二 禁止专断或歧视性措施条款……（92）
  三 征收与补偿条款……（96）
  四 保护伞条款……（100）
 本章小结……（104）

第三章 公平公正待遇条款的解释……（106）
 第一节 公平公正待遇条款的解释原则……（106）
  一 国家主权原则……（106）
  二 善意原则……（109）
  三 可持续发展原则……（111）
 第二节 公平公正待遇条款的解释实践……（119）
  一 文本解释法……（119）
  二 目的解释法……（121）
  三 整体解释法……（129）
  四 缔约国解释……（133）
 本章小结……（135）

第四章 违反公平公正待遇条款的情形……（137）
 第一节 违反东道国正当程序义务……（137）
  一 正当程序义务概述……（137）
  二 违反禁止东道国司法不公义务……（138）
  三 违反行政程序公正合理义务……（143）
  四 东道国正当程序义务的仲裁实践分析……（144）
 第二节 违反保护投资者合理期待义务……（146）
  一 合理期待概述……（146）
  二 违反保护投资者合理期待的仲裁判断……（150）
  三 保护投资者合理期待义务的仲裁实践分析……（160）
 第三节 违反非歧视义务……（162）
  一 非歧视义务概述……（162）

二　违反非歧视义务的仲裁判断 …………………………（163）
　　三　违反非歧视义务的仲裁实践分析 ……………………（166）
　第四节　违反透明度义务 ………………………………………（167）
　　一　透明度概述 ……………………………………………（167）
　　二　违反透明度义务的仲裁判断 …………………………（169）
　　三　违反透明度义务的仲裁实践分析 ……………………（172）
　本章小结 …………………………………………………………（174）
第五章　公平公正待遇条款的中国实践 ………………………（176）
　第一节　公平公正待遇条款规定的现状 ………………………（176）
　　一　BITs中的公平公正待遇条款 …………………………（176）
　　二　FTAs中的公平公正待遇条款 …………………………（179）
　　三　BITs和FTAs中条款差异及解决 ……………………（182）
　　四　公平公正待遇条款的发展轨迹 ………………………（184）
　第二节　公平公正待遇条款存在的问题 ………………………（186）
　　一　公平公正待遇条款规定差异较大 ……………………（186）
　　二　公平公正待遇条款术语使用不一致 …………………（187）
　　三　公平公正待遇条款的位置安排不统一 ………………（188）
　第三节　公平公正待遇条款的改进 ……………………………（189）
　　一　公平公正待遇条款改进之纷争 ………………………（189）
　　二　公平公正待遇条款改进的路径要求 …………………（193）
　　三　公平公正待遇条款改进的具体方案 …………………（201）
　本章小结 …………………………………………………………（201）
结论 …………………………………………………………………（203）
参考文献 ……………………………………………………………（205）
后记 …………………………………………………………………（221）

前　言

一　研究背景

2007年美国次贷危机暴发之后，世界开始进入全球治理时代。以新古典经济理论为基础的治理方式已经越来越不能反映国际社会治理能力分布的变化，但新的治理方式又尚未成熟，这成为限制全球治理效率提升的主要障碍。在这样的背景之下，亚洲广域经济圈、金砖合作机制、跨太平洋伙伴关系协定（Trans-Pacific Partnership Agreemen，TPP）、全面与进步跨太平洋伙伴关系协定（Comprehensive and Progressive Agreement for Trans-Pacific Partnership，CPTPP）[1] 等区域及跨区域新兴的治理尝试开始出现，经济合作与发展组织（Organization for Economic Co-operation and Development，OECD）等早已成立的国际组织也开始焕发新的活力。2022年1月1日，全球最大的自贸区《区域全面经济伙伴关系协定》（Regional Comprehensive Economic Partnership，RCEP）生效，全球治理呈现"碎片化"的趋势。[2]

中国的经济和政治崛起对当前全球治理结构有着巨大的潜在影响，最直接的体现就是外商直接投资（Foreign Direct Investment，FDI）的发展。[3] 据联合国贸易和发展会议（United Nations Conference on Trade and Development，UNCTAD）2020年6月16日发布的《2020年世界投资报

---

[1] 全面与进步跨太平洋伙伴关系协定（Comprehensive and Progressive Agreement for Trans-Pacific Partnership，CPTPP），是美国退出跨太平洋伙伴关系协定（TPP）后该协定的新名字。

[2] 参见何帆、冯维江、徐进《全球治理机制面临的挑战及中国的对策》，《世界经济与政治》2013年4期。

[3] See Axel Berger, "China and the Global Governance of Foreign Direct Investment: The Emerging Liberal Bilateral Investment Treaty Approach", *German Development Institute Discussion*, No.10/2008.

告》（World Investment Report 2020）显示，从外国直接投资的主要接受国来看，中国成为最大的接受国，吸引了约 1630 亿美元的资金流入。[①] 2020 年中国对外全行业直接投资 1329.4 亿美元，对外承包工程完成营业额 1559.4 亿美元，[②] 同比增长 3.3%[③]。

2015 年，国家发展改革委、外交部、商务部联合发布了《推动共建丝绸之路经济带和 21 世纪海上丝绸之路的愿景与行动》，依靠双边贸易与投资安排，深化我国在亚洲、非洲和拉丁美洲的经济参与。2017 年，美国正式退出 TPP。2021 年 9 月 16 日，中国正式提出申请加入 CPTPP。如 Dirk Messner 教授所言，2025—2030 年，中国可能会构成全球治理架构的极点之一，成为非西方国家在全球体系中实质性的行动者。中国作为"全球变化的新亚洲驱动力"，正在成为全球治理的参与者，有力地改变着工业化国家和发展中国家之间的关系。[④] 从古丝绸之路战略进入"一带一路"倡议，中国试图绕过现有有全球权力集团，创造自己的治理结构。"一带一路"倡议是中国参与全球治理，试图成为全球治理架构极点之一的开端。

投资规则影响着国际经贸谈判和经济规则的未来走向，对各国竞争优势和国际经贸格局产生了深远影响，正在逐步取代传统的关税减让和市场准入，成为国际规则博弈的重点。[⑤] 中国是适应发达国家制定的规则和规范制度，或采取独特的政策方法，成为国外学者研究中国发展时的关注点。[⑥] 这也应该是我国国际经济法学研究者理应关注的重要课题，正是基于这一背景，本书选择国际投资协定作为研究方向。

---

① 上海对外财经大学国际经济贸易研究所：《联合国贸易和发展会议发布〈2020 年世界投资报告〉》，https：//www.suibe.edu.cn/gjys/2020/0619/c12020a125361/page.htm，2020 年 3 月 21 日。

② 中华人民共和国商务部：《2019 中国对外投资合作发展报告》，http：//www.gov.cn/xinwen/2021-02/03/5584540/files/924b9a95d0a048daaa8465d56051aca4.pdf，2020 年 7 月 27 日。

③ 中华人民共和国商务部驻悉尼总领事馆经济商务处：《2020 年中国对外投资合作情况》，http：//www.mofcom.gov.cn/article/i/jyjl/l/202102/20210203038250.shtml，2020 年 7 月 27 日。

④ See Dirk Messner and John Humphrey, "China and India in the Global Governance Arena", Governance and legitimacy in a globalized world, Vol.5, 2008, p.187.

⑤ 参见吴其胜《国际投资规则新发展与中国的战略选择》，《国际关系研究》2014 年第 2 期。

⑥ E.g, Dirk Messner and John Humphrey, "China and India in the Global Governance Arena".

二 问题的提出

(一) 本书的核心问题

公平公正待遇（The fair and equitable treatment, FET），是国际投资协定的核心条款。公平公正待遇最早出现在1948年《哈瓦那宪章》第11(2)条："缔约国对来自缔约他方的企业、技术、资本、工艺和科技提供公平公正待遇。"[①] 自此，公平公正待遇开始进入人们的视野，例如，1959年《肖克斯域外投资公约草案》（Abs-Shawcross Convention）第一章提出："每一缔约方应在任何时候都确保公平和公正对待其他缔约方的国民的财产。" 1961年，瑞士—突尼斯BIT（Bilateral Investment Treaty, BIT）中明确了公平公正待遇内容，很快其他国家也开始在它们的投资协定中纳入该条款。[②]

国家如个人，不能遗世而独立。公平公正待遇条款是缔约国在相互合作与斗争中形成的关于东道国与投资者关系的行为规则。本质上，公平公正待遇是为缔约双方创造双赢的局面，条款表面则体现为限制国家在经济事项上的行动自由。这种限制的目的是向投资者灌输一种向东道国投资是安全的感觉，即让投资者感受到，如果由于政府干预而使其利益受损，他们也会通过国际法律获得救济。因此，公平公正待遇条款即可作为保护投资者之"盾"，更可成为攻击东道国之"矛"。周鲠生认为，在国际社会里，所需要的不是各个国家更多的自由，而是加强它们之间的联系，不是强调它们的权利，而是多着重它们的义务。[③] 国际投资关系中，东道国该为投资者提供何种程度的待遇才是公平公正的，或者说就该条款而言，东道国的义务范围并无统一认识。

由于公平公正待遇条款抽象之表述显现出比其他规范更具有包容性，更容易覆盖东道国活动范围的特性，有学者将公平公正待遇尊奉

[①] 目前FET术语公认为"The fair and equitable treatment"，而在《哈瓦那宪章》的表述则为"Just and Equitable Treatment"。

[②] See Kenneth J. Vandevelde, "A Brief History of International Investment Agreements", U.C.Davis J.Int'l L. & Pol'y, Vol.12, 2005, pp.157-169.

[③] 高岚君：《义务先定论与国际法》，《河北法学》2004年第2期。

为国际投资法的"帝王条款",以致在论及《北美自由贸易协定》(North American Free Trade Agreement, NAFTA)中的公平公正待遇时慨言:"不夸张地说,第1105条(公平公正待遇)已经成为NAFTA第11章项下投资者——国家仲裁的最重要东西,每一个在审的请求均主张有违反第1105条的行为。"① 公平公正待遇条款的这一特性,一度使之成为投资者的投机工具,那些在纠纷中希望获得赔偿的投资方代理律师力争将案件事实和观点陈述与公平公正待遇相关联,违反公平公正待遇成为投资者指责东道国的最常见理由。然而,过分限定公平公正待遇的理解,也将对投资者构成威胁,使公平公正待遇条款失去存在的意义。

想象一下,如果投资者把钱投到项目中,后来他却发现他的投资极很有可能落到东道国手中。投资者认为东道国元首十指交叉,是虔诚地对投资者和投资表示敬意,可惜东道国的本意是"我们欢迎你,可惜无法提供BIT中的利益"。这样的结果是对最基本的诚信原则的冒犯,也是对缔约国双方国家元首的侮辱。因此,平衡东道国经济主权与最大化保护投资者利益之间的矛盾,确定公平公正待遇下东道国的义务,是条款研究的主要内容。

中国在中外投资协定,特别是在双边投资协定中的缔约角色有所转变:从彻底的东道国转变为既是东道国也是投资母国。中国新签订或者续订的双边投资协定较之以往自由化程度更高,以便为对外投资提供有效保护。② 但中国依然是一个传统的东道国,中国政府必须在追求高标准保护对外投资带来的收益与高标准保护外来投资承受的风险之间进行审慎权衡,并努力寻求减少风险,扩大收益。③ 缔约角色的转变致使谈判和缔约的立场难以掌握。我国该如何对公平公正待遇条款作出恰当的安排,既可以确保我国经济主权,避免为投资争端解决国际中心(International Center for Settlement of Investment Disputes,

---

① 徐崇利:《公平与公正待遇标准:国际投资法中的"帝王条款"?》,《现代法学》2008年第5期。

② 陈安主编:《国际经济法的新发展与中国双边投资条约的新实践》,复旦大学出版社2007年版,第434页。

③ 陈安主编:《国际经济法的新发展与中国双边投资条约的新实践》,复旦大学出版社2007年版,第434页。

ICSID)的判决"买单",也能确保我国海外投资的安全,即如何制作一个中式国际投资协定公平公正待遇条款的模板,是本书希望解决的问题。①

(二)核心术语的用词说明

提出问题后,需要交代的是学者通常使用的,与公平公正待遇相近的"公平与公正待遇""公平公正原则""公平公正待遇标准"之间的差异。这样做的主要意图,并不是在批评学者已有的习惯用法,而是为本书写作时使用统一清晰的概念表达,便于自圆其说,而且行文也更通顺流畅。

1. 公平和公正待遇

待遇一词,《现代汉语词典》的释义之一,即待遇为应享有权利及社会地位等,包括物质与精神双层因素考虑。《元照英美法字典》中待遇(treatment)指"某人或某物受到对待的方式,或指配偶一方对待一方的形式"。可见待遇是一种单向关系,指行为发出者对待行为接受者的方式,这种方式包括物质和精神手段。投资者待遇,实为东道国发出的对待投资者的物质和精神方面的行为方式。

"公平和公正待遇"是 fair and equitable treatmen 的直译用法,规定在对投资予以公平公正待遇的协定和文件里,"公平""公正"这两个词汇是以"公平和公正待遇"的形式被结合在一起的。例如,智利、法国、德国、美国、英国的 BIT 范本,以及 NAFTA,1993 年的《关于建立东南非洲共同市场的公约》,1994 年的《能源宪章》等区域性的文件中,都将"公平与公正待遇"作为一个单一概念来使用。②

"公平和公正待遇"是投资协定中的单一待遇概念。首先,联合国贸发会议及 OECD 在其报告中都说明存在且只存在一个单一待遇,各缔约国以"公平和公正待遇"的表述将这两个术语联系起来的一致性,也造成这些国家认为存在这样一个待遇的印象。③其次,如果各缔约国希望指出

---

① 参见张建军《国际投资协定之透明度规则研究》,博士学位论文,南京大学,2011年,第4页。

② UNCTAD, *Fair and Equitable Treatment*, UNCTAD Series on Issues in International Investment Agreements, New York and Geneva, 1999.

③ UNCTAD, *Fair and Equitable Treatment*, UNCTAD Series on Issues in International Investment Agreements, New York and Geneva, 1999.

"公平和公正待遇"实际上提到两个单独的待遇,那么会将这一选择分别规定。例如,它们可以列出一项条约中规定的公平待遇,另一项条约中规定的公正待遇,但它们并没有这样做,这说明缔约国认为"公平和公正待遇"一词意味着单一的待遇。

公平公正待遇与"公平和公正待遇"的含义并无任何差异,本书选择使用公平公正待遇是学界研究更为多见的习惯性表述,是对"公平和公正待遇"的简化表达。因此,公平公正待遇与"公平和公正待遇"都是指东道国对待投资者行为方式需达到"公平公正"。

2. 公平公正待遇原则

国内外的部分学者在文献中使用了"公平公正待遇原则"(Fair and Equitable Treatment Principle)。如 Güneş Ünüvar[①] 和 Penulis 的文章[②],2008 年复旦大学胡毅的硕士学位论文及王衡和惠坤[③]的文章。

《元照英美法词典》的解释是,"法律原则指不能为个别或者具体的法律规则所涵盖,而在司法判决中作为司法推理的权威性起点的一般性原则,往往是法官在个案规则的基础上或法律学者著作基础上运用归纳法总结而成。与具体的法律规则相比,法律原则更为抽象、粗泛,因而适用起来更为灵活"。公平公正待遇最初始于缔约国之间的誓词或建议,其初始面目确实与原则相似。但一般情况下,法律原则不可以作为诉讼和裁决的依据,只有在特定条件下,法律原则才可以例外援用。[④] 因此,公平公正待遇早已超越"原则"的本来面目。

鉴于"公平公正待遇原则"仅说明公平公正待遇的起始,无法概括其发展和现状,因此本书并未选择这种表述。

3. 公平公正待遇标准

国内外学者使用更多的是公平公正待遇标准(fair and equitable treatment standard),例如,2012 年 UNCTAD 关于公平公正待遇报告,2014 年

[①] Ünüvar Güneş, "The Vague Meaning of Fair and Equitable Treatment Principle in Investment Arbitration and New Generation Clarifications", *iCourts Working Paper Series*, No.55, 2016.

[②] 胡毅:《国际投资中的公正公平待遇原则》,硕士学位论文,复旦大学,2008 年。

[③] 参见王衡、惠坤《国际投资法之公平公正待遇》,《法学》2013 年第 6 期。

[④] 参见舒国滢《法律原则适用的困境——方法论视角的四个追问》,《苏州大学学报》2005 年第 1 期。

L. O. Sadiq①的文章，以及大部分国内的文章。

依据《元照英美法词典》对"标准"（standard）的解释，"由习惯或经当事人合意确定为正当的虚拟的行为模式，据以对具体的质量、可接受度、准确度进行的衡量。标准可以是确定的，也可是不确定的"。《布莱克法律大辞典》的解释包括两层意思：一是指为习惯、同意或权威所接受的作为正确的模式；二是测量可接受性、质量及精确度的水准。

依据上述法律词典的解释，标准指缔约国在合意的基础之上确定的，正确的行为模式，投资待遇标准则是指东道国对待投资者的经双方同意的正确行为方式。公平公正待遇标准是指东道国对待投资者的正确行为方式是公平公正的。

可见，"公平和公正待遇""公平公正待遇原则""公平公正待遇标准"并无本质区别，都是对东道国对待投资者的行为方式的要求，即东道国对待投资者的行为需是在缔约国合意基础之上的正确的公平公正的方式。因本书最后落笔于我国投资协定的公平公正待遇条款如何改进，因此使用"公平公正待遇条款"，书中提及"公平公正待遇标准"也是因引用他人观点或仲裁判例而需尊重其行文习惯。

（三）研究问题的视域

本书的标题是"国际投资协定之公平公正待遇条款研究"，因此本书的研究范围将限于国际投资协定中的公平公正待遇条款。

1.双边投资协定

国际投资协定是指缔约方就相互间的跨国投资活动达成的协定。按照缔约方的数量，国际投资协定分为两大类：两个缔约方签订的称为双边投资协定，两个以上缔约方签订的称为多边投资协定。按照缔约的内容，国际投资协定分为只规定投资的专门投资协定和含有投资内容的其他协定。专门投资协定又可以根据涉及范围的不同分为综合性投资协定和只涉及部分问题的专项投资协定。② 本书将研究范围锁定为综合性投资协定。

---

① L.O.Sadiq "Variability of Fair and Equitable Treatment Standard According to the Level of Development, Governance Capacity and Resources of Host Countries", *Journal of International Conmmercial Law and Technology*, Vol.9, 2014, p.230.

② 张建军：《国际投资协定之透明度规则研究》，博士学位论文，南京大学，2011年，第6页。

截至2021年7月，世界各国共签订3312个双边投资协定（Bilateral Investment Treaties, BITs）。① 早在2014年，Patrick Dumberry 依据贸发会议网站的条约数据库，检索了1964个双边投资协定，其中，仅有50个BITs中不包括公平公正待遇条款，25个BITs仅在序言部分提到公平公正待遇，不足5%的BITs中，对东道国关于对投资的公平公正待遇没有任何形式的义务限制。② 可见，双边投资协定是公平公正待遇最为主要的载体，因此本书主要的研究范围集中于各国签订的双边投资协定。

2.自由贸易区协定

从2012年起，《世界投资报告》将国际投资协定（International Investment Agreements, IIAs）分为两大类：双边投资协定和其他国际投资协定（other IIAs），在其他国际投资协定中，主要指的是自由贸易协定（Free Trade Agreements, FTAs）。③ FTA 是区域经济合作的新途径，各个国家签订双边投资的同时，也开始重视 FTA 的谈判。例如，美国贸易代表罗伯特·佐立克称："当 WTO（World Trade Organization）成员思考其将来时，美国不会等待，将通过双边 FTA 谈判来推进开放全球市场的计划。"④ 因为 FTA 保留了贸易与投资协议的传统内容，也是本书的研究领域。

双边投资协定是不同国家在不同文化、经济背景下个性化的协议结果，自然表述会有差异，为行文流畅，本书遵循国际投资法研究者的一般用法，一律采用 BITs，中文全称双边投资协定，在不发生歧义的前提下，中文简写为"协定"。具体的双边投资协定不出现全称，而是采用缩写，例如《中华人民共和国政府与澳大利亚政府相互鼓励和保护投资协定》写为"中国—澳大利亚 BIT"。自由贸易协定，一律采用 FTAs，中文全称自由贸易协定，在不发生歧义的前提下，中文简写为"协定"。具体的自

---

① UNCTAD, *Investment Policy Monitor*, February 2021, Issue 24.

② Patrick Dumberry, "Has the Fair and Equitable Treatment Standard Become a Rule of Customary International Law?", *Journal of International Dispute Settlement*, Vol. 8, Issue 1, March 2017, p.159.

③ 张建军：《国际投资协定之透明度规则研究》，博士学位论文，南京大学，2011年，第7页。

④ 宾建成：《世界双边 FTA 的发展趋势与我国的对策探讨》，《南京社会科学》2005年第11期。

由贸易协定不出现全称，而是采用缩写，如《中华人民共和国政府和新加坡共和国政府自由贸易协定》写为"中国—新加坡 FTA"。

综上，本书研究的国际投资协定集中于 BITs 和 FTAs 两类，其他的国际投资协定不在研究范围内。

（四）国家—投资者利益保护的立场变化交代

1.20 世纪投资者的高标准保护

20 世纪晚期，放任外国投资的传统概念逐渐让位于对外商投资进行规制的新自由主义。然而，如何对外商投资进行规制，发展中国家与发达国家之间发生利益冲突时，由发达国家主导的规则制定依然赋予投资者利益最大化的可能。换言之，外国投资者可能同时享受由放任政策带来的自由和管制措施带来的保护。在法学理论、双边投资协定以及区域贸易协定的支持下，在 20 世纪 80 年代末和整个 90 年代，东道国通过制定外国投资法律为外国投资者提供最大化保护成为趋势，这种保护甚至以牺牲其他社会价值和国际法的其他相关原则为代价。

2.21 世纪新的平衡规则的努力

进入 21 世纪，一些旨在对外国投资进行规制的新的努力出现。2001 年《多哈宣言》达成这样的共识："任何框架应该以平衡的方式反映投资者母国和东道国利益，并且对东道国政府的发展政策和目标予以考虑，还要考虑它们为了公共利益进行规制的权利。"这个共识是平衡保护东道国与投资者利益的积极信号。因为目前尚未出现有关外国投资的全球性条约，投资体系对投资者利益和东道国主权的再平衡过程主要体现在国际习惯法、双边投资协定或区域贸易协定之中。[①]

3.投资仲裁结果对投资保护再平衡过程的体现

国际仲裁机构对公平公正待遇的判定一度有利于外国投资者，并不惜牺牲东道国国内和国际公共政策为代价，这种倾向一直持续进入 21 世纪。例如，1997 年 ICSID 首次仲裁涉及公平公正待遇条款的美国生产贸易公司诉刚果案。[②] 截至 2007 年上半年，ICSID 已经裁决的 24 个涉及公平公

---

① 参见［尼泊尔］苏里亚·P. 苏贝迪《国际投资法：政策与原则的协调》（第二版），张磊译，法律出版社 2015 年版，第 43—51 页。

② American Manufacturing & Trading, Inc.v.Republic of Zaire, ICSID Case No.ARB/93/1. 本书所援引案例，首次皆说明出处与全称，后续援引，按习惯使用简称，并不再说明出处。

正待遇问题的案件中，外国投资者胜诉的有 16 个，占到案件总数的 2/3，被否决的此类诉求只有 8 个。① 这种倾向使国际仲裁机构面临严格的公共评议，巨大的压力迫使其在私人利益与公共利益之间重新进行平衡，开始谨慎处理投资者与东道国公共利益之间的保护问题。较为明显的是投资争端仲裁中，仲裁庭开始注意维护东道国经济主权，不轻易裁决东道国违反公平公正待遇条款。

例如，2007 年 11 月至 2016 年 10 月，ICSID 共裁决 42 个涉及公平公正待遇条款的投资争端案件。总体而言，投资者胜诉总数稍低于东道国，但比例相差不大（参见图 0-1、图 0-2）。②

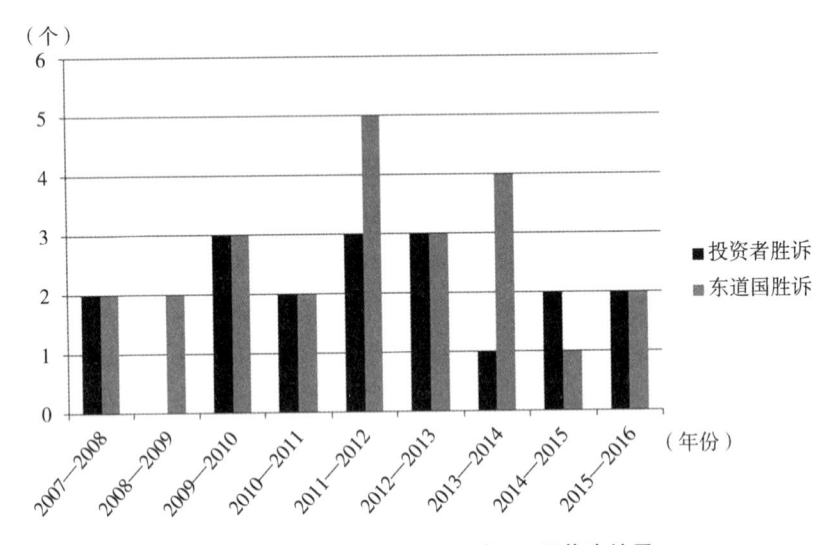

图 0-1　2007 年 11 月至 2016 年 10 月裁决结果

---

① See J.Kalicki and S.Medeiros, "Fair, Equitable and Ambiguous: What Is Fair and Equitable Treatment in International Investment Law?", *ICSID Review-Foreign Investment Law Journal*, Vol.22, Issue 1, Spring 2007, pp.24-54.转引自许崇利《公平与公正待遇：真议之解读》，《法商研究》2010 年第 3 期。

② 上述数据来源有二：第一，ICSID 官网；第二，《曼彻斯特国际经济法学报》历年 ICSID 案例回顾。统计时间依据《曼彻斯特国际经济法学报》的方法，选择每年 11 月至第二年 10 月。需要说明的是，上述数据统计不包括双方以和解告终、仲裁庭裁决无管辖权、公开渠道无法获得以及仲裁语言不以英文为主的案例。因此，这十年的数据统计必不是最精确的，但足以展现仲裁庭对投资者和东道国利益保护的立场转换。

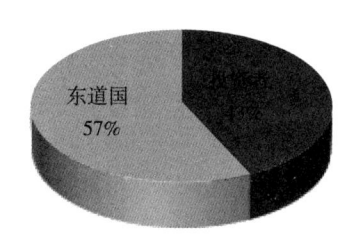

图 0-2 2007 年 11 月至 2016 年 10 月胜诉比

三 已有研究的梳理

（一）国际研究报告

1. 联合国关于公平公正待遇的报告

联合国贸发会议就公平公正待遇分别于 1999 年[①]、2012 年[②]做出专门报告。1999 年报告分为三部分，第一部分包括公平公正待遇的历史、含义。第二部分讨论公平公正待遇与相关待遇的关系，第三部分探讨与其他概念的相互作用。2012 年报告主要是对 10 年之中公平公正待遇发生变化的描述，指出公平公正待遇与最低待遇标准的关系发生变化，并出现了实质性内容（substantive content）。2012 年报告强调仲裁庭对公平公正待遇发展的巨大影响，建议各国应积极影响和塑造相关实践，考虑如何在现有的公平公正待遇条款中制定义务或商定统一的解释，以指导仲裁庭解决现有和未来的适用问题。

2. 联合国关于双边投资协定的报告

2007 年，联合国公布《1995—2006 年双边投资条约：投资规则制定的趋势》报告，[③] 指出目前大多数的 BITs 都包含公平公正待遇，并对公平公正待遇的文本形式进行比较。该报告是本书第一章中公平公正待遇协定表达研究的主要素材来源。

---

① UNCTAD, *Fair and Equitable Treatment*, UNCTAD Series on Issues in International Investment Agreements, New York and Geneva, 1999.

② UNCTAD, *Fair and Equitable Treatment*, UNCTAD Series on Issues in International Investment Agreements II, New York and Geneva, 2012.

③ UNITED, *Bilateral Investment Treates 1995–2006: Trends In Investment Rulemaking*, New York and Geneva, 2007.

3. OECD关于公平公正待遇的报告

2004年，OECD也出具了关于公平公正待遇的研究报告。① OECD的报告与贸发会议的报告结构类似，第一部分描述公平公正待遇的起源和实践中的适用；第二部分讨论公平公正待遇与最低待遇标准的关系；第三部分介绍公平公正待遇的内容。报告指出，不得拒绝司法及行政正当程序义务是习惯国际法的固有内容，善意主要是某项义务存在的基本原则，而并非东道国依据公平公正待遇对投资者所负担的明确义务。

上述报告是研究公平公正待遇必不可少的资料来源，但更多的是公平公正待遇现状的描述，并未从公平公正待遇义务规范角度出发进行探讨，是全面但不深入的内容总结。

（二）仲裁案例回顾

准确地说，仲裁案例回顾并不是公平公正待遇已有的学术研究成果，更多的是关于公平公正待遇如何被推理的简介。因为公平公正待遇的发展与仲裁实践紧密关联，仲裁案例回顾中公平公正待遇的评述对学术研究有着启发作用，是投资争端判例最新的间接资料来源。例如，2016年《曼彻斯特国际经济法学报》对7月份裁决的Philip Morris诉乌拉圭案进行了评述，② 提出ICSID对此案的裁决可防止投资者针对东道国采取的以健康为导向的措施提出进一步的索赔。

通过案例回顾可预测仲裁庭对公平公正待遇的判断倾向，虽然并不详细，但其时效性为公平公正待遇研究提供了方向。因此，这类案例回顾不是最全的，也不是最深的，但可能是最新的关于公平公正待遇的研究成果。

（三）学术文献

1. 专著

目前，关于公平公正待遇仅有英文专著。2010年之前，研究这个议

---

① OECD, *Fair and Equitable Treatment Standard in International Investment Law*, OECD Working Papers on International Investment, 2004.

② Philip Morris Brands Sàrl, Philip Morris Products S.A. and Abal Hermanos S.A. v. Oriental Republic of Uruguay, CSID Case No.ARB/10/7, Award of July 6, 2016.烟草巨头Philip Morris认为乌拉圭的烟草控制立法使该公司的知识产权，即其卷烟品牌和相关商标利益受损，违反公平公正待遇。ICSID驳回了投资者对南美国家的索赔，认为烟草控制措施是为公共利益设计的合法的卫生措施。因此，东道国不构成征用或违反相关双边投资条约下的公平公正待遇标准。

题的著作较少。比较著名的有哈佛的 Ioana Tudor 在其博士学位论文的基础之上完成的《国际投资法中的公平公正待遇》,①这是被引用最早和最多的关于公平公正待遇的著作。Tudor 对公平公正待遇的每一种解释进行了分析,集中探讨公平公正待遇的仲裁判例和条文表述对公平公正待遇的实际影响。Tudor 明确了仲裁员在公平公正待遇发展中的重要性,但没有讨论仲裁员个人背景对争端结果的影响。Tudor 著作的重要性还体现在 Tudor 隐晦地表达了公平公正待遇是国家针对外国投资者行为的义务性规范。但遗憾的是,Tudor 著作这部分内容论述比较模糊。

2011—2013 年,共有五本重要的公平公正待遇专著出版。Alexandra Diehl 的《国际投资保护的核心标准:公平公正待遇》②;Roland Kläger 的《国际投资法中的公平公正待遇》③;Patrick Dumberry 的《公平公正待遇标准:关于 NAFTA 第 1105 条的案例指南》④;Todd Weiler 的《国际投资法的解释:在历史背景下的平等,歧视和最低待遇标准》⑤;Martins Paparinskis 的《国际最低标准和公平公正待遇》⑥。

上述学者的著作从不同的角度,围绕公平公正待遇在国际投资法中的更广泛应用进行论述。Diehl 认为,公平公正待遇学理上的意义存在争议和不明确,必须进行探索和定义。⑦ Kläger 认为界定公平公正待遇几乎没有任何进展,应转变方法,从公平公正待遇的发展着手,构建能够证明

---

① Ioana Tudor, *The Fair and Equitable Treatment Standard in the International Law of Foreign Investment*, Oxford: Oxford University Press, 2008.

② Alexandra Diehl, *The Core Standard of International Investment Protection: Fair and Equitable Treatment*, Alphen aan den Rijn: Kluwer Law International, 2012.

③ Roland Kläger, *Fair and Equitable Treatment in International Investment Law*, Cambridge University Press, New York, 2011.

④ Patrick Dumberry, *The Fair and Equitable Treatment Standard: A Guide to NAFTA Case Law on Article 1105*, Alphen aan den Rijn: Kluwer Law International, 2013.

⑤ Todd Weiler, *The Interpretation of International Investment Law: Equality, Discrimination and Minimum Standards of Treatment in Historical Context*, Leiden: Martinus Nijhoff Publishers, 2013.

⑥ Martins Paparinskis, *The International Minimum Standard and Fair and Equitable Treatment*, Oxford: Oxford University Press, 2013.

⑦ Alexandra Diehl, *The Core Standard of International Investment Protection: Fair and Equitable Treatment*, Alphen aan den Rijn: Kluwer Law International, 2012, p.xxiv.

"仲裁裁决和结构"的框架标准。① Paparinskis 著述的目的,是分析国际最低标准和公平公正待遇的当代关系,建议将其视为两个待遇标准。② Dumberry 的著作侧重于对北美自由贸易协定第 1105 条的研究,希望为读者提供"NAFTA 第 1105 条的法律实用指南"。③ Weiler 的著作内容广泛:包括如何历史地分析国际投资法中的公平公正待遇标准、最惠国待遇、国民待遇和充分保护和安全保障,④ 其著作更像是关于投资法的教科书。

2. 相关著作

陈安教授主编的《国际投资法的新发展与中国双边投资条约的新实践》一书中,讨论了公平公正待遇的起源与发展、性质与作用、公平公正待遇的解释、内容、违反公平公正待遇的补偿问题。陈安教授提出,无论如何解释公平公正待遇,最后判断公平公正待遇标准的要求可能是相同的。关键的问题是,哪些国家行为会违反公平公正待遇,或者说公平公正待遇包含哪些要素。吉林大学王彦志教授的著作《国际经济法总论:公法原理与裁判方法》中也提及公平公正待遇。与陈安教授不同,王彦志教授认为公平公正待遇应限定在最低待遇标准之下。杨慧芳的《外资待遇法律制度研究》也对公平公正待遇进行专章研究。遗憾的是,上述著作中公平公正待遇的讨论并没有占据重要地位,不多的篇幅只能是泛泛之谈。

3. 学术论文

(1) 英文文献

论述公平公正待遇的英文文章非常丰富,对本书写作帮助很大。代表性文章如下。

2004 年,著名的国际法学家 Thomas Wälde 在文章《"能源宪章条约"

---

① Roland Kläger, Fair and Equitable Treatment in International Investment Law, Cambridge University Press, New York, 2011, p.4.

② Martins Paparinskis, The International Minimum Standard and Fair and Equitable Treatment, Oxford: Oxford University Press, 2013, p.2.

③ Patrick Dumberry, The Fair and Equitable Treatment Standard: A Guide to NAFTA Case Law on Article 1105, Alphen aan den Rijn: Kluwer Law International, 2013, p.xvii.

④ Todd Weiler, The Interpretation of International Investment Law: Equality, Discrimination and Minimum Standards of Treatment in Historical Context, Leiden: Martinus Nijhoff Publishers, 2013, p.xli.

中的投资仲裁：基于最近诉讼经验的关键问题的讨论》中探讨了公平公正待遇条款的解释问题。①

2005年Rudolf Dolzer的文章《公平公正待遇：投资条约的关键标准》，提出公平公正待遇是申请人因为某种"罪行"要求东道国承担责任的关于正义的基本概念。② 2014年，Rudolf Dolzer再次发表文章《公平公正待遇：今天的轮廓》，提出公平公正待遇条款采用"列举"方法是最新的发展趋势。③

2006，Kenneth J.Vandevelde教授在贸发会议和美洲国家组织联合举办的墨西哥普埃布拉会议上对公平公正待遇条款做了专题介绍，在此基础上完成《公平公正待遇的统一理论》一文，文中肯定了公平公正待遇作为法律规范的地位。④

2011年Srilal M.Perera发表文章《基于公平的决策与公平公正待遇标准：阿根廷投资争议中的经验教训》，作者审查了国际法背景下投资争议决策与公平公正待遇的相关性。提出历史上基于公平的决策很少见，裁决者的主观判断倾向受到极大的限制。而ICSID在适用公平公正待遇条款中大量应用了公平考虑因素，导致裁决出现不一致和相互冲突。⑤

（2）中文文献

论述公平公正待遇的中文文章并不丰富，代表文章如下。

2007年，余劲松教授在其文章《公平公正待遇的最新发展动向及我国的对策》中，围绕2004年OECD公平公正待遇研究报告，对公平公正待遇包含的要素进行分析。2008年徐崇利教授在《公平与公正待遇标准：

---

① Thomas Wälde, "Investment Arbitration under the Energy Charter Treaty: An Overview of Selected Key Issues Based on Recent Litigation Experience", *Arbitrating Foreign Investment Disputes*, Vol.9, 2004, pp.193-234.

② Rudolf Dolzer, "Fair and Equitable Treatment: A Key Standard in Investment Treaties", *International Lawyer*, Vol.39, 2005, pp.87-106.

③ Rudolf Dolzer, "Fair and Equitable Treatment: Today's Contours", *Santa Clara Journal of International Law*, Vol.12, 2014, pp.10-32.

④ Kenneth J.Vandevelde, "A Unified Theory of Fair and Equitable Treatment", *N.Y.U.Journal of International Law and Politics*, Vol.43, 2013, pp.44-104.

⑤ Srilal M.Perera, "Equity-based Decision-making and the Fair and Equitable Treatment Standard: Lessons From the Argentina Investment Dispute-Part II", *The Journal of World Investment & Trade*, Vol.13, 2012, pp.422-485.

国际投资法中的"帝王条款"?》一文中,批判了视公平公正待遇为国际投资法中"帝王条款"的观点,提出公平公正待遇条款应是"国家造法",而非"法官造法"的产物,认为只要以国际习惯法中的具体规则限定"国际待遇最低待遇"的内容,即可解决公平公正待遇被滥用的困境。2010年开始,学者的研究逐渐转向讨论公平公正待遇的新内容,如2011年朱鹏飞教授的《论界定外资公平和公正待遇的要素——以若干国际投资仲裁案例为视角》,韩缨的《国际投资协定中"公平与公正待遇"之趋势——ICSID 最新仲裁案例评析》。2015 年,王彦志教授的文章《国际投资法上公平与公正待遇条款改革的列举式清单进路》和梁开银教授的文章《公平公正待遇条款的法方法困境及出路》,从不同角度评述了公平公正待遇条款的最新发展,是公平公正待遇研究最新的重要成果。

综上,研究公平公正待遇的文献较为丰富,本书或多或少从这些文献中汲取了养分,并丰富研究素材。

四 研究基本思路

本书论证的基本思路为:第一章解决公平公正待遇条款存在的价值问题。公平公正待遇条款从何而来,存在价值为何,是这章的主要内容。本章首先追溯公平公正待遇条款的形成历史,提出公平公正待遇来源于多边协定中的道德宣言,21世纪已发展为约束东道国的义务性条款。公平公正待遇的存在是投资协定正义追求最直接的表达,平衡主义的公平公正待遇条款则是正义的实现路径。

第二章的目的在于解决公平公正待遇条款能否独立适用的纷争。投资协定中最为常见是规定公平公正待遇不低于最惠国待遇或国民待遇。本章首先梳理三种待遇之间的关系,指出国民待遇和最惠国待遇无法说明、限定、扩张或者缩小公平公正待遇。其次,北美国家间协定中多见将公平公正待遇规定于最低待遇之下。本章提出,随着公平公正待遇义务内容不断明晰,其与国际最低待遇标准的争论已无实际意义,实践中公平公正待遇已经作为独立的待遇条款被适用。最后,本章还分析了公平公正待遇和充分保护与安全条款、禁止专断或歧视性措施条款、征收与补偿条款、保护伞条款在适用中的联系与区别,指出无论是主观理解还是司法实践都认为上述投资保护条款的适用彼此独立。

第三章在确立公平公正待遇独立性的前提下,解决条款应如何被解释的问题。首先，就解释方法而言，仲裁庭更倾向于目的解释法。对语义高度抽象的公平公正待遇条款而言，目的解释法的作用举足轻重。规定较为清晰的公平公正待遇条款，则应考虑适用整体解释法。整体解释方法有助于解释者对满足双方共享期待的任何事情的识别，并在世界公共秩序框架中设定解释的整个过程。其次，就解释权而言，尊重缔约国对公平公正待遇的解释，可最大限度避免投资协定解释偏离条约缔结方的意愿，促进条款对投资者和东道国公共利益的平衡保护。

第四章主要阐述违反公平公正待遇条款的具体情形适用。一般认为，东道国正当程序义务是公平公正待遇传统的内容，也是公平公正待遇最早获得的义务共识；东道国保护投资者合理期待义务，则是投资争端中投资者最为常见的诉求依据；公平公正待遇是否包含非歧视义务虽然有争议，但已得到大部分仲裁庭的承认；透明度则是公平公正待遇中出现较晚的义务内容，由于大部分协定中存在专门的透明度条款，公平公正待遇条款下确立透明度的必要性以及范围这一问题存在广泛的争议。

第五章在追溯历史，说明条款存在的意义及适用情形之后，转入中国实践问题的研究。本章介绍了中外投资协定中公平公正待遇条款的现状，总结我国协定中公平公正待遇条款的缺陷，提出条款改进的路径。并在前四章讨论的基础之上，拟出以平衡保护为特征的公平公正待遇条款的改进方案。

第一章 公平公正待遇条款的性质与价值

"人求多闻，时惟建事，学于古训乃有获。"① "制度形成的逻辑，并不如同后来学者构建的那样是共时性的，而更多是历时性的。制度的发生、形成和确立都在时间流逝中完成，在无数人的历史活动中形成。"②

第一节 公平公正待遇条款的形成

一 公平公正待遇条款的起源与发展

（一）宣示性的条款：20世纪40—90年代

就国际投资而言，一般认为公平公正待遇最早见于1948年旨在建立国际贸易组织的《哈瓦那宪章》。《哈瓦那宪章》第11（2）条规定，国际组织关于促进经济发展和经济重建的手段如下。

本组织可酌情与其他政府间组织合作：（a）就所设计的措施提出建议并促进双边或多边协定……（i）确保从一个成员国带到另一个成员国的企业、技能、资本、艺术和技术得到公正和公平的待遇（just and equitable treatment）。《哈瓦那宪章》最终并未生效，同样并未生效的还有1948年通过的《波哥大经济协定》。该协定第22条规定："外国资本应享有公平待遇（equitable treatment）。因此，各国同意不采取不公正、不合理或者歧视性措施以损害他国国民由于其所拥有的企业或者所提供的资本、技能、工艺或者科技而合法获得的权利或者利益。"

公平公正待遇条款在多边协定层面得到进一步的发展，例如1962年OECD成员国制订的《保护外国人财产公约草案》（*Draft Convention*

---

① 《尚书·商书·说命下》。
② 苏力：《制度是如何形成的》，北京大学出版社2008年版，封底。

Foreign Property）第 1 条 a 款规定"无论何时，每一成员国都应确保其他成员国国民财产受到公平与公正待遇"。该公约虽未开放供成员国签署，但其强调对外国投资保护的影响极为深远。1985 年的《多边投资担保机构公约》（*Convention Establishing the Multilateral Investment Guarantee Agency*，MIGA）第 12（d）条规定"……在保证投资方面，机构应满足：东道国的投资条件，包括为投资提供公平和公正的待遇和法律保护"。

这一时期，公平公正待遇条款在双边协定的确立主要是体现在美国与他国签订的《友好通商航海协议》（*Freedom, Commerce and Navigation Treaties*，FCN）之中。1948 年"公平待遇"（equitable treatment）开始出现于美国与意大利签订的 FCN 协定中，自此，美国大部分 FCN 中都包含了"公平待遇"条款，例如 1954 年美国与德国 FCN 第 1 条第 1 款规定："双方应始终给予对方国家公民、公司及其财产、事业和其他利益以公平的待遇。"[①]

这一时期公平公正待遇的规定并不统一，措辞较为笼统，缺乏较为明显的义务性特征，且当时投资争端解决机制仅限于国家层面，致使该待遇主要是一种宣示性作用。[②]

（二）原则性的义务条款：20 世纪 90 年代至 21 世纪初

20 世纪 90 年代开始，国家之间的 BITs 开始纳入公平公正待遇条款。例如，德国 1991 年 BIT 范本规定应在任何时候都给予外国投资公平公正待遇。1991 年英国 BIT 范本规定缔约双方的投资者应始终享受公平公正待遇及全面的保护和安全保障。[③]

区域层面与投资有关的国际协定大多也规定了公平公正待遇。例如，1994 年生效的美国、加拿大、墨西哥三方签署的 NAFTA 第 1105 条"最低待遇标准"，第 1 款规定，"每一成员国应给予另一成员国的投资以符

[①] See Robert Renbert Wilson, *The International Law Standard in Treaties of the United States*, Massachusetts Cambridge: Harvard University Press, 1953, p.93.

[②] 参见陈安主编《国际投资法的新发展与中国双边投资条约的新实践》，复旦大学出版社 2007 年版，第 52 页。

[③] UNCTAD, Investment Policy Hub, http://investmentpolicyhub.unctad.org/IIA/CountryBits/42，2022 年 1 月 8 日。

合国际法的待遇，包括公平公正待遇和充分保护与安全保障"①，1995 年的《能源宪章》（Energy Charter，ECT）等都规定了公平公正待遇。②

这一阶段公平公正待遇术语开始固定，例如 1992 年挪威—立陶宛 BIT 第 3 条规定："缔约双方应在其领土内促进和鼓励另一缔约方的投资者投资，并根据法律和条例给予投资公平合理的待遇（equitable and reasonable treatment）和保护。" 1985 年中国—奥地利 BIT 第 2 条规定："缔约任何一方对该种投资在任何情况下应给予公正和公平（fair and equitable treatment）的待遇。"公平公正待遇术语不统一是由于不同语言之间的翻译造成的，并无本质区别。③

这一时期 BIT 及与投资有关的区域协定并没有给予公平公正待遇明确的内涵范围，虽然规定仍然比较原则，但公平公正待遇已经成为投资领域普遍接受的待遇条款。随着投资争端解决机制适用于国家和私人之间，投资者可以就其与东道国之间产生的投资争议直接提起仲裁，协定条款成为投资者质疑东道国行为的依据及索赔依据，仲裁庭依据公平公正待遇审查东道国行为是否违反双方缔结的投资协定，并据此判断东道国是否承担相应的国家责任。仲裁裁决对当事者的约束，使公平公正待遇成为对东道国行为进行约束的实体条款。

（三）内容逐渐明确的义务条款：21 世纪

1. 包含程序义务

2001 年 6 月，NAFTA 的贸易委员会（Free Trade Commission，FTC）对 NAFTA 第 1105 条做了"为阐明和重申第 11 章一些条款含义的解释"，该解释关于 NAFTA 第 1105 条第 1 款的内容是："1.该款规定，习惯国际法之外国人的最低待遇标准，是作为给予另一方投资者的投资之最低待遇标准；2.'公平公正待遇'及'充分保护与安全保障'的概念，不要求有额外的或超出习惯国际法之外国人最低待遇标准；3.认定存在对

---

① NAFTA 文本见：North American Free Trade Agreement-Table of.Contentshttp：//international.gc.ca/trade-commerce/trade-agreements-accords-commerciaux/agr-acc/nafta-alena/fta-ale/index.aspx? lang=eng, 2022 年 3 月 7 日。

② 《能源宪章条约》，国家发展和改革委员会能源研究所译，http：//www.energycharter.org/fileadmin/DocumentsMedia/Legal/ECT-cn.pdf，2022 年 3 月 8 日。

③ 叶兴平：《国际争端解决机制的最新发展——北美自由贸易区的法律与实践》，法律出版社 2006 年版，第 35 页。

NAFTA 另一条款或某一单独国际协定的违反,并不由此可认为存在对第1105 条第 1 款的违反。"

美国 2004 年 BIT 范本,① 参照 FTC 作出的解释,限定公平公正待遇的适用范围,明确正当程序是公平公正待遇的内容之一。"第 5 条 最低待遇标准 1.缔约方应当按照国际习惯法的要求赋予合格投资公平公正待遇及充分保护和安全。2.为避免产生歧义,第 1 款规定将国际习惯法上外国人最低待遇标准作为对合格投资的最低待遇标准。'公平公正待遇'和'充分保护和安全'的概念不要求给予额外的或超出上述标准的待遇,且不创设额外的实质性权利。缔约方在第 1 款下的义务包括:(a)'公平公正待遇'包括在刑事、民事、行政司法程序中,不得拒绝给予世界主要法律体系中的正当程序原则所要求的司法公正的义务;及(b)'充分保护和安全'要求缔约方根据国际习惯法要求的治安保护程度。3.对本条约其他条款或其他国际条约的违反不构成对本条的违反……"②

具有代表性的区域层面协议,则是 2015 年 11 月的 TPP "第 9.6 条 最低待遇标准 1.每一缔约方应根据适用的习惯国际法原则给予涵盖投资待遇,包括公平公正待遇和充分保护与安全。2.为进一步确定,第 1 款将习惯国际法中给予外国人待遇的最低标准作为给予涵盖投资的待遇标准。'公平公正待遇'和'充分保护和安全'的概念不要求给予额外的或超出上述标准的待遇,且不创设额外的实质权利。第 1 款要求提供的:(a)'公平公正待遇'包括世界主要法律体系中的正当程序原则、不在刑事、民事、行政司法程序中拒绝司法;(b)及……"③ 2017 命名的 CPTPP,继承了 TPP 投资章节的公平公正待遇条款,从结构到内容并未发生变化。④

上述条款中缔约国意图限制公平公正提供的待遇内涵,防止投资者和仲裁庭对公平公正待遇理解的无限扩大,避免东道国行为被公平公正待遇

---

① 2012 年范本有关公平与公正待遇的规定,采取了与 2004 年范本一样的表述。
② 美国政府官网:https://www.state.gov/documents/organization/188371.pdf,2017 年 2 月 11 日。
③ 中国自由贸易区服务网:《跨太平洋伙伴关系协定》(TPP)中译文,http://fta.mofcom.gov.cn/article/fzdongtai/201512/29714_1.html,2022 年 2 月 24 日。
④ 商务部自由贸易区服务网:《全面与进步跨太平洋伙伴关系协定》(CPTPP)文本,http://www.mofcom.gov.cn/article/zwgk/bnjg/202101/20210103030014.shtml,2022 年 2 月 24 日。

无限制地衡量。虽然这种说明依然显得模糊（毕竟过于清晰的规定对美国这样的海外投资大国不利），但与之前的规定比较，东道国国家的义务要求降低了，同时提高了违反公平公正待遇的门槛。

2. 义务内容较明确

例如，2009 年，新西兰—马来西亚 FTA（NZ-Malaysia Free Trade Agreement），"第 10.10 条 最低待遇标准 1.每一缔约方均应对所涉投资给予公平和公正待遇以及充分的保护和安全。2.为进一步确定：（a）公平公正待遇要求每一缔约国在任何法律或行政程序中不得拒绝司法；……（b）公平公正待遇和'充分保护并保证安全'的概念既不能超出最低待遇标准，也不创设格外的实体权利。"[①] 同年，澳大利亚、新西兰、和东盟 FTA（ASEAN Australia New Zealand FTA，AANZFTA）第 6 条，[②] 以及 2012 年澳大利亚与马来西亚 FTA 第 12.7 条都做了完全相同的规定。[③]

2011 年，中国—乌兹别克斯坦 BIT 第 5 条规定："公正与公平待遇 5.1. 缔约一方应该确保给予缔约另一方的投资者及在其境内的投资以公正与公平待遇，提供充分保护与保障。5.2. '公正与公平待遇'要求缔约一方不得对缔约另一方投资者粗暴地拒绝公正审理，或实行明显的歧视性或专断性措施。"[④]

2020 年 11 月 15 日正式签署的《区域全面经济伙伴关系协定》（Regional Comprehensive Economic Partnership，RCEP）第 10 章第 5 条"投资待遇规定""5.1. 每一缔约方应当依照习惯国际法外国人最低待遇标准给予涵盖投资公平公正待遇以及充分保护和安全。5.2. 为进一步明确：

[①] 新西兰外交与贸易网：《新西兰—马来西亚自由贸易协定》。https://mfatgovtnz2020.cwp.govt.nz/en/trade/free-trade-agreements/free-trade-agreements-in-force/nz-malaysia-free-trade-agreement/? m=843828#search：TlotTWFsYXlzaWEgRnJlZSBUcmFkZSBBZ3JlZW1lbnQ=，2022 年 1 月 5 日。

[②] 新西兰外交与贸易网：《东盟—澳大利亚—新西兰自由贸易协定》，https://mfatgovtnz2020.cwp.govt.nz/search? keyword=AANZFTA&x=23&y=21，2022 年 1 月 5 日。

[③] 澳大利亚外交贸易部网：《马来西亚—澳大利亚自由贸易协定》，http://dfat.gov.au/trade/agreements/mafta/Pages/malaysia-australia-free-trade-agreement.aspx#chap_12，2022 年 3 月 5 日。

[④] 商务部条约法律司：《中国—乌兹别克斯坦 BIT》，http://tfs.mofcom.gov.cn/article/h/au/201111/20111107819500.shtml，2021 年 1 月 28 日。

(a) 公平公正待遇要求每一缔约方不得在任何司法程序或行政程序中拒绝司法；(b) 充分保护和安全要求每一缔约方采取合理的必要措施确保涵盖投资的有形保护与安全；以及 (c) 公平公正待遇和充分保护和安全的概念不要求给予涵盖投资在习惯国际法关于外国人最低待遇标准之外或超出该标准的待遇，也不创造额外的实质性权利。"①

新西兰—马来西亚 FTA、RCEP 投资待遇表述借鉴了 FTC 的解释声明以及美国、加拿大、墨西哥的协定范本或协定实践。有所突破的是，这里采用了"要求"而不是"包括"，这意味着，将公平公正待遇完全限定在"不得拒绝司法"的义务范围内。② 中国—乌兹别克斯坦 BIT 的规定则稍微宽泛一些。上述协定中公平公正待遇的内涵较狭窄，东道国承担的义务内容比较具体。

3."列举"+"协议新增"

例如，CETA（Comprehensive Economic and Trade Agreement）中公平公正待遇条款。CETA 是加拿大与欧盟之间的自由贸易协议。2016 年 2 月发布的文本,③ 第 8.10 条规定"投资者和投资待遇"（Treatment of Investors and of Covered Investments）："1.每一缔约方应在其领土内依据第 2 款到 6 款，给予另一方涵盖投资和投资者公平公正待遇和充分保护和安全。2.违反公平公正待遇是指构成以下情形的一项或者一系列措施：（a）在刑事、民事或者行政程序中司法不公；（b）在司法或行政程序中根本违反正当程序，包括违反透明度；（c）明显的任意武断；（d）基于性别、种族或宗教信仰等明显错的理由的有针对性的歧视；（e）虐待投资者，如强迫、胁迫和骚扰；和（f）按照本条第 3 款，违反了缔约方根据本协定所通过的任何其他义务要素。3.缔约方应定期或应一缔约方请求评审公平公正待遇义务内容，服务和投资委员会可以在此方面形成建议并

---

① 2020 年 11 月 15 日，第四次区域全面经济伙伴关系协定（RCEP）领导人会议以视频方式举行，会后东盟 10 国和中国、日本、韩国、澳大利亚、新西兰共 15 个亚太国家正式签署了《区域全面经济伙伴关系协定》。商务部自由贸易区服务网：《区域全面经济伙伴关系协定》（RCEP），http：//fta.mofcom.gov.cn/rcep/rcep_new.shtml，2021 年 7 月 28 日。

② 王彦志：《新自由主义、国际投资法律机制：兴起、构造和变迁》，法律出版社 2016 年版，第 259 页。

③ CETA Final Text as of 29 February 2016, available at http：//trade.ec.europa.eu/doclib/docs/2016/february/tradoc_154329.pdf，2016 年 10 月 1 日。

提交给贸易委员会做出决定。4.当适用公平公正待遇义务时，仲裁庭可考虑缔约方是否对投资者做出了特别陈述以诱使此种投资，而该特别陈述造成了正当期待，投资者依赖其据以决定做出或维持投资，但该缔约方后来挫败了此种期待。"①

2014年谈判完成的欧盟与新加坡FTA第9.4条规定，构成违反公平公正待遇的措施是指：在刑事、民事和行政程序中拒绝司法；根本违反正当程序；明显的任意武断的行为；骚扰、强制、滥用权力或类似的恶意行为；或者违反了投资者基于一缔约方为了吸引投资而做出的并且为投资者所合理依赖的具体的或毫无含糊的陈述所产生的正当期待；前述未列明的对待也可能构成违反公平公正待遇，但需缔约方依据本协定程序达成协议。②

可见，进入21世纪，公平公正待遇的具体内涵开始逐渐地清晰起来，除却依然有些让人琢磨不定的"最低待遇标准"和"世界主要法律体系"这样的措辞外，公平公正待遇赋予东道国的义务内容包括：正当程序、禁止专断、骚扰、强制、滥用权力或类似恶意行为，保护投资者合理期待等。

二　公平公正待遇的条款模式

（一）独立且原则性的规定

部分投资协定对公平公正待遇未作任何限定，采取了原则性规定的条款模式。例如，1984年中国—挪威BIT第3条规定："投资和促进保护，缔约一方应鼓励缔约另一方的国民或公司在其领土内进行投资，并依照其法律和法规接受此种投资，给予公平合理的待遇和保护。上述投资应符合投资所在缔约一方的国家目标，并受其法律和法规的管辖。"2000年德国与博茨瓦纳BIT第2（1）条规定："（1）每一缔约方应在其领土上尽可能地促进其他缔约国国民或公司的投资，并根据其立法承认这种投资。在

---

① 2016年2月29日确定的CETA文本，http://trade.ec.europa.eu/doclib/docs/2016/february/tradoc_154329.pdf，2022年3月1日。

在2013年2月的版本中，标题是一个争论点，因为加拿大提出"最低待遇标准"，欧盟选择了"投资待遇"。

② 王彦志：《新自由主义、国际投资法律机制：兴起、构造和变迁》，法律出版社2016年版，第259页。

任何情况下,应给予这种投资公平和公正的待遇。"① 为进一步说明公平公正待遇,部分协定在原则性规定的基础上纳入充分保护和安全保障的补充。如 1995 年法国—香港 BIT 第 2 条第 2 款规定:"缔约一方投资者在缔约另一方领土内的投资应始终受到公正和公平的待遇,并享受充分的保护和安全。"②

(二) 与其他投资待遇相结合的规定

投资协定中最为常见的是公平公正待遇与其他投资待遇相联系规定。如与最惠国待遇、国民待遇的结合。

例如,1986 年瑞士 BIT 范本第 3 条第 (2) 款规定:"每一缔约方应确保在其领土内公正和公平地对待另一缔约方的国民或公司的投资。这种待遇不应低于每个缔约方对其本国国民或最惠国的公司在其领土内投资所给予的待遇,如果后一种待遇更为有利。"③ 1995 年,中国—摩洛哥 BIT 第 3 条与瑞士 BIT 范本的规定类似:"缔约一方应保证给予在其领土内的缔约另一方的投资公正和公平的待遇,该待遇不应低于依照其法律和法规给予本国投资者的投资的待遇,或不应低于最惠国的投资的待遇,如后者更优惠的话。"④

---

① 原文:"Each contracting party shall in its territory promote as far as possible investments by nationals or companies of the other contracting state and admit such investments in accordance with its legislation.It shall in any case accord such investments fair and equitable treatment." See Roland Kläger, *Fair and Equitable Treatment in International Investment Law*, Cambridge University Press, New York, 2011, p.16。

② August Reinisch, "Fair and Equitable Treatment & Full Protection and Security", p.4, http://cms.univie.ac.at/fileadmin/user_upload/legal_studies/Downloads/FET_and_FPS.pdf, 2022 年 3 月 10 日。

③ 原文:"Each contracting party shall ensure fair and equitable treatment within its territory of the investments of the nationals or companies of the other contracting party.This treatment shall not be less favourable than that granted by each contracting party to investments made within its territory by its own nationalsor companies of the most favoured nation, if this latter treatment is more favourable". 另见 1999 年瑞士—智利 BIT 第 4 (2) 条和 2001 年孟加拉国—伊朗 BIT 第 4 条。See, Roland Kläger, *Fair and Equitable Treatment in International Investment Law*, Cambridge University Press, New York, 2011, p.17。

④ 商务部条约法律司:http://tfs.mofcom.gov.cn/aarticle/h/aw/200212/20021200058353.html, 2021 年 5 月 16 日。

（三）与遵守国际法相联系的规定

例如，20世纪90年代的OCED《多边投资协定（草案）》（MAI）谈判文本在投资保护部分有如下规定："1.1. 各缔约国应对其领土内的其他缔约国投资者给予公平公正的待遇和充分、持续的保护。缔约国给予外国投资者的待遇不得低于投资者依照国际法可获得的待遇。"① 1998年法国—墨西哥BIT第4（1）条规定："缔约方应根据国际法原则，延长和确保对另一缔约方投资者在其境内或其海域进行的投资采取公平和公正待遇，并确保所确认的权利的行使不受法律或实践阻碍。"② 2007年，中国—法国BIT第3条规定："任一缔约方应当根据普遍接受的国际法原则给予缔约另一方的投资者在其境内或海域内所作的投资公平和公正待遇。"③

（四）与最低待遇标准相联系的规定

部分BIT投资协定采取将公平公正待遇的范围限制在国际最低待遇标准之下的模式。例如，2004年美国BIT范本第5条"最低待遇标准"规定："1.缔约方应当按照国际习惯法的要求赋予合格投资公平公正待遇及充分保护和安全。2.为避免产生歧义……'公平公正待遇'和'全面保护并保证安全'的概念既不能超出最低待遇标准，也不创设格外的实体权利。"④

美国2004年BIT年范本对非NAFTA投资协定的起草也有着明显影响。如2005年中美洲自由贸易协定（DR-CAFTA）第10.5条，沿袭了美

---

① 参见姚梅镇《国际投资法》，武汉大学出版社1985年版，第279页。

② 原文："Either contracting party shall extend and ensure fair and equitable treatment in accordance with the principles of international law to investments made by investors of the other contracting party in its territory or in its maritime area, and ensure that the exercise of the right thus recognized shall not be hindered by law or in practice." See Roland Kläger, *Fair and Equitable Treatment in International Investment Law*, Cambridge University Press, New York, 2011.p.18.

③ 商务部条约法律司：http://tfs.mofcom.gov.cn/aarticle/h/au/201007/20100707041031.html，2020年5月17日。

④ 美国政府官网：https://www.state.gov/documents/organization/188371.pdf，2021年2月11日。

国 2004 年 BIT 范本的公平公正待遇条款模式。①

（五）和国内法相联系的规定

这种条款规定比较少见，例如 1997 年加勒比共同体—古巴 BIT 第 4 条规定："缔约方应确保，根据国家法律和规章给予缔约方投资公平公正待遇。"② 这种规定模式，公平公正待遇不再与国际法相联系，而取决于东道国的国内立法。

显然，这种方式限制了由东道国提供给外国投资者的公平公正待遇保护。无论公平公正待遇如何定位，但普遍认为，公平公正待遇以及其他所有投资保护待遇的基本理念是向外国投资者提供独立于东道国国内法的一定程度的保护。③ 公平公正待遇对国内立法的依赖，使依据独立国际标准对东道国行为进行评估的想法彻底失败。如果公平公正的意义完全由东道国的法律框架界定，那么公平公正待遇在投资协定中就没有存在的必要。

---

① 原文：Article 10.5：Minimum Standard of Treatment

1.Each Party shall accord to covered investments treatment in accordance with customary international law, including fair and equitable treatment and full protection and security.

2.For greater certainty, paragraph 1 prescribes the customary international law minimum standard of treatment of aliens as the minimum standard of treatment to be afforded to covered investments.The concepts of "fair and equitable treatment" and "full protection and security" do not require treatment in addition to or beyond that which is required by that standard, and do not create additional substantive rights.The obligation in paragraph 1 to provide：

(a) "fair and equitable treatment" includes the obligation not to deny justice in criminal, civil, or administrative adjudicatory proceedings in accordance with the principle of due process embodied in the principal legal systems of the world; and

(b) "full protection and security" requires each Party to provide the level of police protection required under customary international law.

3.A determination that there has been a breach of another provision of this agreement, or of a separate international agreement, does not establish that there has been a breach of this article.

② 原文："Article IV Fair and equitable treatment Each Party shall ensure fair and equitable treatment of Investments of Investors of the other Party under and subject to national laws and regulations." http：//unctad.org/en/Docs/iteiia20065_en.pdf，2021 年 3 月 11 日。

③ See Lawrence Collins, "Protection of Foreign Investment. A Study in International Law by Zouhair A.Kronfol", *The International and Comparative Law Quarterly*, Vol.21, No.4, 1972, pp.821-822.

三　公平公正待遇条款的发展归因

(一) 国际投资理论

外国投资对东道国经济发展是否起着积极作用，目前存在完全相反的两种理论。

第一种，支持论。这种理论认为：外国资本流入东道国的同时也引进了新的技术、知识和管理经验；外资企业的设立为东道国带来就业机会，促进新技能的传播，同时也可改善当地的基础设施，东道国企业则作为经营供应商受益；国民收入提高产生的额外购买力进一步推动东道国经济发展，投资扩大了当地政府税基，总体上为东道国整个社会带来巨大的利益。

第二种，反对论。这种理论认为：外国投资主要由跨国公司提供，通常这些公司总部设在世界发达经济体。跨国企业的投资使东道国沦为为发达国家利益服务的外围经济体。而且，在发展中国家，只有精英阶层可以从与新资本建立联盟的外国投资中获益，普通国民并无此机会。此外，外国投资为促进经营，可能导致潜在的腐败上升，生态破坏和可能严重的主权限制，最终伤害发展中国家。

上述理论结论不同，但都是围绕外国投资过程中国家成本和利益获得进行的讨论。[①] 这种成本与利益之间的博弈在国际投资协定的谈判中体现为"投资者优先"(pro-investor) 和"国家中心"(state-centred) 之间的振荡。通常，欧洲和北美的发达国家，作为传统的资本出口国，采取了有利于他们在国外经济活动的"投资者优先"；发展中国家作为资本输入国，则更倾向保护本国经济秩序和监管权力的"国家中心"。公平公正待遇条款的发展动力就是这种成本与利益之间的博弈，关于公平公正待遇内涵的众多讨论，许多公开或伪装的论据，原始论点都是"投资者优先"或"国家中心"。

公平公正待遇的发展体现了缔约国从坚持"国家中心"到"投资者优先"，并最终确立平衡保护的过程。例如，20世纪初期，拉美国家坚持

[①] See J.Robbins, "The Emergence of Positive Obligations in Bilateral Investment Treaties", *The Economic Journal*, Vol.134, 2006, pp.408-409.

"国家中心",是卡沃尔主义的忠实拥护者。① 因为公平公正待遇可能被没有边界地解释,成为外国势力干涉东道国经济发展的工具,拉美国家曾极度排斥公平公正待遇。后来,也慢慢开始接受和使用这个概念。② 最为典型的国家是墨西哥。墨西哥深受拉美卡沃尔主义的影响,坚持国家对外资的绝对管辖权,反对外国政府的代位求偿权和外交干预。1982 年,墨西哥因无力偿还外债,陷入经济危机,导致此前持续增长的经济骤然下降,经济形势急剧恶化。以此为转折点,墨西哥改变了对外国投资的态度,不断降低外资进入的门槛,也不再坚持传统的卡沃尔主义,开始实行对外开放政策,1992 年最终达成 NAFTA,接受国际最低待遇标准的提法,允许投资者将国际投资争议提交国际仲裁解决。③

然而,部分仲裁庭对投资者利益的倾向性保护加重了东道国负担,导致东道国引进外资的成本与收益失衡,仲裁庭对公平公正待遇的适用引发缔约国的恐慌。例如,20 世纪 90 年代初,阿根廷为吸引外资参股天然气行业,拟定了极为优惠的政策,2000 年后,在公众抗议及日益迫近的经济危机双重压力之下,阿根廷政府逐步取消了上述优惠承诺,引发投资者不满,纷纷将阿根廷诉诸仲裁庭。4 个已决案件中,④ 仲裁庭均以阿根廷的经济管理措施使投资者的合理期待落空为由,裁决阿根廷违反公平公正待遇,据此需支付巨额赔款。阿根廷经济危机时期的经济监管和公共利益

---

① See Carlos G.Carcia, "All the Other Dirty Little Secrets: Investment Treaties, Latin America, and the Necessary Evil of Investor-State Arbitration", Fla J.Int'l L., Vol.16, 2004, p.306.

② See Background Materials on NAFTA Chapter 11, http://www.international.gc.ca/trade-agreements-accords-commerciaux/topics-domaines/disp-diff/trilateral_neg.aspx? lang=eng, 2021 年 5 月 23 日。

③ 参见叶兴平《国际争端解决机制的最新发展——北美自由贸易区的法律与实践》,法律出版社 2006 年版,第 119—120 页。

④ 包括 "Enron 诉阿根廷""CMS 诉阿根廷""LG & E 诉阿根廷"及 "Sempra 诉阿根廷" 4 起案件,案情大致相似,Enron、CMS 及 LG & E 3 家公司均在 20 世纪 90 年代初阿根廷大规模私有化进程中进军阿根廷天然气行业,并于 1992 年获得政府授予的长达 35 年的天然气传输许可。当时为吸引外资参股天然气行业,阿根廷拟定了极为优惠的政策。如将关税结算由美元按照现行汇率转为比索(作为广泛经济政策的一部分,阿根廷比索与美元保持固定汇率);关税依据美国生产者价格指数每半年调整一次;承诺在关税体制上不采用价格冻结以及其他进一步的保证。然而,2000 年后,在公众抗议及日益迫近的经济危机双重压力之下,阿根廷政府逐步取消了上述优惠承诺,由此极大地减损了上述公司的收益。详细案情及裁决过程见本书第四章。

保护需求并没有被关注。① 如 Enron 案的仲裁庭提出："然而,强大的国家的监管权力可能仍然受法律和保护个人权利的义务约束"②,否认阿根廷政策变化与经济危机的相关性。

因此,进入 21 世纪,缔约国开始防范协定中公平公正待遇条款给予投资者过度保护,避免使东道国承担过度义务。公平公正待遇条款表述更加谨慎,甚至在某些协定中东道国的义务仅是禁止在司法过程中司法不公。投资仲裁的司法实践也开始反思对投资者权益的过度保护,2007—2010 年阿根廷一系列案件的撤销决定中,③ 部分原因即"仲裁庭未准确适用准据法构成明显越权",暗示仲裁庭对公平公正待遇适用可能对东道国监管权力的干扰和主权漠视的警惕。

同时,公平公正待遇逐渐成为投资者援引最为成功的投资保护条款,为防止投资者在研究仲裁员个人的推理或者解释倾向后,选择那些倾向于强调高度保护投资者权益的仲裁员进行仲裁的可能,缔约国与仲裁庭,都提出对违反公平公正待遇行为的认定,需要同时考察投资者行为合法性和东道国保护公共利益的需求。④ 公平公正待遇条款适用中的平衡保护理念基本确立。

(二)投资保护协定

第二次世界大战和非殖民化运动之后,发达国家认为,依据发展中东道国的国内法或习惯国际法无法有效保护其海外投资,有必要为其投资提供额外和更高的法律保护。发展中国家也开始重视作为资本来源的外国投资,与越来越多的发达国家签署了投资协定。特别是在 20 世纪 90 年代,国际投资协定的扩张进程急剧加快,直至 2007 年底,已形成 2600 多个 BIT 的密集的网络。出现这种趋势的首要原因是苏联的解体,以及 80 年代债务危机促使私人贷款成为国家主要的资本来源。⑤ 其次是由于作为资

---

① 参见刘京莲《阿根廷国际投资仲裁危机的法律与实践研究——兼论对中国的启示》,厦门大学出版社 2011 年版,第 147 页。

② Enron Corp. and Ponderosa Assets LP v. Argentina, ICSID Case No. ARB/01/3, Award, 22 May 2007, para. 220.

③ Enron 案、CMS 案、Sempra 案的裁决被不同程度地撤销。

④ 参见邓婷婷《投资者的行为在公平与公正待遇条款中的适用》,《求索》2010 年第 9 期。

⑤ See Kenneth J. Vandevelde, "A Brief History of International Investment Agreements", *U.C.Davis Journal of International Law & Policy*, Vol.12, No.1, Vol.12, 2005, p.165.

本出口国的发展中国家的大量出现，并开始与其他发展中国家缔结BITs。[1]

国家之间缔结投资协定的目的之一是促进投资，如2014年中日韩BIT序言提及，"中华人民共和国政府、日本国政府及大韩民国政府，愿进一步促进投资……愿为缔约一方的投资者在其他缔约方领土内的投资创造稳定、有利及透明的条件……达成协议如下"，可见，一般认为投资协定提供的投资保护是创造有利投资环境的相关的因素。因此，国际投资协定可被视为一种信号或信任措施的建立，表明东道国对吸引外国投资感兴趣。公平公正待遇条款的存在起码向外国投资者表明，东道国将避免对投资的任何敌对待遇。[2] 东道国提供这种信号，希望向国际社会表明，其管辖范围内的投资将受到符合外国投资者主要期望的待遇。[3]

(三) 国际投资仲裁

投资者—国家争端解决机制的目的是，为外国投资者提供一个与应诉国相当的程序立场，以平衡投资者需服从东道国的领土管辖权。投资者—国家仲裁程序授予个人投资者起诉东道国的权利，而不必诉诸外交保护的传统和烦琐的政治工具，并且不需要外国投资者和东道国之间存在任何先前的合同关系。[4] 20世纪90年代，外国投资者首次申请投资仲裁。由于国际投资协定的总量增加，投资者对国际法律救济的认识不断提高，投资争端仲裁数量逐年增加，案件涉及范围广泛，投资仲裁制度逐渐崛起。[5] 通过建立仲裁管辖区域，模糊的条约义务获得了"锋利牙齿"，为投资保护条款从外交宣言到司法可执行文书的演变奠定了基础。仲裁制度的动态发展对公平公正待遇影响巨大。虽然公平公正待遇最初只是一个政策信号，然而现在几乎被所有的投资争端所援引，并且显示出比任何其他

---

[1] See Kenneth J. Vandevelde, "A Brief History of International Investment Agreements", *U.C.Davis Journal of International Law & Policy*, Vol.12, No.1, Vol.12, 2005, p.169.

[2] S.Vasciannie, "The Fair and Equitable Treatment Standard in International Investment Law and Practice", *British Yearbook of International Law*, Vol.70, 2000, p.99.

[3] See UNCTAD, *Fair and Equitable Treatment*, UNCTAD Series on issues in international investment agreements, New York and Geneva, 1999, p.11.

[4] See J. Paulsson, "Arbitration without Privity", *IICSID Review—Foreign Investment Law Journal*, Vol.10, 1995, p.232.

[5] See UNCTAD, *International Investment Rule Making: Stocktaking, Challenges and the Way Forward*, New York and Geneva, 2008, pp.33-35.

条约都更有可能进入东道国传统领域的能力。①

公平公正待遇的发展与国际仲裁实践紧密相关,这种影响最初的表现就是对 NAFTA 第 1105 条第 1 款的解释。自 NAFTA 生效之后,墨西哥和加拿大屡次成为仲裁庭的被申请人。例如,2000 年裁决的 Metalclad 诉墨西哥案、② S.D.Myers 诉加拿大案,2001 年裁决的 Pope & Talbot 诉加拿大案,东道国都被裁定违反公平公正待遇。S.D.Myers 案的仲裁庭引用 F.A.Man 的观点,认为公平公正待遇是一个非常广泛的条款,"它也许适用于所有可想象的情况,而且同一协定中其他提供实质性保护的条款很有可能都是这一概括义务的具体规定罢了"。同时提出,"只有证据表明投资者已经遭受了非常不公和野蛮的待遇,以至于从国际的视角来看是不可接受时,才可以认为一个政府的行为违反了第 1105 条",仲裁庭认为加拿大政府行为违反了国民待遇(第 1102 条),而且依据案情的实际情况,违反第 1102 条实际上也违反了第 1105 条。③ Pope & Talbot 案的仲裁庭提出:"对第 1105 条可做另一种解读,它是国际法要求之外附加的要求。也就是说,根据 NAFTA,投资者可获得国际法最低待遇和公平公正待遇。"④ 因此,仲裁庭得出结论:"第 1105 条要求 NAFTA 所涵盖的投资者及其投资有权获得各成员国日常意义上的公正待遇,而无须证明成员国的行为是野蛮的、不公平的。"⑤ 最终,仲裁庭在 2000 年的部分裁决中认定加拿大政府违反 NAFTA 第 1105 条。各案仲裁庭以各自不同的视角来解读 NAFTA 第 1105 条,造成司法实践中的混乱,这大大出乎缔约国谈判之初的考虑,投资者对公平公正待遇成功的援引,也引起美国的恐慌。因此,在美国的推动下,2001 年 FCN 出台了对 1105 条的限定解释。

为判断东道国是否违反公平公正待遇,投资仲裁主要有两种策略:第一种策略,确定公平公正待遇固有的内容。这种路径试图形成公平公正待遇的固有内容,进而考察具体案情中东道国的行为是否满足该内容要求,

---

① Rudolf Dolzer, "The Impact of International Investment Treaties on Domestic Administrative Law", *New York University Journal of International Law & Politics*, Vol.37, 2005, p.955.

② Metalclad Corp.v.Mexico, ICSID Case No.ARB (AF) /97/1, Award, August 30, 2000.

③ S.D.Myers Inc.v.Canada, UNCITRAL, First Partial Award, November 13, 2000, para.134.

④ Pope & Talbot Inc.v.Canada, UNCITRAL, Final Merits Award, April 10, 2001, para.111.

⑤ Pope & Talbot Inc.v.Canada, UNCITRAL, Final Merits Award, April 10, 2001, paras.115-118.

据此判断是否违反公平公正待遇。例如，S.D.Myers 案中，仲裁庭认为第1105 条将国际法中对正当程序、经济权利、诚信义务和自然正义的要求纳入了 NAFTA。① Alex Genin 案仲裁庭认为，违背最低标准的行为，包括对职责的故意忽视甚至包括主观恶意。② Tecmed 案仲裁庭认为，公平公正待遇是国际法认可的善意原则的体现，东道国行为不能使投资者进行投资时依据的期待落空。投资者希望东道国的措施清楚透明，这样能够提前知道所有的规则和政策，以便在遵守规定的前提下安排自己的投资。投资者还希望东道国有一致的行为，并用法律的方法来管制投资，不在不进行补偿的情况下剥夺投资者的投资。③ 第二种策略，事实上遵循先例。更多的仲裁庭，选择参照以前各仲裁庭作出的关于公平公正待遇的裁决，反复阐述先例中处理公平公正待遇的推理和内容，渐进地作出裁决。例如，Waste Management 案仲裁庭的裁决，便是依据 ADF 案、Loewen 案、Myers 案及 Mondev 案的裁决总结而来。④ 考虑到国际投资法和国际法其他领域的裁决同样有助于提高法律推理的质量，这种寻求先前仲裁庭裁决中具有指导意义和令人信服的观点确定公平公正待遇内容的方法，可能会长期存在。投资争端仲裁中事实上的遵循先例，一定程度上也保证了裁决结果的确定性和一致性。这种策略的缺点在于，依赖于相互参照以往裁决而不质疑其方法论，虽然有助于得出结论，但也会加深这些来源案例的方法学缺陷。因此，这种策略对于具体裁决的论证确定可能意义重大，但未来如果没有更全面的理论支持，结论依然会被质疑。⑤

投资仲裁中，仲裁员承担了具体化公平公正待遇条款的功能。如果争端涉及的条款具有高度模糊性，只能提供理解的起点，此时仲裁员的推理

---

① S.D.Myers Inc.v.Canada, UNCITRAL, First Partial Award of 13 November 2000, para.134.

② Alex Genin, Eastern Credit Ltd Inc.and AS Baltoil v.Estonia, ICSID Case No.ARB/99/2, Award, June 25, 2001, para.367.

③ Técnicas Medioambientales Tecmed, S.A.v.The United Mexican States, ICSID Case No.ARB (AF) /00/2, Award, May 29, 2003, para.154.

④ e.g: Waste Management v.Mexico, ICSID Case No.ARB (AF) /00/3, Award, April 30, 2004, paras.89-98; CMS Gas Transmission Company v.The Argentina, ICSID Case No.ARB/01/8, Award, May 12, 2005, paras.276-279; Azurix Corp.v.The Argentina Republic, ICSID Case No.ARB/01/12, Award, July 14, 2006, paras.365-372.

⑤ See T.Weiler, "NAFTA Investment Arbitration and the Growth of International Economic Law", Can. Bus. L. J., Vol.36, 2002, pp.405-407.

过程成了自我理念和方法的选择过程。仲裁员在适用国际投资协定条款或者标准时，非常重要的作用就是具体化并进一步发展这些条款或者准则，从而构建适用于具体事实的特定规范内容。而且，与传统的商业仲裁不同，投资争端仲裁中提供裁决所依据的理由成为一种义务。① 在 ICSID 框架内，如果这种说明裁决依据理由的要求没有被满足，可能导致仲裁裁决被撤销。仲裁员使用公平公正待遇条款时，必须构建适用于具体事实的特定内容。鉴于一般解释规则无法为裁决提供准确的裁决标准，② 仲裁员分析构建公平公正待遇的模式以及特定结构所基于的相关辩论性推理，就是仲裁裁决依据的理由。"因此，可以说投资仲裁中仲裁员的建设性功能，就是为公平公正待遇的裁决提供论证的'依据理由'。这种'理由要求'，作为确保仲裁决定说服力和合法性的核心因素，在国际投资法中日益受到重视。"③

第二节 公平公正待遇条款的性质

一 公平公正待遇条款是倡议性规范

"奥斯丁提出，法律的存在是一回事，它的优点与缺点是另一回事。……一个法律仍然会是实际存在着的，哪怕我们碰巧不喜欢它；或者哪怕它偏离了某种衡量尺度。奥斯丁分离法律与道德在法律实践中的意义是：一个受过较好教育的法官不能混淆正义原则与实在法的关系，他应当承认，道德原则不必然是法律的一部分。""不能因为违背道德标准来否认它是一个法律准则，也不能因为一个规则是道德上令人向往的，便直接

---

① 《解决国家与他国国民间投资争端公约》第 52 条第（1）款，规定了争端双方可向秘书长提出书面申请、要求撤销裁决的五种情形，包括：（1）仲裁庭组成不适当；（2）仲裁庭明显超越权限；（3）仲裁庭成员有受贿行为；（4）存在严重背离基本程序规则的情形；（5）裁决未陈述其所依据的理由。《联合国国际贸易法委员会仲裁规则》（2010 年修订）第 34（3）条规定：仲裁庭应说明裁决所依据的理由，除非各方当事人约定无须说明理由。

② 关于公平公正待遇条款的解释，见本书第三章。

③ See B.Kingsbury & S.W.Schill, "Investor-state Arbitration as Governance: Fair and Equitable Treatment, Proportionality and Emerging Global Administrative Law", *IILJ Working Paper*, Vol.6, 2009, p.44.

当作一个法律规则。"①

奥斯丁认为"法律是主权者发布的命令",提出法律有两个关键要素。首先,与价值判断或道德相反,法律有命令意义。"如果你向我表示或告知一种进行停止某种行为的希望,而当我们拒绝按照你的希望去行动时,你则以一种灾难来惩罚我,因此你对我的希望的表示或告知就是命令。"② 其次,奥斯丁提出,不是所有的希望都是命令,必须同"制裁"或"强迫服从"相联系。并非所有的命令都是法律,只有具有普遍约束力的命令才是法律,偶然或特殊的命令不是法律。相反,如果没有遵循价值判断,永远不会被实施制裁;因为价值判断仅仅是对某些领域特定主题该如何实现的一种愿望。③ 如上所述,最基本的法律,是禁止某些行为或划出适当行为的界限。法律规范有以下特点:(1)改变人类或机构制度的愿望;(2)带来这种变化的能力;(3)制裁违法行为的能力。④

20世纪90年代之前,大部分公平公正待遇条款的表述并不统一,缺乏较为明显的义务性特征,且当时投资争端解决机制仅限于国家层面,这一时期的公平公正待遇条款主要是一种宣示性作用。⑤ 例如,多边层面的《哈瓦那宪章(草案)》第11(2)条只是把公平公正待遇作为行动目标之一,并非有约束力的强制性义务。《多边投资担保机构公约》第12(d)条并未规定其签署国对外国投资者提供公平公正待遇的法律义务,要求多边投资担保机构而不是东道国在提供任何对独特投资的担保之前,对投资国家的投资条件进行审查。对于东道国来说,第12(d)条对于规定其本国处理外国资本的监管框架的形成只能是一种促进与推动的作用。

依据奥斯丁对法律规范划分的观点,这一时期公平公正待遇条款,仅是缔约国对彼此对待投资者行为的一种愿望的表达,公平公正待遇条款并

---

① 参见[英]哈特《实证主义和法律与道德的分离》(上),翟小波译,强世功校,《环球法律评论》2001年夏季号。

② [英]哈特:《法律的概念》,张文显译,中国大百科全书出版社1966年版,第58页。

③ 参见强世功《法律的现代性剧场:哈特与富勒论战》,法律出版社2006年版,第135页。

④ See Abhijit P.G.Pandya, "Fair and Equitable Treatment Standard in Investment Treaty Arbitration", Ph.D., Law London School of Economics, 2001, p.28.

⑤ 参见陈安主编《国际投资法的新发展与中国双边投资条约的新实践》,复旦大学出版社2007年版,第52页。

无约束东道国行为之实际效力。因此，这一时期的公平公正待遇条款更多的是宣示性或倡议性条款。

二 公平公正待遇条款是义务性规范

（一）义务先定理论①

任何由无序状态转变为有序状态的系统都要依靠一定的约束条件。② 国际层面亦是如此。国际层面的义务先定论③，其含义是指国际社会中的行为主体，必须遵守有关的行为模式要求，将依据既定行为模式行事纳入其国际义务。依据义务先定理论，国际主体享有相应权利与义务，但义务居于权利之前，权利或自由具有逻辑后生性。

马克思提出，"没有无义务的权利，也没有无权利的义务"。权利与义务是法律的基本内容，其结构具有对立统一之性质与功能互补之特征。依定量分析，无论是权利义务的同一主体，还是部分为权力主体和部分履行义务，权利义务的社会总量不发生变化。权利与义务关系可纳入坐标表示，"将既不享受权利亦不履行义务表示为零，权利为正轴，义务是负轴，正值延伸一个刻度，负值数必定延伸一个刻度，而正数与负数的绝对值总是相等的"④。社会并非数学坐标，量化分析无法说明现实复杂性。因此，需探讨权利与义务之间的地位差别、主次之分，即产生权利本位与义务本位之争。

义务本位认为，法乃社会规范、控制之手段，主要通过义务性规范实现所设定之目的。法之目标确定之后，立法者以法的义务规范及违反规范的不利后果为侧重点，使法具有可操作性。如若被保护法律关系受到侵害，司法机关即可依据法律规范要求责任者承担相应责任，以保护该社会关系。义务本位论的假设基础在于，在不考虑任何约束条件的情况下，社会的成员倾向于任意行为的人，这些人基于各种需要形成人类社会，并形成以安定、发展为目的的自控系统。一方面表现为由社会产生出的管理组织控制社会，即原控机制；另一方面表现为社会成员通过一定的方式对管

---

① 参见高凤君《国际法的价值论》，武汉大学出版社 2006 年版，第 182—188 页。
② 张恒山：《法的几重心何在》，《政治与法律》1989 年第 1 期。
③ 义务先定理论出自张恒山所著之《义务先定论》。
④ 徐显明主编：《公民权利和义务通论》，群众出版社 1991 年版，第 65 页。

理组织加以控制，即反控机制。人类社会即为原控与反控并存的互控机制。① 如果将"人"替换为任意行为的国际主体，将呈现错综复杂的国际社会，由于"国家的管理机构"缺乏，即国际层面的原控机制不存在，导致反控机制极不成熟。因此，国际层面强调的是国家履行义务，而不是无限地、积极地行使权利。

（二）投资协定的义务先定

义务先定论的国际实践重点在于，国家的自我控制或国家履行义务的重要性重申。国家在国际投资中具有双重地位和身份：一方面，国家可以以平等当事人的身份，同另一方当事人从事具有资本流转关系的投资活动；另一方面，国家又可以以统治者的身份做出具有统治关系的行为，并拥有管理其领域内外国投资的权利。投资协定中义务先定，主要体现在国家在管理领域内外国投资时的自我控制。

从事国际投资总是伴随着一定风险，对投资者利益和安全造成影响。为保护外国投资的稳定与安全，东道国应该积极以各种法律手段为外国投资提供保护，为达到这样的目的，东道国必须对自我的行为进行控制。依据徐显明教授的权利义务坐标，国际投资协定中，外国投资者与东道国之间的法律关系中权利义务总量平衡，无论是东道国处在坐标的正值，或是处于负值，每投资者的权利伸展一刻度，东道国义务则进展一刻度；投资者义务伸展一刻度，则东道国权利亦伸展一刻度。晚近，投资协定对外资的保护不断被强化，给予外资的保护呈现增加、增强的趋势，东道国在管理领域内外国投资时的自我控制被不断加强。

（三）公平公正待遇条款的义务设定

早期公平公正待遇条款因为词义模糊，仲裁庭在条款的推理中直接为东道国设定了行为模式，并依据其设定行为模式判断东道国是否履行义务，并作为其承担国际责任的依据。

例如，2011年英国伦敦政经学院的Abhijit P.G.Pandya在其博士学位论文《国际投资仲裁中公平公正待遇的解释与融贯性》中提出，公平公正待遇条款为东道国设定了如下之行为模式：②

---

① 参见张恒山《义务先定论》，山东人民出版社1999年版，第11—12页。
② See Abhijit P.G.Pandya, "Fair and Equitable Treatment Standard in Investment Treaty Arbitration", Ph.D., Law London School of Economics, 2001, p.28.

第一，确保投资者可获得投资运作依据的所有法律规定。例如，Metalcla 公司诉墨西哥案中，① 仲裁庭提出："一方缔约国应保证另一方缔约国的投资者知道其投资所需要满足的法律要求，如若外国投资者对相关法律要求有不明确或者存在误解的地方，该缔约国中央政府有责任及时澄清，以保证投资者明确知道该如何做以满足该国法律要求。"② 本案被申请人没有满足"透明度"要求，仲裁庭裁定被申请人没有提供 NAFTA 规定的公平公正待遇。

第二，投资项目开始时的行政负担，在没有事先与投资者协商，且给予正当理由的前提下，不得在投资运作过程中予以加重。例如，Metalclad 案中，投资者获得了经营废物处理业务的许可证。投资者接近完成企业准备时，面临无法获得市政建设许可证的困境，在此之前没有任何清晰规则告知投资者到底要不要申请此项许可证。Metalelad 公司就其取得市政许可证的必要性进行咨询时，墨西哥联邦政府一再保证其已经获得了所有所需的许可证，并未提出获得市政建设许可证是强制性义务。申请人的申请在没有任何听证或解释的情况下被拒绝，最终，申请人因无政府许可证而被责令停工。仲裁庭认为："没有一个明确的规则说明是否需要市政建设许可证，关于市政建设许可证处理中申请缺乏任何惯例或程序的情况说明，相当于墨西哥未能完全确保由北美自由贸易协定所要求的透明度。"③ Waste management 案和 Tecmed 案对透明度义务的确认，要求东道国确保地方行政与对投资者施加的行政要求一致。

第三，无正当理由或擅自和未经协商，不得撤销投资许可证。例如，Tecmed 诉墨西哥案中，投资者通过拍卖垃圾填埋场进行土地与建筑投资，投资者被授予了不确定期限的许可证，允许其对危险废物进行垃圾掩埋处理。许可证如期续签了一年后，公司申请继续续签时遭到拒绝。仲裁庭提出："西班牙—墨西哥 BIT 第 4 条规定，各方要确保在其领土内给予其他方投资者的投资公平公正待遇。该条款要求缔约方提供不影响投资者投资

---

① 一般认为，公平公正待遇中东道国义务开始变得清晰，始于 Metalclad 公司诉墨西哥一案。Metalclad 案仲裁庭摆脱了公平公正待遇与国际最低待遇标准的纠缠，也不再试图给出待遇的通用定义，而是另辟蹊径，转而为东道国政府机关与投资者打交道时的行为制定准则。

② Metalclad Corp.v.Mexico，para. 83.

③ Metalclad Corp.v.Mexico，para. 88.

时期待的国际投资待遇。"仲裁庭进一步提出:"外国投资者希望东道国的行为是一致的,即国家不任意撤销任何预先存在的决定或颁发的许可证,外国投资者基于决定和许可证才会兑现承诺以及计划,并开展其商业和商务活动。"①

第四,禁止东道国"专断"行为。例如,Metalclad 案的仲裁庭援引 Tecmed 案仲裁庭的推理,认为国家的行为是武断的、大规模不公平的、不正义的或者特异的……那么,这种可归因于国家并伤害了投资者的行为就违反了公平公正待遇。② Tecmed 案中,投资运作依据所事先约定的标准,未经警告和协商的改变被认定为"专断"行为。③

第五,东道国需保持有关投资法律的稳定性,不得轻易变更。例如 Enron 诉阿根廷案中,仲裁庭提出:未来行为的期望是基于现有立法,如果这项立法随后被改变,将导致违反公平公正待遇。Enron 诉称,其投资 TGS 的主要原因之一是阿根廷比索与美元保持固定汇率,1999 年由于经济危机,这项优惠被取消。仲裁庭提出,废除《货币可兑换法》(the Convertibility Law)违背了投资者的期望,进而违反公平公正待遇。④ CMS 诉阿根廷案中,⑤ 投资者提出,该公司当初之所以对天然气运输部门进行重大投资,主要是基于阿根廷政府的承诺和保证,尤其是阿根廷政府许诺其投资可用美元计价收回且使用费可以根据美国生产商价格指数进行调整。但是,1999—2002 年及其后阿根廷政府采取的措施对公司造成了毁灭性后果,不仅收入大幅减少,而且偿债能力也降低了 1/3。⑥ 投资者提出,没有美元计价它永远不会以股东身份在阿根廷投资。CMS 案仲裁庭援引 Tecmed 案为"先例",新一步阐述:"众多的协定,包括双边协定和

---

① 万猛主编:《国际投资争端解决中心案例导读》Ⅰ,法律出版社 2015 年版,第 349 页。

② 万猛主编:《国际投资争端解决中心案例导读》Ⅰ,法律出版社 2015 年版,第 135—137 页。

③ 万猛主编:《国际投资争端解决中心案例导读》Ⅰ,法律出版社 2015 年版,第 350 页和

④ Enron Corporation and Ponderosa Assets, L. P. v. Argentina, ICSID Case No. ARB/01/3, Award, May 22, 2007.

⑤ CMS 案之前,已经有相当多的案件涉及仲裁申请人对东道国政府措施的信赖,如 Metalclad 案、Maffezini 案、CME 案、Tecmed 案、Waste Management 案等。但总体而言,在 CMS 案以前,投资者的合理期待还只是一个附属性考虑因素,各案仲裁庭并未予以深入阐述。

⑥ 李文青:《国际投资仲裁中的公正与公平待遇标准——以 CMS 天然气运输公司诉阿根廷案为例》,《国际经济法学刊》2006 年第 3 期。

多边协定,对这个条款的处理明确显示,公平公正待遇与法律的稳定性和可预测性是不可分的。"①

第六,东道国国家行政机关对投资者不得有偏见。Azurix 案中,② 仲裁庭认为:"很清楚的是,由于现任政府在即将举行的选举中表示出对供水定价、关税与结算权的关注,供水业务已被国家政治化。"③ 仲裁庭认为,计费价格的固定造成投资者的重大损失,利润没有增加,无法平衡初始投资成本和持续支出的费用,同时仲裁庭指出,确定违反公平公正待遇中最重要的是,一旦供水服务被转移给新的商人,新的供应商将被允许提高收费标准。这表现出对投资者的偏见。此外,仲裁庭指出,国家通过多次呼吁用户拒交水费简直是"恶意"(bad faith),④ 东道国的行为明显违反公平公正待遇。Metalclad 案中,投资者的联邦经营许可申请被拒绝后,东道国在没有正当理由的情况下对投资者进行起诉,由于诉讼导致投资者启动业务重大迟延,这种有偏见的行为是被公平公正待遇所禁止的。这个裁决值得注意的是,"偏见"可以是政府对投资者竭力反对的活动,而这种活动并不使其他任何人收益。这一点使"偏见"不同于"非歧视"义务。

进入 21 世纪,部分公平公正待遇条款开始在条文中直接列举出东道国的义务,典型如下。2014 年谈判完成的欧盟与新加坡 FTA 第 9.4 条规定,构成违反公平公正待遇的措施是指:在刑事、民事和行政程序中拒绝司法;根本违反正当程序;明显的任意武断的行为;骚扰、强制、滥用权力或类似的恶意行为;或者违反了投资者基于一缔约方为了吸引投资而做出的并且为投资者所合理依赖的具体的或毫无含糊的陈述所产生的正当期待;前述未列明的对待也可能构成违反公平公正待遇,但需缔约方依据本

---

① CMS Gas Transmission Company v.Argentina, para. 276.

② Azurix v.Argentina Republic, ICSID Case No.ARB/01/12, Award, July 14, 2006.案情如下:美国 Azurix 公司基于一个长达 30 年的特许协议,可在阿根廷境内投资开发水资源及建设下水道设施等业务。但从特许协议履行之初,该公司就受到了来自各种法律法规的诸多阻挠。地方当局对其项目不仅不予支持,还要求民众予以抵制,如鼓励用户拒交水费等。阿根廷下属一个省级政府终止了其与美国投资者 Azurix 投资的 aba 公司间的特许协议,仲裁庭认为,本案属于 ICSID 有管辖权的"投资争议"。

③ Azurix v.Argentina Republic, para. 378.

④ Azurix v.Argentina Republic, paras. 379-382.

协定程序达成协议。2016 年 CETA 第 8.10 条第 2 款规定,东道国不得在刑事、民事或者行政程序中司法不公;不得在司法或行政程序中根本违反正当程序,包括违反透明度;不得有明显的任意武断或者基于性别、种族或宗教信仰等明显错的理由的有针对性的歧视;不得虐待投资者,如强迫、胁迫和骚扰等。2020 年 RCEP 第 10 章第 5 条第 2 款(2)规定,公平公正待遇要求每一缔约方不得在任何司法程序或行政程序中拒绝司法。

综上,仲裁推理的不断具体化以及条款自身的发展,使公平公正待遇条款有了显著的义务性特征,从最早的倡议性条款成为义务性规范。

三 公平公正待遇条款是可执行性规范

公平公正待遇条款规定了东道国保障投资者利益的义务内容,东道国如若违反上述义务,需承担不利后果。投资者可援引其母国与东道国所签署的国家间协定作为其采取救济措施的依据。国家间协定包括投资者母国和东道国政府之间的双边投资协定,共同加入的多边条约(如《能源宪章条约》),以及区域自由贸易协定(如 RCEP)等。

解决投资者与东道国之间投资争端的机构或者渠道,目前最受瞩目的是 ICSID。1966 年,在世界银行的主持下拟定的《关于解决国家和他国国民之间投资争端公约》(以下简称为 ICSID 公约或《华盛顿公约》)正式生效。根据该公约第 1 条的规定,"解决投资争端国际中心"即 ICSID 成立,并作为负责处理外国投资者与东道国投资争端的常设机构。ICSID 为各缔约国与其缔约国国民间投资争端提供仲裁之便利,在仲裁程序中,投资者享有以自己名义对抗国家的独立请求权。于是,投资者具有的、在国际机制中普遍的独立诉求权利能力,通过一般性的国际协定得以确定,而不再附属于其母国的外交保护权或代为求偿权实现权利救济。以此为标志,投资者与国家间争端解决机制从国家本位阶段转为投资者本位阶段。20 世纪 90 年代,ICSID 受理的案件从原来主要的以契约为基础转变为主要以协定为基础,ICSID 从最初只为解决投资者与国家间契约争端设计的机构,转变为当前主要解决投资者依据母国与东道国间投资协定提起的投资申请的机构。[①] 提交 ICSID 仲裁的优势在于,基于 ICSID 公约以及与其他世界银行成员机构的合作关系,ICSID 拥有一套完整的、排他的、封闭的且与缔约

---

① 参见石慧《投资条约仲裁机制的批判与重构》,法律出版社 2008 年版,第 4—18 页。

国国内法绝缘的管辖制度，其作出的仲裁裁决可以根据 ICSID 公约第 4 章第 6 节第 54 条①和第 55 条②的规定在缔约国直接获得承认与执行。

可见，根据《华盛顿公约》，每一缔约国均应承认依照该公约作出的裁决具有约束力，并在其领土内履行该裁决所加的财政义务，正如该裁决是该国法院的最后判决一样。也就是说，对于 ICSID 仲裁裁决，任何国家的法院均无权撤销或者拒绝执行该裁决。另外，投资者还可根据国家间协定以及适用的仲裁规则，向有管辖权国际仲裁机构申请仲裁，这种专设仲裁庭作出的裁决则由 1958 年联合国通过的《承认和执行外国仲裁裁决公约》（以下简称《纽约公约》）在各缔约国申请承认与执行。

综上，公平公正待遇条款为东道国设定了一定的行为义务模式，并使其遵从。无论基于古老的"有约必守"的国际法原则，还是书面的《华盛顿公约》《纽约公约》或者相应的自由贸易协定，都保证了东道国如若违反投资协定中的公平公正待遇条款需承担不利后果，即保证公平公正待遇条款有制裁违约法行为的能力。可见，今日之公平公正待遇条款，早已不再是过去的倡议性宣言，而是投资领域义务先定的国际实践，是可执行的义务性法律规范。

第三节　公平公正待遇条款的价值体现

一　公平公正待遇条款承载正义价值

（一）价值的概念界定

价值，一般对应英文 Value。从词源上说，Value 一词源于梵文 wal，

---

① 第 54 条

1.每一缔约国应承认依照本公约作出的裁决具有约束力，并在其领土内履行该裁决所加的财政义务，正如该裁决是该国法院的最后判决一样。具有联邦宪法的缔约国可以在联邦法院或通过该法院执行裁决，并可规定联邦法院应把该裁决视为组成联邦的某一邦的法院作出的最后判决。

2.要求在一缔约国领土内予以承认或执行的一方，应向该缔约国为此目的而指定的主管法院或其他机构提供经秘书长核证无误的该裁决的副本一份。每一缔约国将为此目的而指定的主管法院或其他机构以及随后关于此项指定的任何变动通知秘书长。

3.裁决的执行应受要求在其领土内执行的国家关于执行判决的现行法律的管辖。

② 第 55 条

第 54 条的规定不得解释为背离任何缔约国现行的关于该国或任何外国执行豁免的法律。

含义是"掩盖、保护、加固",后又派生出"尊敬、敬仰、喜爱"等意思,最终形成价值一词的"起掩护作用和保护作用的、可珍贵的、可尊重的、可重视的"基本含义。万物总是在变化,价值的概念也在发展和变化之中。价值不仅应用于经济和哲学中,也应运用其他社会科学和人文科学中。[①]《现代汉语词典》中价值的释义有二:其一是"体现在商品里的社会必要劳动",其二是"积极作用"。前者把价值的适用限定在"商品"的唯一客体之上,后者则把价值等同于功能或作用。显然,价值不仅仅是商品的特效,也不只表明事物的作用,字典中价值概念的释义被简单化处理了。

哲学意义上的价值,即是一个关系范畴,也是一个属性范畴。首先,价值反映人(主体)与外界物(客体)的关系,揭示人的实践活动的动机和目的。人和物之间的需要与满足的对应关系,就是价值关系。价值的表征意义,是用以表示事物所具有的对主体的有意义的、可以满足主体需要的功能和属性的概念。诸如自由、正义、财富、知识、美德等,都是人们所希望的东西,被人们视为价值的存在形态。

理解价值的一般概念时,必须注意两点:第一,价值存在于且仅仅存在于主体和客体之间,离开主体,客体就无所谓有无价值,因此,主体是一切价值的原点和标准,主体赋予客体以一定的意义。就此而言,价值反映主体的态度和评价。第二,事物的客观属性是主体进行价值评判的必要参照,亦即某种事物是否有价值?具有何种价值?这些问题并不能完全由主体单方面决定,价值反映着主体的主观情感和意向,也反映着客体呈现给主体的客观属性。

价值的探讨必须注意价值的特征与属性。首先,价值具有社会性或者主体性;其次,价值是绝对性与相对性的统一;最后,价值是客观性与主观性的统一。因此,广义的价值包含相互联系的两方面:一是事物的存在对于人的意义;二是人对事物有用性的评价标准。[②]

(二) 法的价值概述

法的价值是价值的一般概念在法学研究领域中的具体适用。自然法学派认为,法的价值是绝对的,法律的价值包含内容较多,但法律最高

[①] 卓泽源:《法的价值总论》,人民出版社2001年版,第16页。
[②] 参见赵震江、付子堂《现代法理学》,北京大学出版社1999年版,第100—101页。

的价值是正义。德国法学家 Radbruch 认为，法律的理念，就是法律的价值，首先是正义。就像罗马法学所指出的那样，"法律来自正义就像来自它的母亲，所以正义先于法律"[①]。实证主义法学则认为正义是取决于情感因素的价值判断，是主观的，只对判断人有效，从而只是相对的。[②] 综合法学派认为，法律是由价值、形式和事实组成，法的价值就是指法律的合法性和道德性，是法律中的理性因素和法律追求的目标。这个因素和目标是多方面的，如正义、自由、幸福、安全等，不能只强调一个方面。综合法学派认为，法律是由价值、形式和事实组成，法的价值就是指法律的合法性和道德性，是法律中的理性因素和法律追求的目标。这个因素和目标是多方面的，如正义、自由、幸福、安全等，不能只强调一个方面。

法律的价值有实质性价值与非实质性价值之分，有的法律价值体现了人们对法律的实质性追求，能够独立说明人们对法律的追求，称为实质性法律价值。有的法律价值则无法独立，需与其他价值结合才能成立，称为非实质性价值。非实质性法律价值专指秩序价值，除秩序外的法律价值都是实质性法律价值。实质性法律价值以非实质法律价值作为它的表现形式，两者的关系恰如内容与形式的关系。正义是法律追求的最高的实质性价值，法律所追求的就是正义的秩序。[③]

(三) 国际法价值的一般目标

"有社会，就有法律"。奥本海提出法律存在的主要条件有三：第一，必须存在一个社会；第二，这个社会必须存在规制人类行为的一套规范；第三，规范必须得到这个社会的共同同意，这些规范应由外力来强制执行。社会的概念远大于国家的概念，一个国家是一个社会，然而并不是每一个社会都是一个国家。[④] 国际社会的现实符合上述要求，包括一切国家的普遍性国际社会已经得到肯定，在这个国际社会存在越来越多的国家之间的行为规范，而这些行为规范于必要时由外力执行。因此，奥本海提

---

① 沈宗灵：《现代法理学》，北京大学出版社1992年版，第43页。
② 参见陈兴良《刑法的价值构造》，中国人民大学出版社1998年版，第32页。
③ 李显龙主编：《法理学》，武汉大学出版社1996年版，第98—117页。
④ [英] 詹宁斯修订：《奥本海国际法》，王铁崖、陈体强译，中国大百科全书出版社1995年版，第186页。

出："一个弱的法律仍然是法律。"① "任何值得被称之为法律制度的制度，必须关注某些超越特定社会结构和经济结构的相对性的基本价值。在这些价值中，较为重要的有正义、自由、安全和平等。有关这些价值的重要序列可能因时因地而不同……一种完全无视或根本忽视上述价值中任何一个价值或多个价值的社会秩序，不能称之为一种真正的法律秩序。"② 国际法是适用于国际社会的法律，是平等者之间的法律。③ 国际法的法律性质决定了它具有或应当具有国内法律所具有的价值内容。康德认为，国际法与国内正义从根本上是相关联的。④

国际法的价值是全人类价值需求的法律化，是国际法追求的目标，是国际法的合理性和道德性的体现。⑤ 国际社会是平等成员间的社会，各主权国家在相互协议的基础上逐渐形成国际法，国家即是自己应遵守的国际法规范的制定者，在一定程度上又是约束他们自己的规范的解释者和执行者。国际法所建立的是一种以"平等协作"为条件的法律体系，国家间的平等决定了国际法的实施很大程度上依靠国家自身的行动。⑥ 因此，与国内法相比，正义在国际法层面扮演的角色，并不如秩序一样显得那么重要，但这并非说明国际社会放弃追求正义的目标。

"以前的国际法在出色地维持现状的作用上具有政治的特点，而现代国际法则应确保国家之间的圆满关系，内容从相互依赖转变为发挥其有效作用转变。""现代各国对国际法的期待，是在计划管理国民经济中从技术的合理性出发要求国际法，就是为各个事项对国家提出明确的行动指南，借以提高预测其他国家行动的准确程度。"⑦ 公平公正待遇条款为投资关系中的东道国列举行动指南，使投资者提高预测东道国国家行动的准

---

① [英]詹宁斯修订：《奥本海国际法》，王铁崖、陈体强译，中国大百科全书出版社1995年版，第10—12页。

② [美]博登海默：《法理学：法哲学与法律方法》，邓正来译，中国政法大学出版社1999年版，前言。

③ 梁西主编：《国际法》，武汉大学出版社1993年版，第12页。

④ 曾令良、于敏友主编：《全球化时代的国际法——基础、结构与挑战》，武汉大学出版社2006年版，第52页。

⑤ 参见高岚君《国际法的价值论》，武汉大学出版社2006年版，第18—19页。

⑥ 参见梁西主编《国际法》，武汉大学出版社1993年版，第5—15页。

⑦ [日]寺则一、山本草二主编：《国际法基础》，朱奇武等译，中国人民大学出版社1983年版，第16—17页。

确程度，这种指南是国家间对正义行为的理解结果，其目的是建立一种投资者与东道国之间共同追求的，符合合理性和道德性的国际投资秩序，实现法律所追求的正义秩序。

二　公平公正待遇条款是正义最直接表达

（一）正义的含义

正义对应的英文一般为 justice。《元照英美法词典》中 justice 的释义为，一种普遍认为事实所应达到之目标的道德价值，是衡量和评价法律及某种行为正确性的标准。正义的含义非常复杂，最基本的意思还是恰当实施法律，给予某人应当的东西，以及对纠纷一贯地、连续地做出类似的处理等。

我国古语中早有正义一词，主要在两个领域内使用。其一，是指经注兼释的注释，即"注疏""义疏"，即对古书的旧注作进一步解释。义疏产生于魏晋南北朝时期，唐代出于思想统一和科举考试的需要，由官方以指定的注本为基础把经书的解说统一起来，这种新的注疏唐人称为"正义"，[①] 并多用做书名，如《五经正义》。其二，则是形容词意义上的正义。如《荀子·儒效》云："不学问，无正义，以福利为隆，是俗人也。"《史记·游侠列传》："今游侠，其行虽不轨於正义，然其言必信，其行必果。"古语中的正义，与公道、正直、正当等含义相似。

现代汉语中正义一词的含义也并不精准，如《现代汉语词典》中正义的释义有二：其一，公正的、有利于人民的道理；其二，公正的，有利于人民的。《新华字典》中正义的基本解释，是对政治、法律、道德等领域中的是非、善恶作出的肯定判断。作为道德范畴，与"公正"同义。可见，现代中文的正义与公正词义相当。

正义的多种定义中，较有影响是庞德的观点。庞德指出，从法律的角度讲，正义意味着对关系的调整和对行为的安排，以使人们生活得更好，满足人类对享有某种东西或者实现各自主张的手段，使大家尽可能地在最少阻碍和浪费的条件下得到满足。[②] 正义的使用并非严格按照某位哲学家的经典定义，更多的是对一定社会现存经济关系的观念化反映，是一种有

[①] 郭锡良、李玲璞主编：《古代汉语》，语文出版社 2000 年版，第 54 页。
[②] 张文显：《法哲学研究范畴》，中国政法大学出版社 2001 年版，第 202—203 页。

着客观基础的，人们关于某种特点事物如思想、行为、规范、制度乃至事业等理想状态及模式的主观评价尺度和价值判断。①

罗尔斯在其著作《万民法》中，将正义的自由观念从国内扩展到世界社会，使所有社会都能建立各不相同的自由或者合宜体制。罗尔斯试图提供一个非民族中心的国际正义概念，寻求在多元的人民社会中建立重叠的共识。罗尔斯描述的国际社会是一个自由社会，为一些不同的优先事项和价值观留下了空间。因此，只要存在重叠的政治价值的共识，合理的自由主义人民就需要容忍和尊重其他有秩序的社会。这种共识代表的是各国人民之间最低程度的共识，而不是个人共同体，它不涉及国内背景下所要求的分配正义制度。一方面，罗尔斯相应地维持了国际和国内正义之间的区别；另一方面，不否认对国际正义原则的最低协商一致是可能的。因此，罗尔斯的正义理论揭示了寻求共同原则并不意味着精简每个国家的国内法律和经济制度，而只是确定重叠的共识。

国际关系中正义的概念发展说明罗尔斯理论的可行性。正义的国际关系扎根于普遍自然或秩序的概念之中，是规范当时国际关系的道德和法律规范的源头，规定了主权国家的行为标准，例如正义战争理论（bellum iustum）。西方正义战争理论有着悠久的历史传统。《圣经》中就暗含了战争中的道德行为以及正义理由的观念，而较系统的阐述始于圣托马斯·阿奎那，他在《神学大全》中提出了现代正义战争理论的总体框架。正义战争理论提出了一系列旨在维系战争的合理道德框架原则。② 随着实证主义流派涌现，人们对国际政治的理解更趋向于现实主义，对国家之间为生存和权力斗争的无政府关系产生怀疑，将国际法限定为协调国家活动和利益领域的法律框架，以便根据主权、平等和互惠的指导原则实现民族国家的和平共处。弗雷德曼（Wolfgang Friedman）在其著作《变动中的国际法结构》中提出，国际法机构经历了从共存（co-existence）到合作（co-operation）、再到共同体（community）的发展。从共存的国际法到合作的国际法，是国际法从主权行为之间的协调过程到国际法本体的发展。弗雷

---

① 湛中乐：《现代行政过程论——法治理念、原则与制度》，北京大学出版社2005年版，第124页。

② 王海平：《西方正义战争理论的两个重要范畴：诉诸战争的权利（jus ad bellum）和战争法规（jus in bello）》，《西安政治学院学报》2004年第6期。

德曼认为："国际法的有效性被认为完全来自主权国家的'自由意志'，并且'国家独立性的限制不能……被推定'。因此，国际法有着协调和共存的职能，其目的是服务于每个国家的国家利益，而不是表达对所有国家或人民共同的更深远的目标或利益。"除了协调职能，国际法的职能还涉及国家处理共同需要和利益方面的合作职能，这主要通过建立国际机构来实现。弗雷德曼指出："从协调国际法到合作国际法……'协调国际法'一词描述了国际法律关系和组织的发展……'合作国际法'一词则关注国际监管合作中的积极尝试。相互依存的国家合作能够优化国家利益，从而可能产生国际福利效应，国际法正是建立在此种政治见解基础之上。"① 尽管通过组成多个国际组织和有关的国际协定大大增加了国际法范畴，但国际合作的结构，仍然基于国际法传统价值之独立主权国家的自愿性制度。因此，国际法结构从共存到合作的阶段，虽然强调了功能整合过程，但它并不挑战传统国际法的基本观念。国际法的最根本的变化，是国际法律制度日益具有的共同体主义（communitarian，也有译作社群主义）性质。共同体主义支持共同体利益优先于个体国家利益，认为国际法存在某些价值的最低共识，而这些共识在各国的文化和政治中也得到承认。

从自然正义到主权国家利益再到共同体某些价值的最低共识，国际层面的正义观发展，确实有可能寻找国际法律制度的道德基础，并至少确定最低限度的共同价值观。② 公平公正待遇始于早期多边协定的"宣示"或者"建议"，是缔约国寻找共同承认的价值观的探索过程，当然，国家之间的各种分歧使这种共同价值观只能是最低限度的内容重合。公平公正待遇条款从早期开放理解，到今天不断被限定，是缔约国将这种原本的道德理念具体化为有实际约束力的义务规范的过程。在某种程度上，仲裁裁决中经常援引的公平公正待遇的义务，在一般性要求不高的前提下，可以认为是存在的最低限度的共识。③

---

① 陈喜峰：《宪政的国际法：全球治理的宪政转向》，《暨南学报》2013年第1期。
② See Roland Kläger, *Fair and Equitable Treatment in International Investment Law*, Cambridge University Press, New York, 2011, p.135.
③ 这是一种理想的状态，鉴于国内法律传统之间相当大的差异，以及对外国投资的（仍然）完全不同的态度，上述所确定的义务，在一般性的较高水平上，不能完全代表最低限度的共识，也是事实。

（二）公平公正待遇的表述直接体现正义观念

公平公正的表述与正义的联系首先表现为两者的字面含义相似。英语中正义 Justice 与 Impartiality、Rightness、Fairness、Correctness 相近，表示公正、正确、公平之义。Fairness（公正）、Equity（公平）的释义与正义（Justice）释义相近，许多词典也是在互换的意义上使用这些词汇。例如，Fairness（公正）在《布莱克法律词典》中的释义如下：不偏不倚（impartiality）、适当（just）、无私（disinterested）。平等（Equity）在《布莱克法律词典》中的释义如下：公正（Fairness），不偏不倚（impartiality），公平的交易（evenhanded dealing）；诉诸正义原则（principles of justice）来纠正或补充适用于特定情况的法律。[①]

可见，公平公正的字面意义，也受到诸如"不偏不倚"（impartial）、公正（just）、没有偏见或歧视（bias or prejudice）、正义和正确（justice and right）等术语的限制，这样的限制给出了公平公正待遇与正义之间联系的初步暗示。既然条约制定者选择赞成这种表述，可以推定，其目的是将公平公正待遇与正义观念联系起来，以便将这些想法纳入投资者与国家关系之中。

公平公正待遇的仲裁推理过程中，仲裁员的阐述也显示出公平公正待遇与正义某种观念上的联系。例如，PSEG 诉土耳其案中，仲裁庭描述了公平公正待遇的作用，"公平公正待遇在投资仲裁中占据显著地位，这是因为国际法传统上规定的其他标准在每一情况下可能不是完全适当的，尤其是当争端的事实不能明确支持直接征收的要求时。……由于公平公正待遇的作用因情况而异，有时不如期望的那样精确。然而，它显然允许在没有违反传统的国际法标准的情况下进行正义审查。"[②] Swisslion 诉马其顿案中，仲裁庭提出："同意某些仲裁庭表示的观点，即公平公正待遇标准基本上确保外国投资者不受不当待遇，适当考虑到所有周围的情况，并且它是一种保证对外国投资者正义的手段。"[③] Sempra 诉

[①] 洋龙：《平等与公平、正义、公正之比较》，《文史哲》2004 年第 7 期。

[②] PSEG Global Inc.and Konya Ilgin Elektrik Üretim ve Ticaret Limited Sirketi v.Republic of Turkey, ICSID Case No.ARB/02/5, Award, January 19, 2007, paras.238-239.

[③] Swisslion DOO Skopje v.Former Yugoslav Republic of Maced, ICSID Case No.ARB/09/16, Award, July 6, 2012, para.273.

阿根廷案中，仲裁庭在推理中提出，"可将公平公正待遇视为服务于正义目的的标准"①。也就是说，公平公正待遇的概念表达了正义和道德伦理的观念。因此，适用公平公正待遇旨在建立东道国与外国投资者之间的公正关系。

总之，公平公正待遇与公平、诚信、平等等概念密切相关。由于正义或公平的概念并不比公平公正待遇更好确定，且仲裁庭无权依据公平合理原则作出裁决，因此公平公正待遇可视为正义观念的最直接表达。

(三) 公平公正待遇实现正义的路径

平衡主义是公平公正待遇条款实现正义的路径。从权利—义务视角看，平衡主义的基本内涵包含权利与义务在相互关系中的并重；权利与义务在制度建构上的兼顾；权利与义务在法律精神上的同扬等多个层面。② 就国际投资领域而言，投资协定中的权利义务牵涉处理外资与本国经济问题，公平对待外资与保护本国民族经济、幼稚产业问题，平等对待各国投资者问题，国内立法与投资条约的协调问题等；从投资者母国的角度来看，则相对简单一些，主要强调确定国际投资者的法律地位，保护本国海外投资者合法权益，进而维护本国的国家利益。根据科斯定理，合作的达成需要三个关键性条件：行为的合法框架、完善的信息和零交易成本。③ 国际投资合作的达成需从东道国和投资者两个角度考虑上述双方各自问题，也是在谈判中寻找解决上述问题共同承认的价值观的过程。因此，国际投资协定的达成，是确定投资者和东道国行为最低限度的共同价值观，即国际正义内容的认同过程，也是对双方合法行为的划定边界。

国际投资协定中国际正义观载体是东道国和投资者的权利、义务内容。从东道国义务或者投资者被保护角度出发，国际投资协定的权利义务划分经历了三代转变：第一代"保守主义"，即东道国对投资者或投资所提供的保护程度相对较低，东道国义务内容较少；第二代"自由主义"，

---

① Sempra Energy International v. Argentina, ICSID Case No. ARB/02/16, Award, September 28, 2007, para. 300.
② 贺电、刘瑶：《平衡范式基本内涵在合同法中的展现》，《长白学刊》2014年第5期。
③ ［美］基欧汉、奈：《局部全球化世界中的自由主义、权力与治理》，赵宝煦、门洪华译，北京大学出版社2005年版，第271页。

即提高了外资和外国投资者的待遇标准,在最惠国待遇的基础上增加了国民待遇原则,严格了征收补偿标准,扩大了投资者与东道国投资争端的解决方式,大大提高了东道国保护投资的义务要求;第三代"平衡主义",即保护投资者在东道国的权益的同时,也在强化对东道国公共利益的保护,从而较好地实现了东道国公共利益和外国私人投资者利益的平衡。[①] 国际投资协定三个发展阶段说明,当前投资协定中的国际正义观体现为东道国公共利益和外国私人投资者利益的平衡,即东道国与投资者利益的共同保护。

目前,各国虽然就公平公正待遇包含的义务依然争论不休,但对在投资者利益保护和东道国公共利益的捍卫之间保持平衡,才符合"公平与公正"的应有之义并无疑问。即公平公正不仅仅是投资者的公平,而且应包含对东道国的公平。国际投资协定中公平公正待遇平衡主义的实现,体现为协定缔约国对任意扩大对公平公正待遇理解的限制。例如,美国、加拿大和墨西哥三国为回应仲裁庭鉴于 NAFTA 第 11 章第 1105 条 "依据国际法给予公平公正待遇以及充分保护与安全" 所做的宽泛理解,在 2001 年通过 FTC 限定公平公正待遇的含义和义务范围,并在此后的投资协定实践中将此限定纳入公平公正待遇条款之中。

三 公平公正待遇条款的正义论证模式

(一) Thomas M.Franck 的公正国际法规范理论

普遍认为,公正属于更广泛的正义概念,而公平公正待遇在任何情况下都与公正的概念有关。著名国际法学家 Thomas M.Franck 在其著作《国际法与制度中的公正》(*Fairness in International Law and Institutions*) 中提出的公正论证理论,为公平公正待遇实现正义提供了具体论证模式。Thomas M.Franck 提出,公正的国际法规范包括两个方面:第一个方面,合法性要求,公正的程序内容 (procedural aspect of fairness),即关注整个系统内实现合法性的手段的 "正确的过程";第二个方面,公正的实质内容 (substantive aspect of fairness),包含分配正义 (distributive justice) 和公平的观念。然而,公正的这两个方面,即合法性要求与实质性要求的发展方向并非总是统一的,因为合法性的考虑倾向于法律制

[①] 参见胡斌、程慧《中国双边投资协定的实践与发展》,《国际经济合作》2013 年第 6 期。

度内的稳定和秩序保持，而公平正义的考虑则有利于或者倾向于系统内的再分配变革。①

1. 合法

合法性具有规范或判断标准的属性，有助于确定公正的感觉，且规范或判断是根据"正确的过程"制定和应用的，并以此促进规范的自愿遵守。Thomas M.Franck 认为，基层行为规范的正当性可通过适用于体现共同体"联谊"性质之次层次规则（如立法）的几个标准来衡量。这些标准包括：确定性（determinacy）、象征性的批准（symbolic validation）、连贯性（coherence）、遵守稳固性（adherence）。② 一般来说，人们能够接受这些规范，因此如果这些标准得到满足而差别仍然存在时，那么差别在某种程度上将会被认为是合理的。③

就合法性而言，公平公正待遇可能会面对两方面质疑：首先，对公平公正待遇条款本身的质疑。人们可能质疑公平公正待遇作为一种规范的合法性，以及与此相关的，公平公正待遇作为其组成部分的整个投资制度的合法性。投资协定谈判阶段，各个国家讨价还价的能力不平等，而且条约规范的适用和解释中的文字具有不确定性和不一致性，依据确定性和连贯性指标，似乎可以证明国际投资制度的合法性危机。因为公平公正待遇本身缺乏明确的界定，也可能面临类似攻击其合法性的批评。例如有人提出："如果某种待遇具有不确定性，它不能构成合法的规范，因为它不为各国政府提供关于禁止对外国投资者采取何种类型待遇的具体指导。"④ 文本确定性被认为是显示文本传达清楚消息的能力。就合法性而言，一个规范应该向其被接收者传达允许什么行为和什么行为超越界限；一致性作为合法性的另一个指标，要求在适用规范时，类似的案件通常得到同等对待，要求作为法律制度组成部分的规范是根据本法律制度的一般

---

① See Thomas M.Franck, *Fairness in the International Legal and Institutional System*, New York: Oxford University Press, 1998, p.9.

② See Thomas M.Franck, *Fairness in the International Legal and Institutional System*, New York: Oxford University Press, 1998, pp.25-46.

③ 易显河：《国家主权平等与"领袖型国家"的正当性》，《西安交通大学学报》2007年第5期。

④ See Matthew C.Porterfield, "An International Common Law of Investor Rights?", *University of Pennsylvania Journal of International Law*, Vol.27, March 2006, p.113.

原则连贯和适用的。① 因此，早期公平公正待遇作为一个灵活和动态的一般条款，其特殊性导致合法性缺陷。这个问题的解决有两个途径：第一，公平公正待遇条款被不断修订，已经具备较清晰的义务内容；第二，通过一个理论上概念来解决，该概念构成了有关规范的范围和应用的一个固定的理由基础，而正义即是这样的可适用概念。其次，对公平公正待遇提供保护方式的质疑。如果东道国对外国投资者依据主权行使权力，那么东道国的规范，行政命令或法院裁决，都会受到公平公正待遇的审查而遭到合法性威胁。由于合法性涵盖公平的程序性要求，关于东道国行为合法性的问题还涉及根据正确的程序发布和适用这些行为。因此，公平公正待遇涉及东道国为了合法而必须遵守的公平程序和相关要求。在这个意义上，公平程序也被仲裁判例承认为公平公正待遇的要素之一。然而，公平程序的重要性并不意味着"公平原则不应具有实质内容"，否则公平公正待遇的标准就会只为外国投资者提供程序性而非实质性保护。因此，这种质疑提出公平公正待遇需要考虑公正的第二个组成部分，即关注公平概念的实质内容。

2. 公平

Thomas M.Franck 认为，公平并不仅是执行司法裁决的"执照"，更重要的是，公平可被视为是法律上的正义（perceives equity as law's justice），其概念表达了不当得利（unjust enrichment）、诚信（good faith）或默许（acquiescence）等重要的原则，公平也被视为将正义纳入资源分配的一种模式。Thomas M. Franck 指出："正义（Justice），作为法律的补充，需要保护那些不被传统法律普遍承认的利益，例如子孙后代的福祉和生物圈的'利益'。正义在分配权益时发挥调节作用。正义的这种作用发挥，出现在几乎所有的范畴，包括可能的地理、地质、地形、经济、政治、战略、人口和科学变量的背景下。在复杂和牵涉过多领域的背景之下，'硬而快'（hard and fast）的分配规则只能导致道德上的愤怒和法律的归谬证明（law's reductio ad absurdum）。在这个意义上，旨在将合法的必要性与正义的义务联系起来的'公正性'论证目的，并非破坏而

---

① See Thomas M.Franck, *Fairness in the International Legal and Institutional System*, New York: Oxford University Press, 1998, pp.38–57.

是兑现法律。"①

与那些规定明确、清晰的"硬而快"规则相比,"公平公正待遇条款,一方面,为多领域适用规范留下更多空间;另一方面允许通过直接援引平等标准来产生更合理和公正的答案。公平公正待遇,意味着规范的确定性缺陷不一定导致其不合法性,而是提供了将正义和平等的概念引入其内涵,作为一种规范本质的机会"②。因此,合法性(程序要求)和平等(实质要求)之间的紧张关系或冲突关系是公平公正待遇本质上固有的一个因素。

综上,公平概念具有使公平公正待遇条款具备规则的文本精确性,而且促使其实现正确结果的能力。考虑到国际投资法涉及利益的复杂性,公平公正待遇规范中平等考虑的这种灵活性在法律领域特别重要。

(二)公正论证

1.公正论证的先决条件

Thomas M.Franck 提出,公正论证是推理和谈判的过程,旨在平衡稳定性(表达合法性,正确的程序,良好的秩序和安全为目标)与改变(表达正确的财富资源和再分配)。公正论证的先决条件:第一,世界资源的中度稀缺性,因此这些资源将被分配。只有当每个人都希望有份额,但没有人能拥有所有,此时资源分配中的公平问题就出现了。第二,存在一个全球性共同体,坚持共同的"无条件不公正"的基本认知。③

公平公正待遇条款的适用过程满足这样的先决条件,投资者与东道国的争端归根结底是因为对资源的争夺,国际投资法的相关资源一方面是资本;另一方面是自然资源,廉价雇员和购买力。虽然共同体是否在国际层面存在依然有争议,但国际投资法似乎已经对被认为显然不公正的问题形成了基本认识。例如,投资争端仲裁中不断发展的传统议题最低待遇标准,这些传统的议题代表最小重叠共识,其意义在于审查是否某种类型行为最终是公正的。

---

① See Thomas M.Franck, *Fairness in the International Legal and Institutional System*, New York: Oxford University Press, 1998, p.79.

② See Thomas M.Franck, *Fairness in the International Legal and Institutional System*, New York: Oxford University Press, 1998, p.33.

③ See Thomas M.Franck, *Fairness in the International Legal and Institutional System*, New York: Oxford University Press, 1998, pp.9-11.

"论证的过程是一般性和规范性的,涉及变革与稳定之间的抉择关系,法律对政治或经济的反映程度,以及促进资本增长的社会需要与再分配正义的政治要求间的平衡关系。尽管投资争议很激烈,但是制度的利害关系比争议当事方的具体利益更为重要。贫穷国家最重要的发展资本来源是富有的发达国家,这使得建立投资者和东道国政府之间的跨国契约成为全球优先事项。投资协定、公约、国际惯例,都需要在文本的适用中理解公平性给予它所需的弹性,以适应政治拉动变革和经济理性稳定之间不可避免的张力。"[①]

2.公正论证的"防线"

为了进一步确定公正论证的模式,Thomas M.Franck 提出两个关于公正论证的两道"防线"（gatekeepers）,指明什么是"无条件的不公正"。

第一道"防线"被描述为"非自动优先"（no-trumping）。"意味着没有经过'公正论证'的任何参与者的利益,不得自动优胜于其他参与者的利益要求。也就说,所有的利益要求都必须经过论证予以决断。"这道"防线"的必要性在于,任何自动的利益胜利,将先验地破坏稳定性和变革因素之间紧张关系的平衡努力。第二道"防线"旨在描绘分配正义的广义概念,即类似于罗尔斯提出的差异原则:使社会中处境最不利的成员获得最大的利益。"这个条件意味着,如果不公平不仅对其受益者有好处,而且对所有其他人都有好处,权益分配中的不公平就是合理的。"[②] 一般认为,国际投资协定的目的是外国投资能够促进资本、专门技术、劳动力和自然资源的公正分配,以便对所有各方产生福利影响。因此,这道"防线"的内涵在于,在这个意义上的福利考虑不应该匆忙地被排除在公正论证之外,而应该在相关的平衡过程中加以考虑。

（三）公平公正待遇条款的公正论证模型

1.论证的阶段划分

实践问题应该在自由论述中得到处理,这对于规范权力的正当性和建立公正的法律制度至关重要。公平公正待遇,明确提及公平和公正的概

---

① See Thomas M.Franck, *Fairness in the International Legal and Institutional System*, New York: Oxford University Press, 1998, p.441.

② See Thomas M.Franck, *Fairness in the International Legal and Institutional System*, New York: Oxford University Press, 1998, pp.16-22.

念，是国际协定缔约国以公正论证方式进行的邀请，公正论证旨在通过使其合理地推论来增加关于公平公正待遇仲裁决定的合法性，因此公正论证必须结构化，区分论证的不同阶段，以便说明特定的裁决结果。

结构化公正论证，必须首先区分公正规范的建立与关于规范的公正适用的论证。这意味着在规范创造阶段，就可能会进行论证，其目的是为全球监管国际投资建立公正准则。同时，后续阶段进行规范的公正适用，则是已经建立的规范将被应用于特定的事实情况。公平公正待遇不涉及规范的制定，其本身已经是一个应用规范，相应的公正论证在后续阶段发生。Thomas M.Franck 指出，规范的公正适用的论证，通过强调"过程确定性"，需克服文本不确定性，澄清规范的含糊含义。这种"澄清程序"必须由被规范的接受者承认的法院或其他当局进行，且"澄清程序"中适用连贯的论证原则。[①]

规范适用的公正论证，首先是对适用这一规范的司法裁决的合理性的分析。司法裁决合理性的前提是，作出决定的观点是真实、正确和可以接受的，而且特定的裁决可以从这些观点中推断出来。为了在理性的基础上做出裁决，裁决有必要展示所有相关的观点和相关的理由，说明为什么一些观点比其他观点更重要。因此，论证必须提供令人信服的理由来证明特定的裁决结果。如果在规范创造阶段的论证，已经产生了具有明确文字意义的简单结构化规则，这个过程可能比较简单。然而，通常在实践中，特别是在考虑语言含糊的条款，如公平公正待遇时，规范的字面意义并不是绝对清晰的，而仅揭示了一个"不确定性的轮廓"，给决策者留有一定的余地。在这种情况下，规范适用第一级阶段的法律论证，必须寻找其他观点支持某一裁决的第二阶段观点。可以说，这种论证提供了多种决定案例时要考虑的观点，但这些观点并不总是指向同一个方向。在公正论证的意义上，这些争论可能归因于稳定和变革的矛盾之一，由此产生的紧张关系必须在具体案情中得到平衡。为了能够进行这样的平衡操作，必须首先确定公平公正待遇相关的哪些观点代表稳定性，哪些观点代表变革。

2.确定稳定与变革的代表要素

论证公平公正待遇的观点是不同的，争论内容可能与投资协定的相关

[①] See Thomas M.Franck, *Fairness in the International Legal and Institutional System*, New York: Oxford University Press, 1998, pp.61-64.

文本、先例和原则以及某些法律目标有关。而且，由于公平公正待遇被相对分散地规定在国际法律制度之内，论证的观点也可能来自国际法其他分系统的法律文本或目标。

公平公正待遇的论证中，先例中包含的观点发挥了主导作用。仲裁中经常适用、反复出现的，被认为属于公平公正待遇的义务构成为论证提供了有价值的观点。[①] 这些义务构成不仅仅是过去案例集合的简单描述，也代表了投资协定各方追求更深层次"重叠共识"的目标。这些"重叠共识"不是国际投资法中唯一相关的观点来源，仲裁庭会将其与国际法律制度的其他目标进行比较性讨论，特别是与国际法律制度固有的国家主权的传统目标，以及其他分系统中已经确立或新出现的目标（例如国际人权或国际环境法）讨论，包括来自国际经济法原则的争论，都可能对适用公平公正待遇产生影响。

为确保合法性目的，公平公正待遇的裁决需要在所有这些相互竞争的利益或目标观点之间建立一定程度的融贯性。Thomas M. Franck 的公正论证模型有助于描述这些论据之间的竞争关系，并通过将每个目标区分（或者分配）为公正性两个方面之一，即稳定或者变革，实现某种结构化选择。例如，仲裁庭涉及公平公正待遇的判例中，国家行为的稳定性和合法性的争论主要出现关于公平程序、非歧视、保护投资者的合理期待和透明度的讨论中。上述每个义务构成可代表稳定性因素或变化因素，并被引入公正论证的有价值的观点进行推理。[②]

例如，如果一个对国民经济的发展和增长至关重要的外国资本进入东道国，但它不能平等地惠及东道国的富人和穷人，引入外国资本的东道国可能会试图通过国家干预来减轻贫富之间的差距或减少外国资本进入的其他负面影响。然而，这种干预可能与投资者的期望，例如对政治因素稳定性的依赖发生冲突。如果东道国任何改变的措施是在权力之内并依据公开已知的程序进行的话，法律框架的变化本身可能不被认为是非法的。此

---

① 仲裁庭论证过程中出现的对公平公正待遇包含的内容，如保护投资者合理期待、透明度等，有些学者称为公平公正待遇的构成要素。无论是内容还是构成要素，考虑在仲裁裁决论证中的作用，这种名称的区别没有实质差异。

② 因为这些概念都能够作为证明特定裁决的论据来源，所以，本书并未花篇幅讨论这些概念到底是应该被称为"惯用语""目标"或"原则"还是"内容"，这样的讨论对于仲裁实践也没有意义。

时，公平公正待遇的公正论证，需要调整"政治变革行为和稳定经济理由之间不可避免的紧张和冲突关系"。①

3.必要的平衡

在具体的案例中，围绕公平公正待遇进行阐述的部分观点将支持稳定，而另一些观点则可能致力于变革，那么必须决定哪些观点将最终胜出。公平公正待遇条款的适用中，裁决过程的特征在于观点的平衡过程。平衡的重要性也得到一些国际投资仲裁庭的承认，例如，Saluka 案诉捷克案的仲裁庭提出："确定是否违反'公平公正待遇'时，一方面是索赔人合理的期望，另一方面是被诉国的合法监管利益，需要在这两者之间进行平衡。"②

平衡的过程是公正论证最为重要的组成部分。作为平衡稳定和变革的重要先决条件，特别是 Thomas M.Franck 的"非自动优先"的条件发挥作用，确保需讨论的任何特定观点，不会自动胜过另一个或甚至所有其他观点，即国家主权、投资者—国家关系的稳定性或任何其他公平公正待遇相关的观点不会自动优先于其他观点。因此，公平公正待遇的义务以及从中产生的观点，不是绝对的，而是相对的，这些观点之间的优先关系不是预先确定的，而是根据具体情况而变化的。

公平公正待遇论证中存在的特定观点，必须经历权衡推理过程，借助对话方式确定双方的重叠共识。因此，仲裁庭需要解释为什么根据具体案件的事实，一个观点胜过另一个观点，证明其优先的分配是合理的。除了案件的事实外，这种理由必须符合在有关协定和先例的文本中，已经确定的优先关系以及比较法方法。大多数情况下，一个特定观点的重要性考虑不会要求另一个观点作为一个整体被抛弃，而只会在某种程度上要求有效性，而这种有效性是由具体情况下的重要性分配决定的，这意味着，仲裁员应该以一种方式实现所有冲突观点的和解，使每项按照其相对重要性尽可能地得到承认。

---

① See Thomas M.Franck, *Fairness in the International Legal and Institutional System*, New York: Oxford University Press, 1998, pp.438-441.

② Saluka Investments B. V. v. Czech, UNCITRAL, Partial Award, March 17, 2006, para. 306. See also International Thunderbird Gaming Corporationv.Mexico, UNCITRAL, Award, January 26, 2006, para. 30.

当然，在冲突的观点之间，实现这种平衡的决定必须被认为是公正的，说明它们同时有利于稳定和变化。然而，鉴于国内法律传统之间相当大的差异，以及对外国投资的可能完全不同的态度，对裁决中所确定的观点的重要性认识，可能不能完全地代表缔约国的共识，这也是事实。因此，接受这种重叠共识并不标志着论证的结束，而是在公平公正待遇的范围内对这些观点的合理具体化和适用的公正论证的开始。

公平公正待遇稳定与变革之间适当平衡的讨论，本质是仲裁员选择特定决定，并提供理由证明其这一点的个人评估过程。即通过最大化地适用"义务从轻解释原则"。仲裁员决定根据哪个标准，界定司法自我克制的领域，或赞成积极的改变方法，并通过适当的推理过程来证明结果的正当性，在司法实践中实现正义。[1]

国际投资法的广度和复杂性日益增加，伴随着越来越多的对该法律体系公平性的关注。只有国际投资法普遍被认为是公正的，并且表现出即使在危急情况下仍然产生公正结果的能力，才能持续地被接受。法律制度的公正性，取决于它是否有能力将财富和资源重新分配，以及对秩序和合法性的说明。因此，将公平公正待遇判断纳入平衡稳定和变革争议的公正论证模式，是提高法律推理和决策质量的关键，是仲裁庭为投资争端双方实现正义的司法实践过程。

本章小结

公平公正待遇的出现与存在是缔约国理性思考后的结果，也是其共同价值追求的体现。最早的公平公正待遇条款仅是缔约国之间的道德宣言，表达出对公平、公正行为的期许，但缔约国并无受其约束的意图。20世纪90年代至21世纪初，国际投资、投资协定的扩张和投资者—国家争端解决机制的确立，使公平公正待遇发展成为有约束力的、投资者援引最为成功的、向东道国索赔的投资协定条款。这一时期投资协定中的公平公正待遇条款，不仅表明一国愿意以公平和公正考虑投资者利益的条件来容纳外国资本，还表明东道国愿意受相关义务的约束；不仅是缔约国表明作为

---

[1] 根据"义务从轻解释原则"，当对某一协定的条文有多种解释时，贸易争端解决机构应当优先采用对承担义务一方而言义务较轻的解释。

东道国在管理领域内外国投资时的自我控制，也是对国家履行义务的重要性重申。公平公正待遇条款性质上的变化，并未改变公平公正待遇条款承载正义的价值功能。首先，公平公正待遇的义务内容为投资关系中的东道国列举行动指南，这种指南是缔约国间对正义行为的理解结果，其目的是建立一种投资者与东道国之间共同追求的符合合理性和道德性的国际投资秩序，实现法律所追求的正义秩序。其次，平衡主义的公平公正待遇条款，以东道国与投资者利益的共同保护为基础，是正义的实现路径。最后，投资仲裁过程中，将公平公正待遇判断纳入平衡稳定和变革争议的公正论证模式，以提高法律推理和决策质量，促进公平公正待遇条款对正义的司法实践。公平公正待遇发展的历史，是种种联系和相互作用无穷无尽地交织起来的过程。正义，是编织这段历史的主线，平衡保护投资者和东道国的利益，则是这段历史发展的目标和方向。

第二章 公平公正待遇条款的独立性

"人类行为不能被条块分割，所有人类行为均可被视为某种关系错综复杂的参与者的行为，通过积累适量信息和其他要素，他们使其源于一组稳定偏好的效用达至最大。"[①]

第一节 公平公正待遇与国民待遇、最惠国待遇

一 公平公正待遇与国民待遇、最惠国待遇的关系概述

公平公正待遇与国民待遇、最惠国待遇的条款联系，首先表现为三者都是关于投资者待遇的规定。国际投资者的待遇也习惯称为外资待遇，是外国投资者在东道国从事投资活动享有的权利和承担义务的状况，其投资及收益在东道国的受保护程度。[②] 国民待遇、最惠国待遇、公平公正待遇都表明投资者与东道国的投资法律关系中，为保护投资者利益，东道国对待外国投资者或投资的形式，即东道国作为行为主体，该如何对待本国的外国投资者或者投资。其次，三者最主要的联系就是部分协定中，将公平公正待遇条款与国民待遇、最惠国待遇联系规定，用国民待遇或者最惠国待遇说明公平公正待遇对投资者的保护水平。例如1986年瑞士BIT范本第3条第（2）款规定："每一缔约方应确保在其领土内公正和公平地对待另一缔约方的国民或公司的投资。这种待遇不应低于每个缔约方对其本国国民或最惠国的公司在其领土内投资所给予的待遇，如果后一种待遇更

---

① [美] 加里·S. 贝克尔：《人类行为的经济分析》，王业宇、陈琪译，格致出版社2010年版，第9页。

② 参见慕亚平《国际投资的法律制度》，广东人民出版社1999年版，第4页。

为有利。"① 1995 年，中国—摩洛哥 BIT 第 3 条与瑞士 BIT 范本的规定类似，为"缔约一方应保证给予在其领土内的缔约另一方的投资公正和公平的待遇，该待遇不应低于依照其法律和法规给予本国投资者的投资的待遇，或不应低于最惠国的投资的待遇，如后者更优惠的话"②。

然而，上述条款的结合规定并没有影响三种待遇条款各自独立的关系。即便将公平公正待遇规定为不得低于国民待遇或者最惠国待遇，也能达到与公平公正待遇独立规定一样的法律效果。只有将公平公正待遇明确规定为"就是指"或者说"等同于"国民待遇和最惠国待遇，才能有效地限定公平公正待遇的含义范围，但如果这样规定，无异于使公平公正待遇条款本身没有存在的必要。而且，除非投资条约明确做此规定，否则，不能将公平公正待遇等同于国民待遇或者最惠国待遇，这样将违背条约的善意解释原则（尤其是条约解释的有效性规则）。③ 虽然国民待遇、最惠国待遇、公平公正待遇都涉及禁止歧视行为，但国民待遇和最惠国待遇处理涉及基于国籍的歧视行为，而公平公正待遇条款的非歧视义务禁止外国投资者在其他方面明显不当的理由，如性别、种族或宗教信仰等方面具体针对性的歧视，或者是"蓄意串谋……破坏或挫败投资"的行为类型。如果一个措施显然是将投资者（法律上或事实上）剔除，并且没有合理的正当理由，则可能会被发现违反公平公正待遇。④

二 公平公正待遇与国民待遇条款

（一）条款设立的宗旨不同

国民待遇条款的提起首先是基于对平等的价值追求。因此，国民待遇又称为"平等待遇"。只有在社会关系中建立人生而平等的价值观与社会

---

① 原文："Each contracting party shall ensure fair and equitable treatment within its territory of the investments of the nationals or companies of the other contracting party. This treatment shall not be less favourable than that granted by each contracting party to investments made within its territory by its own nationals or companies of the most favoured nation, if this latter treatment is more favourable."

② http://tfs.mofcom.gov.cn/aarticle/h/aw/200212/20021200058353.html.

③ 王彦志：《国际经济法总论：公法原理与裁判方法》，华中科技大学出版社 2013 年版，第 157 页。

④ See UNCTAD, *Fair and Equitable Treatment*, UNCTAD Series on Issues in International Investment Agreements, New York and Geneva, 1999, p.82.

机制，才能充分地使人享有其作为社会一分子所拥有的权利。基于平等的价值追求，国民待遇要求国家平等对待每个人，而不论此人是本国人还是外国人。国籍仅是个人与国家间的法律联系，不能成为国家歧视性地对待非国民的因素。

投资领域内，国民待遇条款的直接目标旨在为外国投资者与国内竞争者在东道国市场中创造平等的条件，规制基于投资所有权而产生的歧视。根据这一目标，国民待遇规定东道国有义务给予外国投资者不低于本国国民的待遇。

公平公正待遇条款的设立初衷是对正义的追求，条款要求东道国对待外国投资者或投资达到"公平、公正"的程度。如果东道国存在政治不善、行政效率低下、法制不健全等情形，即使投资者已经享有了国民待遇，东道国对投资者或者投资提供的保护依然可能是不足够和不正当的，无法达到"公平、公正"的程度。因为"平等待遇"不一定是"公平、公正"的待遇，为确保投资者保护水准，缔约国在投资协定中纳入公平公正待遇条款，向东道国提出投资者保护的程度要求。

(二) 对投资者的保护路径不同

国民待遇对投资者保护，或者国民待遇条款的适用具有偶然性，即一般认为的相对性（relative），因此，学界普遍认为国民待遇是投资者"相对待遇"。适用"相对"的国民待遇条款时，仲裁庭需要对同一行业的国内和国外投资者的待遇是否存在差别进行比较之后，推定"歧视"行为是否存在，而东道国则必须通过证明其行为的"非歧视"，且符合公共利益来反驳违反国民待遇。东道国是否违反国民待遇条款，投资者能否基于此主张获得赔偿必须在上述比较之后。

公平公正待遇具有非偶然或绝对性（absolute），可使外国人进行资本投资时对东道国的法律环境具有信心，相信他们不会受到肆意或反复无常的待遇。因此，学界普遍认为公平公正待遇是一种绝对待遇。这意味着既定情况下投资是否享有公平公正待遇，无须参考适用于其他投资或实体的待遇内容。从投资者的角度来看，公平公正待遇提供了一个固定的东道国行为参考点，不会根据外部因素而变化的明确义务，其义务内容是判断具体情况下投资者是否获得公平公正待遇的直接依据。

因此，虽然公平公正待遇和国民待遇都是为保护投资者而设置的条款，但国民待遇义务内容取决于对国内投资的待遇，公平公正待遇则尽量确保基本的保护水平,而不论东道国的法律或者国内投资者待遇如何。这意味着,即使东道国使外国投资者享有与国内投资者相同的优惠待遇,也可能会违反公平公正待遇。同样,即使外国投资者被公平和公正地对待,但不如对待国内投资者那样有利,也可能被发现违反国民待遇。①

例如,Pope & Talbot 诉加拿大案的仲裁庭认为,如果东道国能够提供足够的证据,证明内、外投资者及投资的不平等待遇"与理性政策有合理联系,而该理性政策的本意不在于偏袒本国或外国投资者",那么就可以认定存在"不同情况"。仲裁庭认定加拿大政府的系列措施有合理性政策作为理由,并没有违反国民待遇。然而,仲裁庭发现,当投资者向仲裁庭提出仲裁申请之后,加拿大启动了一项旨在对投资者与软木材出口有关的财务和经营记录进行核查的程序,核查期间,加拿大官员的种种行为"会使每个理性加拿大公民感到震惊和愤怒,而它们确实让仲裁庭感到震惊和愤怒了"。因此,仲裁庭认为加拿大在此期间的所作所为违反了公平公正待遇。②

(三) 条款适用中仲裁庭考察的侧重点不同

仲裁庭推理中,不同的条款考察的侧重点不同,这是对投资者提供不同保护路径的延伸问题。投资领域中,国民待遇的目标是禁止基于投资所有权的国籍所产生的歧视。因此,为了确定什么是歧视,就必须对在相似环境下给予外国投资者的待遇和给予本国投资者的待遇进行比较。如同联合国贸发会报告指出的那样,因为触及经济上和政治上的敏感问题,国民待遇是国际投资协定中最难实现的待遇,国民待遇试图确保在本国投资者和外国投资者之间达成某种程度的平等,因此采取怎样精确的标准来比较本国投资者和外国投资者所获得的待遇是国民待遇条款适用的侧重点,也是仲裁庭在条款适用过程中的考察重点。③

公平公正待遇条款的适用远比国民待遇复杂很多,除却考虑禁止东道国歧视行为之外,还包括东道国司法与行政行为是否符合正当要求,东道

---

① See Stephen Vasciannie, "The Fair and Equitable Treatment Standard in International Investment Law and Practice", *British Yearbook of International Law*, Vol.70, No.1, 1999, p.149.

② See Pope & Talbot Inc.v.Canada, paras. 104-181.

③ See UNCTAD, *National Treatment*, UNCTAD Series on Issues in International Investment Agreements, New York and Geneva, 1999, p.15.

国行为是否挫败投资者合理期待等因素。

三 公平公正待遇与最惠国待遇条款

（一）条款设立的宗旨不同

最惠国待遇的设立与国民待遇很相似，也是为了平等而产生的机制。"为防止歧视，并为在尽可能高的层面创造平等提供机会，即在达到最小的歧视与给予第三国最大的优惠，很显然，最惠国待遇为那些缺乏能力和想象力的条约制定者提供了保障。最惠国待遇可以将对第三国最优惠的待遇无条件地适用于另外一国。只要一个国家愿意享受与最被优待的第三国一样的待遇，并且条约的内容也做出这样的规定，那么，最惠国待遇的适用将导致对该条约的自动调整，并将极大地促进国际事务的合理化。"[1] 最惠国待遇的功能在于保证来自不同外国的投资者都能得到相同的竞争机会。

最惠国待遇条款要求东道国为外国投资者提供的待遇至少与来自任何第三国的投资者一样有利。联合国贸发会的报告指出："最惠国待遇给予投资者免遭东道国某种形式歧视的保证，对建立在不同外国投资者之间的平等的竞争机会至关重要。最惠国待遇也为未来东道国处理投资协定创造了搭便车的可能性，即最惠国待遇使东道国有义务单方面向条约的其他缔约方给予它在协议中将给第三国的额外权利。"[2]

（二）对投资者的保护路径和考察重点不同

最惠国待遇的主要功能在于寻求来自不同国家的外国投资者之间在东道国的平等竞争地位。因此，最惠国待遇义务承担取决于东道国给予任何第三国投资者的优惠待遇内容是否均等给予，也需要选择参照，进行比较以后进行判断，同国民待遇一样是"相对"待遇，只不过国民待遇相对的是"国民"，而最惠国待遇相对的是"任何第三国投资者"。同样，公平公正待遇规定尽量确保基本的保护水平，而不论东道国的法律或者国内投资者待遇如何。因此，公平公正待遇与最惠国待遇保护的路径是不一

---

[1] Georg Schwarzenberge, "The Most Favoured Nation Standard in British State Practice", *British Yearbook of International Law*, Vol.22, 1945, pp.90-100.

[2] See UNCTAD, *Most-Favored-Nation Treatment*, UNCTAD Series on Issues in International Investment Agreements, New York and Geneva, 1999, p.8.

致的。

与国民待遇一致，最惠国的目标也是禁止基于投资所有权的国籍所产生的歧视。仲裁庭为了确定在不同投资者之间是否构成歧视，就必须对在相似环境下对给予不同外国投资者之间的待遇进行比较，选择比较标准同样是仲裁庭在最惠国待遇条款适用中的考察重点。这与公平公正待遇条款适用考察重点不同。

(三) 最惠国待遇可潜在扩大公平公正待遇条款的适用

与国民待遇不同，最惠国待遇的特征在于它的"搭便车"功能，也有人称之为"转致"功能，这项功能把东道国给予任何第三国投资者的优惠待遇无条件地给予与其订立有最惠国条款国家的投资者。与第三国的协定中，通过最惠国待遇条款的"搭便车"或者"转致"功能，使得投资者从东道国作为缔约国的其他条约中得以适用可能更为有利的公平公正待遇条款。也就是说，公平公正待遇可以通过保证最惠国待遇来适用。例如，MTD 诉智利案中，马来西亚的投资者主张根据马来西亚—智利 BIT 中的最惠国待遇，其有权享有智利—丹麦 BIT 中的公平公正待遇的规定，该主张获得仲裁庭的支持。[1]

当然，部分仲裁庭反对通过"搭便车"功能而扩大公平公正待遇条款的适用。例如 Pope & Talbot 诉加拿大案中，仲裁庭认为，依据 FTC 对 NAFTA 第 1105 (1) 条的解释说明，公平公正待遇提供的保护比其他包含公平要素的待遇提供的保护更少，因此，公平公正待遇并非依据最惠国待遇可获得的"更有利"或者"更优惠"待遇。[2] Pope & Talbot 仲裁庭的做法在很大程度上是有争议的，有人提出，公平公正待遇属于 NAFTA 不可分割的核心要素，对公平公正待遇的狭隘理解剥夺了最惠国条款的平衡效果。[3] 国际最低待遇标准"进化"的特征已经被广泛接受，而不同仲裁庭对公平公正待遇保护范围接受程度不同，但公平公正待遇保护范围早已经扩大，目前存在的问题是投资者通过最惠国待遇条款获得公平公正待

---

[1] See MTD Equity Sdn.Bhd.and MTD Chile S. A..Chile, ICSID Case No.ARB/01/7, Award, May 25, 2004, para. 104.

[2] Pope & Talbot Inc.v.Canada, para. 117.

[3] See Rudolf Dolzer, "The Impact of International Investment Treaties on Domestic Administrative Law", *New York University Journal of International Law & Politics*, Vol.37, 2005, p.99.

遇,是否在投资仲裁的实践中更为有利罢了。总而言之,最惠国待遇表现出扩大公平公正待遇条款适用范围的巨大潜力。

第二节 公平公正待遇与国际最低待遇标准

一 公平公正待遇与国际最低待遇标准的理论纷争

(一)争议缘由

国际最低待遇标准(the International Minimum Standard of Treatment)的概念出现体现了超国民待遇理论。国民待遇规定外国人仅能获得与东道国国民相同的待遇,而国际最低待遇标准则通过国际法赋予外国人必需的基本权利,且不受东道国给予其国民待遇的限制,违反了国际最低待遇标准可能导致国家承担国际责任。[①]

作为第一个支持国民待遇的国际文件,签署于第7次泛美国家会议上的《国家权利与义务公约》第9条规定:"国家在本国境内的管辖权适用于所有本国人和外国人。他们接受来自当地法律与政府同样的保护。外国人不能要求获得不同于或者高于当地人的权利。"[②] 国民待遇理论最突出的运用是"卡尔沃主义",主张在一国领域内的外国人同所在国国民享有同样的权利;当外国人受到侵害时,应依赖其所在国解决,不应由外国人的母国出面要求任何金钱上的补偿,即在外国国民的待遇问题上要以国内法为标准,不给予外国人任何超出本国国民的特权。如果东道国像对待本国国民一样对待外国人,那么该国就符合了国际法的要求,因此征收外国财产的权利在提高补偿后就能够被视为国家主权的正当延伸。美国认为,"卡尔沃主义"所坚持的国民待遇可能导致在拉丁美洲国家的美国人权利的减损。

在此情形下,1910年美国国务卿鲁特率先提出了"国际司法标准"这一概念,他提出:"所有文明国家普遍接受这样一个标准,非常简单而

[①] 陈正健:《国际最低待遇标准的新发展:表现、效果及应对》,《法学论坛》2015年第6期。

[②] 参见[尼泊尔]苏里亚·P.苏贝迪《国际投资法:政策与原则的协调》(第二版),张磊译,法律出版社2015年版,第2页。

又非常重要，构成世界国际法的一部分。一国有权根据它给予本国公民的公平待遇衡量它给予外侨的公平待遇，条件是它的法律制度与行政制度须符合该一般标准。如果某国的法律和行政制度不符合该标准，那么，即便该国人民愿意或被迫在内生活，但不能迫使其他国家，将其作为对其公民提供的令人满意的待遇措施来接受。"[1] Schwarzenberger 支持了上述观点，并予以补充：国民待遇不能被用作逃避国际法中有关最低待遇的国家义务。[2] 同时，国际最低待遇标准通过一系列案件被确立。例如，1926 年的 Harry Roberts 案，美国墨西哥共同求偿委员会主张：Roberts 被给予与其他所有人相同的待遇……根据国际法，平等不是对外国政府行为属性的检验，从广义上讲，最终检验的是外国人受到的待遇是否符合普遍文明标准。[3] 1927 年 Neer 案则被认为确立了违反国际最低待遇标准的门槛。Neer 案的被害人 Neer 生前是墨西哥达尔安格州关尼西维附近 1 个矿山的经理。1924 年 Neer 被开枪打死。美方认为，墨西哥有关机关原本可以以更积极和更有效的方式处理此案，但当局在起诉肇事者方面表现出不可挽回的缺乏勤奋与智能形成了司法不公。1927 年 Neer 案的裁决确定了两项内容：第一，政府行为应受到国际标准的考察；第二，东道国政府的行为必须是达到令人愤怒的暴行、恶意行为、故意无视义务或者政府行为的不充分性，其如此不合国际标准以至于每个公正明理的人都认为它是不充分时，国家需承担国际责任。[4] 一般认为，Neer 案为违反国际最低待遇标准设定了较高的门槛。

公平公正待遇与国际最低待遇标准之间的争议，主要基于国际投资协定中的规定。有的协定中规定公平公正待遇标准不低于国际法的要求，例如，20 世纪 90 年代 OCED《多边投资协定（草案）》（MAI）规定：各缔约国应对其领土内的其他缔约国投资者给予公平公正的待遇和充分、持续的保护。缔约国给予外国投资者的待遇不得低于投资者依照国际法可获得的待遇。有的协定中规定东道国需符合普遍接受的国际法规则的公平公正

---

[1] 参见余劲松主编《国际投资法》，法律出版社 1994 年版，第 259 页。
[2] 参见刘笋《论投资条约中的国际最低待遇标准》，《法商研究》2011 年第 6 期。
[3] 参见张庆麟主编《国际投资法问题专论》，武汉大学出版社 2007 年版，第 6 页。
[4] 王彦志：《公平与公正待遇条款改革的困境与出路——RDC v.Guatemala 案裁决引起的反思》，《国际经济法学刊》2014 年第 1 期。

待遇，例如，2007 年中国—哥斯达黎加 BIT 第 3 条规定，缔约一方的投资者在缔约另一方的领土内的投资应始终享受符合普遍接受的国际法规则的公正与公平的待遇。最引人关注的则是 NAFTA 第 1105 条："最低待遇"的规定，每一成员国应给予另一成员国的投资以符合国际法的待遇，包括公平公正待遇和充分保护与安全保障。NAFTA 在最低待遇标准的标题下规定公平公正待遇，使公平公正待遇与国际最低待遇标准的关系成为许多投资者—国家争端的争论焦点，加之 NAFTA 体系仲裁的迅速崛起，使其成为投资争端的一个突出特征，NAFTA 第 1105 条也被称为 "NAFTA 第 11 章下的投资者国家仲裁的 'α 和 ω'（alpha and omega，全部与始终）"[①]。公平公正待遇与最低待遇标准之间的关系，基于不同的条款解释路径，主要有"等同论"与"独立论"之争。

（二）公平公正待遇等同国际最低待遇标准

部分学者将国际最低待遇标准视为公平公正待遇的传统定义（conventional definition），旨在将公平公正待遇等同于国际最低待遇标准的理论，被称为"等同论"（equating approach）。[②] "等同论"认为，国际投资协定中公平公正待遇是模糊和不确定的。为了避免处理这种模糊规范时遇到困难，有必要通过将其结合到已建立的、众所周知的、扎根于习惯国际法的实质性法律规范体系，来"填补"公平公正待遇内容的空白。

OCED 最早开始了建立这种联系的尝试。1967 年 OCED 在《保护外国人财产权公约草案》第 1 条的评注中提出，公平公正待遇符合"最低待遇标准"，"它构成了国际法的一部分"。1979 年瑞士外交部的一项声明中，认为公平公正待遇指的就是最低标准的经典原则。随后，许多学者遵循这种等同方法，而没有给出额外的推理。[③] 联合国贸发会会议也指出："事实上，如果公平公正待遇与国际最低待遇标准是一样的，那么公平公正待遇字面解释时所固有的一些困难将被克服，因为有关最低待遇标准存

[①] See Charles H. Brower II, Murray J. Belman, J. Christopher Thomas and Jack J. Coe, "Fair and Equitable Treatment under NAFTA's Investment Chapter", *Proceedings of the Annual Meeting (American Society of International Law)*, Vol. 96, March 2002, p. 9.

[②] See Sacerdoti G., "Bilateral Treaties and Multilateral Instruments on Investment Protection", *Collected Courses of The Hague Academy of International Law*, Vol. 269, 1998, p. 341.

[③] See Roland Kläger, *Fair and Equitable Treatment in International Investment Law*, Cambridge University Press, New York, p. 50.

在于实质性的法学理论体系。"①

"等同论"也遭到批评。部分学者提出,国际最低待遇标准仅是保证接受的法律的一致性,但国际最低待遇标准不能确定一定是公平公正的待遇,无法用公平和公正的意义来处理最低待遇。因为最低待遇本身一直是一个争议较大的议题,至少在相当长的一段时间内,大多数国家可能无法接受没有明确结论的"等同论"。而且,如果缔约国认为这两个概念是可以互换的,它们会在协议中明确指出这一点,但各个国家并没有这样做,至少那些在协定中没有提及国际法的国家没有作出两个概念可以替换的表述。此外,如果国家认为两个术语可以互换,在承认国际最低待遇标准存在的前提下,东道国只需将国际法中投资者待遇作为投资条约关系的待遇立场足以说明问题,然而,公平公正待遇在大量 BIT 中存在,说明东道国显然认为有必要将其作为独立的投资待遇条款单独规定。②

(三) 公平公正待遇独立于国际最低待遇标准

部分学者提出,公平公正待遇条款拥有自我包含、独立解释的内涵,国家行为是否达到"公平"和"公正"的程度,需逐个案件进行评估,这种观点称为"独立论"。"独立论"基于对公平公正待遇词义的"通常含义"解释,因此又被称为"文义法"(the plain meaning approach)。国际投资法大师 F.A.Mann 明确强调公平公正待遇与国际最低待遇标准之间有根本区别,他指出"'公平公正待遇'这一术语设想的行为远远超过最低待遇,其依据更客观的标准并在更大程度上提供保护。仲裁庭不会关心最低、最高或平均标准,它必须在所有情况下讨论行为是否公平和公正,这些术语将被独立和自主地理解和应用。"③

"独立论"将公平公正待遇视为独立规范,主要是由于对模糊和有争议的国际最低待遇标准的不信任,因此希望通过一项独立的公平公正待遇承诺,规避习惯国际法中国际最低待遇标准的艰难论证。"独立论"观点得到了部分学者和仲裁庭的赞同,尤其在那些没有提及国际法的投资协定

---

① See UNCTAD, *Fair and Equitable Treatment*, UNCTAD Series on Issues in International Investment Agreements II, New York and Geneva, 2012, pp.1-2.

② See Rudolf Dolzer and Margrete Stevens, *Bilateral Investment Treaties*, London: Martinus Nijhoff Publishers, 1996, p.164.

③ See F.A.Mann, *The Legal Aspect of Money: With Special Reference to Comparative Private and Public International Law*, edition 5, Cambridge: Cambridge University Press, 1992, p.427.

中,"独立论"对公平公正待遇的理解显得尤为重要。

然而,"独立论"也存在困境。"公平"和"公正"这两个词汇很难确定其具体含义。公平公正待遇条款的笼统规定使仲裁员在案例裁决中被赋予过大的自由裁量权。

二 公平公正待遇与国际最低待遇标准的实践之争

(一) 非 NAFTA 仲裁庭的选择

1.回避揭示公平公正待遇与国际最低待遇标准的关系

就公平公正待遇与最低待遇标准之间的关系,部分非 NAFTA 仲裁庭选择了一种回避的态度,不明确选择"等同论"或是"独立论",而是提出公平公正待遇与国际最低待遇标准有着共有的内容,两种待遇关系如何则并不重要。

例如,伦敦国际仲裁法院 2004 年裁决的 OEPC 诉厄瓜多尔案中,美国投资者 OEPC(Occidental Exploration and Production Company)向厄瓜多尔国有公司 Petroecuador 提供石油勘探服务,依合同 OEPC 定期支付当地收购的增值税(VAT),Petroecuador 负责报销。1999 年两家公司修改合同,OEPC 转变为负责缴纳增值税的 Petroecuado 的股东,然后自己收回返回的退款。但在谈判新合同期间,厄瓜多尔的税法不断变化。因此,OEPC 试图通过尤其是与 Servicio de Rentas Internas(SRI,厄瓜多尔税务机关)事先咨询来防止对其不利的修改,SRI 提出 OEPC 确实需要支付增值税,但并没有明确提到退款的可能性。然而,新合同的签署后,OEPC 向 SRI 申请增值税退税时,税务机关声称 OEPC 已经通过其与 Petroecuador 的合同股权参与获得了报销,没有资格根据适用的厄瓜多尔税法进一步退款。[1] OEPC 依据美国—厄瓜多尔 BIT 提起仲裁。OEPC 提出,东道国违反 BIT 第 II(3)(a)条确保公平公正待遇的规定,声明投资"在任何情况下都不得低于国际法规定的待遇"。OEPC 仲裁庭指出:"公平公正待遇必须等同于国际法规定的待遇,因此这里出现 BIT 规定的公平公正待遇是否比国际最低待遇标准的规定更加严格的问题。"[2] 仲裁

---

[1] Occidental Exploration and Production Co.v.Ecuador, London Court of International Arbitration, Case No.UN 3467, Final Award, July 1, 2004, paras. 32–34.

[2] Occidental Exploration and Production Co.v.Ecuador, paras. 187–189.

庭认为,在本案中,条约与国际法中关于投资的法律和商业框架的稳定性与可预测性所要求的并无不同。在这方面,"条约"标准可以等同于国际法中的标准。很明显,该案中东道国对投资的处理低于这种标准。综上,仲裁庭的结论是,关于"是否可能(投资)条约标准比国际最低待遇标准更严格的问题,已在 NAFTA 的背景下进行了艰苦的讨论,因此,本案不会产生这样的问题讨论,最主要的是确保法律框架的稳定性和可预测性"[1]。显然,OEPC 仲裁庭不愿意参与关于公平公正待遇和国际最低待遇标准关系的争论,但仲裁庭并没有把公平公正待遇和国际最低待遇标准视为绝对区别的概念,而是以"两者有类似内容"的方式解读这两个待遇。

ICSID 裁决的 CMS 诉阿根廷案也采取这种回避的态度。1999—2002 年阿根廷金融危机之前,美国投资者 CMS 购买了大量阿根廷运输公司 TGN 的股票。根据阿根廷政府的公开招标要约、有关信息备忘录及阿根廷政府颁发的许可证,TGN 获准以美元计价,并根据当时汇率以比索向消费者收取费用,同时,公司以美元计价的使用费可以根据美国生产商价格指数(the US Producer Price Index, US PPI),每半年调整一次,这些措施是为了消除外商对阿根廷通货膨胀的忧虑,进而吸引其投资公司。[2] 随着经济危机的显现,阿根廷政府通过《紧急状态法》规定公用事业单位的使用费不再以美元计价,一律改为以比索计价。比索的贬值导致 TGN 的收入损失巨大。ICSID 仲裁庭在分析东道国是否违反"公平公正待遇"时,与 OEPC 仲裁庭的推理类似。首先,依据条约序言、学术著作和仲裁决定,认为稳定的法律和商业环境是公平公正待遇的一个基本要素,而阿根廷政府大幅度改变监管框架而忽略了这一点。[3] 其次,虽提及 NAFTA 中公平公正待遇与习惯国际法的关系,但提出这个问题最终是无关紧要的,因为不断演变的国际最低待遇标准也包含商业环境的稳定性和

---

[1] Occidental Exploration and Production Co.v.Ecuador, paras. 190-192.

[2] 李文青:《国际投资仲裁中的公正与公平待遇标准——以 CMS 天然气运输公司诉阿根廷案为例》,《国际经济法学刊》2006 年第 3 期。

[3] CMS Gas Transmission Company v.Argentina, paras. 273-281.CMS 仲裁裁决后来被部分撤销。因为审查委员会不同意仲裁庭关于违反伞状条款和必要性请求的结论,不过支持了仲裁庭对违反公平公正待遇标准的评估。See CMS Gas Transmission Co.v.Argentina, ICSID Case No.ARB/01/8, Decision on Annulment of 25 September 2007, paras. 81-85.

可预测性。①

CMS 案之后，其他在阿根廷经营天然气行业的美国投资者，也基于与 CMS 案几乎相同的事实背景开始提起 ICSID 仲裁。例如，Enron 案和 Sempra 案。② 如同 CMS 案的做法一样，Sempra 案仲裁庭对公平公正待遇与最低待遇标准之间的关系有非常类似的看法，提出："很可能在某些情况下，国际最低待遇标准是足够详细和明确的，公平公正待遇的标准可以等同于它。但在其他情况下，情况可能恰恰相反，公平公正待遇标准比习惯国际法更精确。在许多情况下，问题不是公平公正待遇标准是否不同于或高于习惯标准的要求，而是公平公正待遇是否更具体，空泛性更少，可以以当代方式阐述使其适用于案件的分析中。这并不排除根据条约实施的公平公正待遇，最终可能包含习惯法以外的待遇的可能性。"③

2.支持公平公正待遇独立于国际最低待遇标准

例如，2006 裁决的 Saluka 诉捷克案中，仲裁庭直接提出，公平公正待遇与最低待遇标准的规定背景和具体适用都具有差异性。20 世纪 90 年代中期，捷克在银行私有化过程中将原国有银行拆分为四家银行，被称为"四大银行"。IPB 是"四大银行"中第一家在 1998 年完全私有化的银行，其股份主要出售给日本野村金融服务集团的关联公司，该集团随后于 2000 年将股份转让给在荷兰注册的另一家全资子公司 Saluka Investments。"四大银行"由于自由信贷政策和不充分的债权人权利，在不良贷款方面存在重大问题，1998 年捷克采取监管行动，以保护银行部门的稳定。尽管所有四家银行都具有类似的战略重要性，同样面临坏账问题，但只有仍然主要是国有性质的三家银行受益于捷克的银行振兴计划，获得大量的国家援助。2000 年，捷克的国家银行将 IPB 置于强制行政管理之下。并在几天后强制管理部门将 IPB 转移到"四大银行"之一的 CSOB，并接受财政部的国家担保和捷克国家银行的赔偿承诺。2004 年 CSOB 最终成为 IPB 的新股东。④

---

① CMS Gas Transmission Co.v.Argentina, paras. 282-284.

② 2010 年 6 月和 7 月，ICSID 专门委员会撤销了 Enron 案和 Sempra 案的仲裁裁决，理由是仲裁庭没有适用美国—阿根廷 BIT 第 11 条，出现了法律适用错误。

③ Sempra Energy International v.Argentina, para. 302.

④ Saluka Investments B.V.v.Czech, paras. 1-20.

针对捷克是否违反公平公正待遇的问题，东道国认为，国际最低待遇标准至少被暗含地纳入 BIT 第 3 条第 1 款，但仲裁庭拒绝这一观点。仲裁庭非常清楚 NAFTA 的讨论，但质疑公平公正待遇与国际最低待遇标准之间的实际相关性，提出无论双方之间这种争议的真实情况如何，在适用于某一案件的具体事实时，条约规定与国际最低待遇标准之间的差异非常明显。判例显示了其各自不同的判断门槛的情况之后，深入地分析可以得出，两者的差异存在于规定的背景和实际使用标准的案件不同。①

3. 认为公平公正待遇与最低待遇标准争论无意义

2006 年 ICSID 裁决的 Azurix 诉阿根廷案涉及 BIT 的公平公正待遇规定与 NAFTA 第 1105（1）条规定类似，②其裁决结果体现出仲裁庭认为国际最低待遇标准已然发展，公平公正待遇与国际最低待遇标准争论无意义。

美国投资者 Azurix 在阿根廷获得了为期 30 年的经营饮用水和污水处理业务的特许权。2000 年由于蓄水池海藻暴发，使水质严重降低，引起客户不满。阿根廷媒体对此的报道使其变成了重大媒体事件和政治事件，阿根廷的 Buenos Aires 省政府呼吁客户不支付账单，并要求 Azurix 给予折扣账单直至水资源监管机构认为其水质达标。2000 年 4 月 28 日，水资源监管机构修改第 24/00 号决议，禁止 Azurix 的阿根廷子公司对任何服务计费直至服务恢复正常。2000 年 5 月 8 日，该决议被撤销。5 月 18 日，Buenos Aires 省贸易部门禁止 Azurix 对服务计费和收费直至水质水平改善至客户能接受状态。Azurix 认为 Buenos Aires 省政府应对水藻危机问题负责，因为它们没有完成对供水基础设施中的藻类去除至关重要的某些项目。Azurix 还提出，当局因政治原因煽动公众恐慌以阻止合同的适用，这种不当行为造成了其经济损失，最终导致 Azurix 阿根廷子公司破产。2001 年，Azurix 根据 1991 年美国—阿根廷 BIT 提出索赔，认为阿根廷违反了

---

① Saluka Investments B.V.v.Czech, para. 291.
② 美国—阿根廷 BIT 第 II 第 2 款 a 项规定："投资在任何时候都应被给予公平公正待遇，都应享有完整的保护的保证，在任何情况下其所受的待遇均不应低于国际法所要求的待遇。"

BIT 的几项实质性条款。①

仲裁庭提出："（美国—阿根廷）BIT 第 2 条第 2 款 a 项规定，'投资在任何时候都应被给予公平公正待遇和充分保护与安全，在任何情况下其待遇均不应低于国际法之要求。'该段内容包括三个完整的描述，公平公正、充分保护和安全、不低于国际法要求的待遇。公平公正待遇被单独列出，同时最后一句确保无论哪种内容归于其他两项标准，对投资的待遇都将不低于国际法的要求，也就是条款允许将公平公正待遇以及充分保护和安全解释为比国际法所要求的更高的标准。第三句的目的是规定一个底线，而不是一个最高限额。虽然这一结论仅是依据这一规定的条文分析得出的，但仲裁庭认为，它对于适用公平公正待遇的案件具有重大意义。"②

Azurix 仲裁庭质疑"等同论"和"独立论"之间的实质性差异，响应并支持 NAFTA 仲裁庭关于最低待遇不断演变的观点，提出公平公正待遇是否符合国际法规定的最低待遇要求，或者关于公平公正待遇的实质内容为何的问题，无论采取哪种观点，这个问题的答案实质上可能是相同的。③ 仲裁庭提出："Mondev 案中，仲裁庭认为，'最低待遇标准的内容不能再局限于 19 世纪 20 年代的仲裁裁决所认定的内容'。该案当事人均认可投资待遇的国际标准已随着国际习惯法的发展而发展，NAFTA 另外两个缔约国也同意该观点。该仲裁庭总结道'不公平、不公正无须等同于'令人愤慨''极其过分''令人震惊'或其他异乎寻常的情形；更不必然带有恶意。"④

（二）NAFTA 仲裁庭的选择

1.NAFTA 自由贸易委员会解释之前的仲裁实践

（1）将 NAFTA 其他条款要求纳入公平公正待遇条款义务

例如，2000 年裁决的著名的 Metalclad 诉墨西哥案将透明度条款义务

---

① Azurix 认为阿根廷违反 BIT，主要包括：（1）是否违反 BIT 第 iv 条第 1 款对申请人采取了相当于征收的措施，且未给予充足有效的补偿？（2）是否违反 BIT 第 II 条第 2 款 a 项规定的公平公正待遇？（3）是否违反 BIT 第 II 条第 2 款 c 项规定的遵守其订立的投资协议的义务？（4）是否违反 BIT 第 II 条第 2 款 b 项采取了随意专制的措施，损害了申请人对投资的适用及获益？（5）是否违反 BIT 第 II 条第 2 款 a 项规定的充分保护和安全原则？

② Azurix Corp.and others v.Argentina，para. 361.

③ Azurix Corp.and others v.Argentina，para. 364.

④ Azurix Corp.and others v.Argentina，paras. 374-377.

纳入公平公正待遇条款义务之中。Metalclad 案的美国投资者收购了一家墨西哥公司经营垃圾填埋业务。1990 年，墨西哥联邦政府允许申请人在一个山谷内（墨西哥圣路易斯波托西州瓜达尔卡扎市）建造并运营垃圾填埋场。1993 年，墨西哥国家生态研究所和垃圾场所在地的州政府（圣路易斯波托西州）向申请人签发了许可证允许建造填埋场，1994 年，垃圾场所在地的市政府（瓜达尔卡扎市）以申请人未向市政府申请相关许可证为由，责令申请人停止一切有关垃圾场填埋场的建设。1994 年，申请人继续向市政府申请施工许可证。1995 年，市政府驳回申请人施工许可证申请，并同时撤回其于 1991 年和 1992 年发给申请人的许可证。1997 年，垃圾填埋场所在地的州长颁布一项生态法令，声称为保护稀有仙人掌品种，将把包括垃圾填埋场在内的区域划为自然保护区。1997 年申请人依据 NAFTA 提起仲裁。[①] 仲裁庭在确定 NAFTA 第 1105（1）条中公平公正待遇的义务内容时，并没有详细说明关于公平公正待遇与最低待遇标准的关系。相反，仲裁庭依据 NAFTA 的序言和第 102（1）条的条约目的，[②] 认为 NAFTA 第 18 章的透明度原则是 NAFTA 的重要目标，公平公正待遇的构建在很大程度上取决于 NAFTA 第 18 章相关条款的描述，因此仲裁庭将对公平公正待遇的分析集中在透明度的概念上。仲裁庭认为，墨西哥当局的行为不符合这些透明度要求，违反了 NAFTA 第 1105（1）条的规定。[③] Metalclad 案仲裁庭，回避了公平公正待遇与最低待遇之间的关系讨论，依据 NAFTA 其他条款的规定将确保透明度的义务纳入公平公正待遇的概念之中，以不同于"等同"或"独立"的方式构建公平公正待遇。然而，NAFTA 第 1105 条或 NAFTA 投资章节的任何其他条款的表述都没有提及透明度义务，透明度也并不根植于习惯国际法。最终 Metalclad 案中关于"透明度作为第 1105 条的一部分"的裁决被撤销。

---

① 参见万猛主编《国际投资争端解决中心案例导读》Ⅰ，法律出版社 2015 年版，第 134—135 页。

② 根据 NAFTA 第 102 条第 1 款 a 项，便利货物或服务在成员国间跨国界流动是其追求的首要的价值目标。参见 https://www.international.gc.ca/trade-commerce/trade-agreements-accords-commerciaux/agr-acc/nafta-alena/fta-ale/01.aspx? lang=eng，2021 年 11 月 22 日。

③ 参见万猛主编《国际投资争端解决中心案例导读》Ⅰ，法律出版社 2015 年版，第 136 页。

S.D.Myers案第一部分裁决中对公平公正待遇的推理与Metalclad案类似。S.D.Myers诉加拿大案中，美国投资者经营一种称为多氯联苯（PCB）的高毒性合成化合物的消解业务，该化合物在国内和国际上受到严格的环境制度制约。1990年，加拿大出台禁止PCB废物出口的条例，如果向美国出口PCB，须获得美国环境保护机构（EPA）的同意。1993年，美国的投资者在加拿大成立分公司，由于美国的处理成本比加拿大便宜，1995年EPA决定，允许S.D.Myers在1995年11月15日到1997年12月31日之前，从加拿大进口PCB废物到美国进行处理。此举引发加拿大PCB处置行业的游说运动，其组织者企图说服加拿大部门长官以对健康和环境的危险为依据，禁止PCB出口。1995年加拿大环境部长签署了禁止加拿大出口PCB废物的临时性命令，1997年加拿大修正PCB出口法规，将临时性命令变成禁止PCB商业性出口的最终命令。据此，从1995年11月到1997年2月，针对PCB运输的边境被关闭了将近16个月。S.D.Myers公司认为，这种出口禁令是加拿大政府的贸易保护主义造成的，并依据NAFTA启动了仲裁程序。[1] 因为出口禁令给S.D.Myers制造了竞争劣势，仲裁庭肯定了加拿大政府的保护主义动机，并认为其违反了NAFTA第1102条规定的国民待遇。针对NAFTA第1105（1）条，仲裁庭表示，公平公正待遇义务"与双边投资协定"中的条款相似，其内涵是"外国投资者的待遇不得低于的水平"。[2] 仲裁庭继续援引美国—墨西哥索赔委员会的Hopkins案（关于最低待遇标准的经典案例之一），提出F.A.Mann的相关论述"过度概括化"。[3] 但仲裁庭的大多数仲裁员继续确定，本案的事实违反了1102条（国民待遇原则）基本上也构成违反第1105条。[4] 然而，如同Metalclad案例中的透明度要求一样，NAFTA第1102条中包含的国民待遇只是一个常规待遇，完全不同于被认为构成经典最低待遇标准的习惯国际法。

---

[1] 参见叶兴平《国际争端解决机制的最新发展——北美自由贸易区的法律与实践》，法律出版社2006年版，第124页。

[2] S.D.Myers Inc.v.Canada, para.259.

[3] S.D.Myers Inc.v.Canada, para.260.

[4] 但是，一位仲裁员对这一具体问题持不同意见，认为违反第1105条的结论必须基于证明不能满足国际法的公平和公正要求，而违反NAFTA的另一条款不是这种结论的基础。

S.D.Myers Inc.v.Canada, para.266.

(2)"叠加法"产生公平公正待遇的高保护水平

Pope & Talbot 诉加拿大案的裁决,距离 S.D.Myers 案的第一部分裁决仅有几个月时间,是对公平公正待遇及国际最低待遇标准关系的进一步讨论。

Pope & Talbot 案源于加拿大履行 1996 年美国—加拿大软木协议(1996 US-Canada Softwood Lumber Agreement),依据协议,加拿大需采取管制措施控制从加拿大到美国的软木木材出口。因此,加拿大在部分省份颁布了条例,要求软木木材出口需申请出口许可证,在授予许可证时缴纳行政费用,并制定一种酌情机制,以便根据出口配额的分配免除某些出口商的全部费用。配额分配包括三种类型的费用制度,即根据标准分配给初级生产者,木材再加工商和新进入该行业的经营者。每年的配额要求进行年度审查。Pope & Talbot 认为该配额系统干扰了其加拿大子公司的业务,违反了 NAFTA 的国民待遇和公平公正待遇。[1] 因加拿大的收费制度对本国和外国出口商区分对待,仲裁庭没有认定东道国有违反国民待遇义务的行为。同样,其他依据 NAFTA 第 11 章的索赔已经在先前的裁决中被驳回。[2]

针对是否违反公平公正待遇条款的问题,仲裁庭提出:"关于公平公正待遇,因为本案中东道国没有违反 NAFTA 其他条款的行为,仲裁庭无法如 Metalclad 和 S.D.Myers 仲裁庭一样进行推理。"[3] 该案中的申请人提

---

[1] 参见叶兴平《国际争端解决机制的最新发展——北美自由贸易区的法律与实践》,法律出版社 2006 年版,第 125 页。

[2] 该案索赔还涉及 NAFTA 第 1106 条和第 1110 条:

第 1106 条:特别禁止传统上为发展中国家所采用的违反国民待遇原则的歧视性惯例,包括"国内投入要求""国内含量要求""出口实绩要求""贸易平衡要求"及"技术转让要求"或将以上各种要求与某些优惠相联系。

第 1110 条:每一缔约方将对其他缔约方投资者的投资不得直接或间接地予以征用或国有化或者采取等于征用或国有化的措施,除非是符合下列条件的征用或国有化:(1)根据公共目标;(2)遵循非歧视原则;(3)不违背 NAFTA 的上述最低待遇标准规则并依照正当的法律程序;(4)按照该条第 2—6 款的标准给予补偿,即补偿必须与征收日投资公平的市场价相等,必须立即毫不拖延和能充分兑付,必须按照商业上合理的利率支付到实际付款日为止的利率。

参见 https://www.international.gc.ca/trade-commerce/trade-agreements-accords-commerciaux/agr-acc/nafta-alena/fta-ale/11.aspx? lang=eng,2021 年 8 月 29 日。

[3] Pope & Talbot Inc.v.Canada, para. 104.

出,本案的推理需采纳 S.D.Myers 案中的大多数人的论点,但仲裁庭拒绝采纳其观点,认为需另辟蹊径,制定一个更为深远的公平公正待遇的概念。仲裁庭强调,"NAFTA 第 1105 条的措辞将公平公正待遇'纳入国际法要求'①,通过与 BIT 的表述比较,公正(Fair)要素是对国际法要求的'补充',因此投资者有权享有附加公正要素(plus the fairness elements)的国际法最低待遇"②,即仲裁庭认为此处的公平公正待遇是投资者在最低待遇的基础上添加公正要素的待遇水平。基于上述分析和 NAFTA 各方的推定,仲裁庭发现:"一方面,缔约方将只能向其他 NAFTA 国家的投资者提供最低标准,另一方面,将为来自第三国的投资者提供如双边投资协定所要求的更高水平的保护。这种方式将会导致 NAFTA 缔约方的质疑。"③ "由于 NAFTA 缔约方之间的关系大概比第三国之间关系更紧密(the presumably stronger relationship),因此仲裁庭认为,有必要按照类似于 BIT 规定的方式来解释 NAFTA 的第 1105 条。"④ 可见,仲裁庭承认公平公正待遇是国际最低待遇标准的"等同论",但同时也强调在文义解释基础之上的"独立论"得出的"公正要素",仲裁庭对公平公正待遇的解释,显然是"叠加"(the additive approach)了上述两种方法的结论。

综上,Metalclad 和 S.D.Myers 案既没有对公平公正待遇是否等同于最低待遇标准进行论述,也并未直接就个案中东道国的行为是否达到"公平"和"公正"程度进行推论,而是通过将其他传统概念的论证引入公平公正待遇的推理中,这属于关于公平公正待遇和最低待遇标准的两个传统上相互矛盾的观点的第三个选择,这种方法明显倾向于用超越最低标准的要素来构建公平公正待遇,因此在当时引起非常大的争议。"特别是,是否其他传统规范都被包含在公平公正待遇之中?由于透明度和国民待遇也存在于世贸组织框架中,如果违反世贸组织法律,或至少违反其核心原则,是否都是违反公平公正待遇义务?或者违反在投资协定中其他以明确

---

① Pope & Talbot Inc.v.Canada, para. 109.
② Pope & Talbot Inc.v.Canada, paras. 110–111.
③ Pope & Talbot Inc.v.Canada, para. 115.
④ Pope & Talbot Inc.v.Canada, para. 117.

和详细的条款规定的义务，是否暗示自动违反公平公正待遇？"① 而 Pope & Talbot 案的"叠加法"将国内法中"公正要素"纳入，则引起公平公正待遇条款被脱离出 NAFTA 规定的"符合国际法"限制的质疑。②

无疑，上述裁决对公平公正待遇的推理倾向于投资者利益保护，缔约国对 NAFTA 第 1105 条中公平公正待遇高保护水准及广泛适用产生恐惧，③ 认为公平公正待遇正在成为威胁到 NAFTA 缔约方经济监管措施的工具。Pope & Talbot 案裁决作出之后，NAFTA 成员国督促对第 1105（11）条进行限定性说明，以防止投资者基于公平公正待遇的滥诉。

2. 自由贸易委员会对 NAFTA 第 1105（1）条的限定性说明

依据 NAFTA 第 1131（2）条规定，自由贸易委员会（Free Trade Commission, FTC）对本协定条款的解释，对根据本节设立的仲裁庭应具有约束力。2001 年 7 月 31 日，FTC 公布了"第 11 章规定的解释说明"，根据 NAFTA 第 1105 条，向未来或未决案件的仲裁庭提供以下指示。④

（1）第 1105（1）条规定习惯国际法对外国人的最低待遇标准作为对另一方投资者投资的最低待遇标准。

（2）"公平公正待遇"和"充分保护和安全"概念不要求根据习惯国际法对外国人的最低待遇标准所要求的以外的待遇。

（3）确定存在违反 NAFTA 或单独的国际协议的另一条款的行为，并未确定违反了第 1105（1）条。

---

① See Courytney C. Kirkman, "Fair and Equitable Treatment: Methanex v. United States and the Narrowing Scope of NAFTA Article1105", *Law & Policy in International Business*, Vol. 34, 2002, pp. 366-367.

② 参见陈安教授主编《国际投资法的新发展与中国双边投资条约的新实践》，复旦大学出版社 2007 年版，第 60 页。

③ J.C.Thomas 描述了这种恐惧：美国制定了 BIT 计划，是因为它希望保护美国国民在法律制度不完善国家的投资。如果放宽证明违反国际最低标准的标准，那么外国申请人与投资国的国民相比获得了实质性权利，显然，考虑以自己的法律制度作为公平公正待遇的定义基准，发达国家从来不希望在投资者——国家争端中成为被索赔者。See Charles H. Brower II, Murray J. Belman, J. Christopher Thomas and Jack J. Coe, "Fair and Equitable Treatment under NAFTA's Investment Chapter", *Proceedings of the Annual Meeting (American Society of International Law)*, Vol. 96, March, 2002, p.14.

④ 叶兴平：《国际争端解决机制的最新发展——北美自由贸易区的法律与实践》，法律出版社 2006 年版，第 126 页。

FTC 解释说明的内涵如下：第一，"国际法"被限定解释为"习惯国际法"，排除了国际法一般原则、国际法律文件等其他国际法渊源。第二，公平公正待遇被限定解释为不超出习惯国际法最低标准待遇。FTC 认为，东道国只需要在习惯国际法关于外国人最低待遇标准的范围内提供公平公正待遇。第三，确立了公平公正待遇的独立性。FTC 要求投资者必须独立地确定被诉方违反了 NAFTA 第 1105 条的规定，而不是依赖于违反 NAFTA 其他条款的规定或者违反其他协定的义务。[①] FTC 的解释说明否定了 S.D.Myers 案仲裁庭所认为的违反国民待遇即违反公平公正待遇，同时也否定了 Pope & Talbot 案仲裁庭提高公平公正待遇保护水平的结论。因此，至少在 NAFTA 背景下，FTC 解释说明 NAFTA 各方承认公平公正待遇与国际最低待遇标准相互独立，但其保护水平不高于或者不超出最低待遇标准。

一般认为，违反国际最低待遇标准的东道国行为需达到恶劣，或代表严重不当行为，明显不公正或暴行、恶意或故意忽视义务，如 Neer 案中所述的行为程度。Neer 公式构成了较高的违反公平公正待遇的行为门槛，在类似 Neer 案，如个人被不人道拘留的案件中，确定某一具体行动是否显然不公正相对容易，然而，将"严重不当行为"或"明显不公正"这样的描述应用于高度复杂的经济监管领域中，可能会出现难以判断的困境。因此，FTC 解释的粗糙构成在现代环境中的效用问题值得商榷，也招致学者和仲裁庭的批评。

3.FTC 解释之后的仲裁实践

针对 FTC 的解释，仲裁庭的讨论基于两条线索：第一，质疑 FTC 说明是否是对 NAFTA 第 1105 条的合法解释，或者是否构成对协议的非法修正。第二，解释基本上被接受，但认为国际最低待遇标准具有不断"进化"（evolutionary）的特征，不能局限于 20 世纪 20 年代 Neer 案的标准。

质疑者认为，依据 NAFTA 第 2001（1）（b）条规定，自由贸易委员会的职责包括："监管协定的履行；监督其进一步的细化；解决因其解释或适用而可能产生的争议；监管根据本协定设立的附件 2001。"显然，自由贸易委员会的上述职责并不包括解释 NAFTA 条款内容。而且，依据 NAFTA 第 2202 条的规定："修正 a.各缔约方可对本协定的任何修订或增

[①] 梁开银：《公平公正待遇条款的法方法困境及出路》，《中国法学》2015 年第 6 期。

补，达成一致。b.当达成一致并且根据各缔约方适用的法律程序获得批准时，修订或增补应构成本协定不可分割的一部分"①，可见，解释NAFTA的权力主体是NAFTA成员国，而不是FTC。② 据此，质疑者提出FTC的说明并非有效和合法的委员会的权力行使。

例如，2002年Pope & Talbot的仲裁庭，借助就损害赔偿作出裁决的机会直接就FTC的解释提出质疑。提出"在审查解释性说明的效果时，有义务考虑是否接受FTC解释性注释的约束"③，"为确定成员国的原始意图，仲裁庭审查了准备工作文件，但不得不得出这样的结论，NAFTA谈判历史中没有提供'国际法'仅指习惯国际法的任何指示"。相反，根据《国际法院规约》第38（1）条的规定，④ 国际法一词涉及其他来源，而不仅仅是习惯法。⑤

由于FTC解释说明将公平公正待遇与国际最低待遇标准挂钩，部分NAFTA仲裁庭认为说明国际最低待遇标准的Neer公式，有点过时，太粗糙。因此，在仲裁实践中，部分NAFTA仲裁庭运用了国际最低待遇标准具有"进化"特征的法律手段。2002年Pope & Talbot案仲裁庭首次运用了这样的手段。仲裁庭拒绝加拿大主张的国际最低待遇标准的静态概念，相反，仲裁庭发现"在Neer案件裁决之时，习惯国际法的原则并未冻结"⑥，仲裁庭提及的大量BITs反映出的当代实践进一步证实"国际法的一个方面是习惯国际法通过国家实践演变"⑦。随后部分仲裁庭也采纳了Pope & Talbot案的观点，例如，ADF诉美国案的仲裁庭提出，在考虑

---

① 《北美自由贸易协定》，叶兴国、陈满生译，法律出版社2010年版，第225页。

② See Charles H.Brower II, Murray J.Belman, J.Christopher Thomas and Jack J.Coe, "Fair and Equitable Treatment under NAFTA's Investment Chapter", *Proceedings of the Annual Meeting (American Society of International Law)*, Vol.96, March, 2002, p.17.

③ Pope & Talbot Inc.v.Canada, para. 23.

④ 一.法院对于陈诉各项争端，应依国际法裁判之，裁判时应适用：（子）不论普通或特别国际协约，确立诉讼当事国明白承认之规条者。（丑）国际习惯，作为通例之证明而经接受为法律者。（寅）一般法律原则为文明各国所承认者。（卯）在第五十九条规定之下，司法判例及各国权威最高之公法学家学说，作为确定法律原则之补助资料者。参见 http://www.un.org/zh/documents/statute/chapter2.shtml，2021年5月26日。

⑤ Pope & Talbot Inc.v.Canada, para. 46.

⑥ Pope & Talbot Inc.v.Canada, paras. 57-58.

⑦ Pope & Talbot Inc.v.Canada, paras. 59-62.

2001年7月31日FTC解释的含义时，重要并须谨记，美国作为被告国接受第1105（1）条所述习惯国际法并非"即时冻结"（frozen in time），最低待遇标准确实已经发展。① 最近的仲裁裁决在推理中反复援引以前的裁决，进一步确认最低待遇标准"进化"性质，② 认为NAFTA第1105条是发展变化的，不局限于1927年Neer案确立的历史概念中，"习惯国际法"一词也"不限于19世纪甚至20世纪前半叶的国际法"。③

NAFTA的大多数仲裁庭不愿意评估FTC说明有效性问题，更不愿意挑战该说明，普遍接受其对NAFTA第1105条的限定，部分仲裁庭则直接拒绝对FTC说明有效性的审查，认为仲裁庭无权质疑FTC解释的约束力和凌驾性特征。④ 因此，虽然NAFTA判例处理FTC解释说明的情况有少许的不一致，但所有NAFTA下的仲裁具有的共同点是，它们明确同意FTC解释说明的效力问题，但与它们实际同意说明内容无关。

综上，NAFTA仲裁庭通过接受FTC发布的限制性解释，表达出缔约国和仲裁庭不愿意接受一个概念不断扩大的公平公正待遇；另外，承认国际最低待遇标准已经超出旧的Neer公式，实现基于事实解决公平公正待遇的务实方案。可见，NAFTA各方实际上已经承认公平公正待遇与国际最低待遇标准相互独立。

三 公平公正待遇与国际最低待遇标准的关系

（一）公平公正待遇与国际最低待遇标准争议没有意义

首先，公平公正待遇与国际法之间的关系与实践争议本身实际上已经没有多大价值。如果公平公正待遇条款是作为一项独立的待遇规定在投资

---

① ADF Group Inc.v.United States of America, ICSID Case No.ARB（AF）/00/1, Award, January 9, 2003, para.179.

② 例如，Waste Management诉墨西哥案中，仲裁庭提出："Mondev和ADF案对FTC的解释有深入的讨论，认为NAFTA中设定的外国投资者待遇的侵害标准不应被认定为严重侵害层次，S.D.Mayers案中的仲裁庭也认为只要投资者受到不公平的待遇达到国际层面上不能接受的程度即可认定违反了第1105条。从各案可知'最低待遇标准'的适用比较灵活。因此，本仲裁庭应视本案中的具体事实而定。"See Waste Management v.Mexico, para.91.

③ Mondev International Ltd. v. United States of America, ICSID Case No. ARB（AF）/99/2, Award, October 11, 2002, para.125.

④ ADF Group Inc.v.United States of America, para.177.

协定当中，那么仲裁庭可以直接根据该协定的文字表述和投资协定的目的与宗旨来解释和认定公平公正待遇条款的义务内容，而不必诉诸习惯国际法来确定公平公正待遇义务内容。

其次，如果公平公正待遇按照国际习惯、普遍承认的国际法等表述方法结合在一起予以规定，仲裁庭完全可以认定，此时的公平公正待遇应该结合包括条约、习惯、一般法律原则等在内的所有国际法渊源来予以识别、解释和认定，这实际上与公平公正待遇独立规定本身没有任何实际性的区别。因为在这种情况下，所谓国际法是一个极其广泛的概念，也正因为如此，FTC才通过解释性规定将公平公正待遇限定在最低待遇标准之内。

最后，从上述所引的多个仲裁推理中看，将公平公正待遇等同于最低待遇标准，还是倾向于公正待遇理解为自成一体的规范，NAFTA内外的仲裁庭都意识到上述争议，并经常在裁决中进行详细讨论，但显然它们不太愿意在争端中固定采取某一个立场，投资者和东道国都渴望创造一个务实的和在特定事实间平衡方法。[①] 实践中，仲裁庭通常通过强调国际最低待遇标准的"进化"特征，从而宣布，没有必要决定公平公正待遇是否偏离最低待遇标准。因此无论相关的投资协定如何规定，在考虑具体案件的事实时，两种方法之间的真正差异已经不存在。

(二) 公平公正待遇是内涵独立的投资待遇条款

有学者提出："公平公正待遇与最低待遇标准争论是错误的，这种对立观点所呈现的二分法在多个层次上是错误的，是建立在简化处理公平公正待遇的错误观点之上的。"[②] 当然，在特定的仲裁程序中，东道国害怕形成过分苛刻的标准，而外国投资者要求尽可能高的保护水平，公平公正待遇与最低待遇标准二分法争论可能成为不断平衡的工具。其争议的意义应仅在于：一方面，公平公正待遇等同于最低待遇标准的观点，应该被视为一种提醒，即投资者只能得到基本的保护；另一方面，由于最低待遇标准是有争议和不确定性的，因此应允许其他论证方法存在。而且，无论是将公平公正待遇等同于"不低于最低待遇标准"还是"高于最低待遇标

---

① See Rudolf Dolzer, "Fair and Equitable Treatment: A Key Standard in Investment Treaties", *International Lawyer*, Vol.39, 2005, pp.87-89.

② Rudolf Dolzer, "Fair and Equitable Treatment: A Key Standard in Investment Treaties", *International Lawyer*, Vol.39, 2005, p.90.

准",都可能鼓励投资者竞择法院,选择那些可能有利于自己的公平公正待遇解释和仲裁员,以便获得最高水平的保护。

从实践角度出发,目前投资者和东道国的争论,或者仲裁庭的焦点和兴趣似乎转向公平公正待遇的义务构成。21世纪出现的部分投资协定中,也开始摆脱公平公正待遇与国际最低待遇标准的纠缠,在公平公正待遇条款中直接规定其义务内容,试图将仲裁庭的视线转移至这些具体内容的判断之上,而不是空洞地讨论"低于"还是"高于"这样无意义的问题。

(三)公平公正待遇并未形成新的国际习惯

在讨论与国际最低待遇标准的关系中,有人提出,公平公正待遇可能产生超越国际最低待遇标准的新的国际习惯。这个观点意味着即使缔约国没有同意或实际上拒绝在投资协定中纳入公平公正待遇条款,也有义务公平和公正地对待外国投资者。第一个公开采纳这种观点的是2002年Pope & Talbot仲裁庭,认为在如此众多的BITs中出现公平公正待遇条款已经构成了习惯国际法存在的国家实践要素。[①] Pope & Talbot仲裁庭的推论在很多方面颇有争议性:第一,仲裁庭无视东道国法律意见中确立存在习惯规则的说明;第二,仲裁庭没有讨论这些BITs的所有实际内容。Mondev案仲裁庭指出,这个规则正在形成之中。[②] 2003年ADF仲裁庭则明确拒绝(由投资者提出的)公平公正待遇已成为习惯国际法的观点。[③] Merrill & Ring诉加拿大案的仲裁庭则鲜明地指出:"在最低待遇标准发展的背景下,公平公正待遇已成为习惯法的一部分。"[④] 可见,目前为止,仅有Pope & Talbott和Merrill & Ring明确采用公平公正待遇已经成为国际习惯的立场。

就国际法而言,一般认为,1945年《国际法院规约》第38条是具体列明法律渊源的基本条款。该条规定了国际法的三项主要法律渊源,第一是国际条约(treaties),第二是国际习惯(international customs),第三是一般法律原则(general principles of law)。所谓"国际习惯,作为接受法律的通例证明"。

[①] Pope & Talbot Inc. v. Canada, para. 62.

[②] Mondev International Ltd. v. United States of America, para.110.

[③] ADF Group Inc. v. United States of America, para. 183.

[④] Merrill & Ring Forestry LP v. Canada, UNCITRAL, Award, March 31, 2010, para. 112.1998年加拿大政府出台了《进出口许可法》授权的《第102号通知》,规范木材采伐、加工、出口的相关程序。MerrillRing公司是设立在不列颠哥伦比亚省的一家美国林业企业,认为《第102号通知》及其相关规定违反了NAFTA中的公平公正待遇。

传统观点认为，国际习惯的形成需要两个构成要件：国家实践（物质要素）和法律确信（心理要素）。就国家实践而言，1950年国际法委员建议如下，各国的积极行为，至少以下行为可以援引作为"习惯国际法的证据"："条约、国内和国际法裁决、国内立法、外交通信、国内法律顾问的意见、国际组织的实践……"基于国际法委员会的意见，国家实践可以是：各国的积极行为；各国的申明和请求，诸如官方对新闻媒体或公众的普遍声明、国家代表在会议上的观点等；国内机构，诸如国家首脑、外交官员、国内法院等行为和声明；国内法律规范；国际组织和国际会议的行为；双边或多边协议；各国的不作为；国家表示承认的私人行为……一般要求上述行为具有长期、普遍、重复和一致性。就法律确信而言，没有统一的定义，部分学者认为通过一些双边和多边条约所包含的反复重复的法律规则而形成国际习惯，因此法律确信等同于"社会必需"或者达成的"共识"。①

因此，有学者提出形成国际习惯法的一般性和立法性质主要归因于多边协定中的规定，同时BIT也可提供新的国际习惯法的证据，②认为公平公正待遇在投资协定中的高度密集，是形成国际习惯规则的国家实践证明。"然而，目前世界各国共签订2965个BITs，但这些协定仅约占世界国家之间的双边关系的13%。而且目前多边投资协定的谈判经验表明的是投资保护领域持续存在的摩擦和冲突，而不是被接受为法律的国家的统一处理。更重要的是，诸如公平公正待遇等双边投资条款迄今未达到国际习惯的地位，主要是因为法律确信的存在还没有令人信服地证明。即使压倒性的国家实践，确实可体现在包括公平公正待遇的双边投资条约的数量上，从而可以减轻法律确信的要求，但由于近年来仲裁裁决的出现产生了新的争议，导致了公平公正待遇条款文本多样性的增加，各个协定中公平公正待遇内容的限定并不一致，无法认为等同于社会必需或者达成'共识'，这种对相关法律确信的明示规定很少，很难确定各国是否真正接受公平公正待遇作为一般国际法的具有法律约束力的义务。"③

---

① 参见姜世波《习惯国际法的司法确定》，中国人民大学出版社2010年版，第82—92页。
② 陈安主编：《国际经济法学专论》，高等教育出版社2002年版，第140页。
③ See Tarcisio Gazzini, "The Role of Customary International Law in the Field of Foreign Investment", *The Journal of World Investment and Trade*, Vol.8, No.5, 2007, p.691. "2965个BITs"是2007年的数据，截至2021年8月，国家间的BIT的数据是3312个，参见本书"导言"。

除缺乏习惯国际法构成要素之外，从投资协定的功能角度分析，BIT本是解决两国之间投资问题的方式，而且其进程主要是由拥有优越议价能力的发达国家推动和塑造的，并非关注多数者利益，经常提及的其他传统规范，如最惠国待遇或国民待遇条款，尽管被广泛接受，传统悠久，一般也不被认为是习惯国际法的一部分。[1]

从实用性角度看，协定规范和国际习惯法有其各自独立价值，当事各方和仲裁员选择适用公平公正待遇条款，不仅因为争端解决条款经常明确仅限于关于特定双边投资协定产生的争端，还因为援引协定条款可避免论证那些有争议的习惯规范。这也是为什么许多仲裁裁决，都声称双边投资协定的缔结对国际最低待遇标准的演变作出了贡献，但不会直接采取公平公正待遇属于国际习惯法的立场，而是始终将公平公正待遇视为一项协定的常规规范的原因。

而且，如果假设公平公正待遇形成新的国际习惯，则很难区分与其有关的不同层次的习惯，将会引发公平公正待遇的习惯规范是取代了国际最低待遇标准，还是将构成同一最低标准的进一步演变的疑问。一方面公平公正待遇会被认为编纂或反映了已有的习惯法；另一方面可能会表现为公平公正待遇和国际最低待遇标准起源于同一个习惯法体系，这种混乱将掩盖条约和习俗之间的关系。综上，公平公正待遇应被视为一种常规规范而并非新的国际习惯。

第三节 公平公正待遇与其他投资保护条款

一 充分保护与安全条款

（一）条款争议缘由

充分保护与安全条款也源自美国传统的 FCN，最初被视为是对国民待遇和最惠国待遇条款的适当补充。早期在 FCN 中多表述为"持续保护与安全"（constant protection and security）。例如，意大利—美国 FCN，

---

[1] Patrick Dumberry, "Has the Fair and Equitable Treatment Standard Become a Rule of Customary International Law?", *Journal of International Dispute Settlement*, Vol. 8, No. 1, March, 2017, pp.23-24.

"对持续保护和安全的要求"①，1998年OCED的《多边投资协定（Multilateral Agreement on Investment，MAI）（草案）》中则使用了"充分、持续的保护与安全"（full and constant protection and security），②后逐渐固定为"充分的保护与安全"（full protection and security）。③

现代投资协定中，充分保护和安全经常与公平公正待遇共同规定。例如1999巴林—美国BIT第2（3）（a）条规定，"每一缔约方应在任何时候给予所涉投资公平公正待遇以及充分保护和安全（full protection and security）……"2007中国—韩国BIT第2条规定，"缔约一方的投资者在缔约另一方的领土内的投资应始终享受公平与平等的待遇和完全的保护和安全"。仲裁庭对充分保护和安全是否仅反映更广泛的公平公正待遇和习惯国际法或提供独立和附加标准方面存在不同意见。④

一些仲裁庭将充分保护和安全等同于公平公正待遇。例如，Wena Hotels诉埃及案中，仲裁庭认为东道国未提供充分保护和安全而违反公平公正待遇。⑤ OEPC诉厄瓜多尔案的仲裁庭认为这两个条款的义务大致相同，在发现东道国违反了公平公正待遇后，仲裁庭提出："在这一发现的背景下……因为不公平和不公正的待遇自动导致缺乏对投资的充分保护和安全保障。"⑥ 类似的，PSEG诉土耳其案中，仲裁庭认为充分保护和安全会超越物理安全，将与公平公正待遇变得非常接近，这种情形下不能断定

---

① 参见刘笋《国际投资保护的国际法制若干重要法律问题研究》，法律出版社2002年版，第122—130页。

② 原文："Each contracting Party shall accord fair and equitable treatment and full and constant protection and security to foreign investments in their territories. In no case shall a contracting Party accord treatment less favourable than that required by international law." 该协定于1998年搁浅，但是其作出的许多有益尝试和代表的开创精神使其具有了统一多边投资规则的奠基地位。

③ e.g., Bahrain-United States BIT (1999) Article 2 (3) (a):
Each Party shall at all times accord to covered investments fair and equitable treatment and full protection and security, and shall in no case accord treatment less favorable than that required by international law.

④ See UNCTAD, *Fair and Equitable Treatment*, UNCTAD Series on Issues in International Investment Agreements II, New York and Geneva, 2012, p.35.

⑤ Wena Hotels Ltd.v.Arab Republic of Egypt, ICSID Case No.ARB/98/4, Award, December 8, 2000.

⑥ Occidental Exploration and Production Co.v Ecuador, para. 187.

单独违反充分保护和安全条款，因为所有异常情况都已经包括在公平公正待遇条款要求之内。①

部分仲裁庭则认为充分保护和安全与公平公正待遇是两个独立的条款。例如，Azurix 诉阿根廷案的仲裁庭提出："在一些 BITs 中，公平公正待遇与充分安全与保护被视为统一义务，而有一些则将其视为两个不同的标准。本案中的 BIT 则属于后者，因为描述投资保护的两个词语在第 2 条第 2 款（a）项中作为不同的义务依次出现，'投资应在任何时候都得到公平和公正的待遇，应享有充分的保护和安全……。'"②

（二）公平公正待遇与充分保护和安全条款彼此独立

传统上，仲裁庭倾向于充分保护和安全条款主要适用于人身安全，东道国有义务保护投资者免遭国家机关或私人当事方针对个人和财产的暴力行为。③ 例如，Saluka 诉智利案中，仲裁庭认为："'充分保护和安全'主要适用于外国投资受到内乱和人身暴力的影响。'充分保护和安全'条款并不意味着涵盖投资者的投资受到的任何种类的损害，而是更具体地保护投资的物理完整性以免受使用武力的干扰。"④ 部分仲裁庭则提出条款发展超越了防止人身暴力的保护，包括投资者获得法律保护的义务内容。

因此，充分保护与安全对投资的保护主要是三个方面。

第一，保障投资免予遭受私人暴力侵害。国际法院的 ELSI 案奠定了这种保护的基础，索赔人认为意大利当局允许工人占领工厂，依据 FCN 中"给予各国国民及其财产'持续的保护和安全'"条款要求赔偿，法庭认为，根据这种类型的条约规定，东道国有义务采取措施提供保护。根据本案的具体事实情况，意大利作出了充分反应而无须承担责任。⑤

第二，保障投资免予遭受国家机关侵害。例如，AMT 诉扎伊尔案中，投资者的投资遭到扎伊尔武装部队人员的抢劫。申请人认为东道国未尽到

---

① PSEG Global Inc. and Konya Ilgin Elektrik Üretim ve Ticaret Limited Sirketi v. Turkey, paras. 257-259.

② 万猛主编：《国际投资争端解决中心案例导读》Ⅰ，法律出版社 2015 年版，第 422 页。

③ Christoph Schreuer, "Full Protection and Security", *Journal of International Dispute Settlement*, 2010, p.2.

④ Saluka Investments B.V. v. Czech, paras. 483-484.

⑤ 参见刘笋《国际投资保护的国际法制若干重要法律问题研究》，法律出版社 2002 年版，第 132 页。

"充分保护和安全"的保障义务,仲裁庭认为,条约规定是一项不低于国际法最低标准的保持警惕的责任,扎伊尔未采取任何措施确保投资的保护与安全,违反了该条约。①

第三,保障投资获得国家法律保护。部分协定和仲裁案例显示,充分保护与安全保障发展超越了防止人身暴力的保护,允许投资者获得法律保护。这种扩展要求东道国有义务提供一个法律框架,使投资者能够采取有效步骤保护其投资。② 例如 Siemens 诉阿根廷案中,仲裁庭认为,在其通常意义上,"法律安全"被定义为法律制度的质量,意味着其规范的确定性,意味着其应用的可预见性。显然,在这个意义上下文中"条约"提到的安全,并非是物理意义的保护。③ Azurix 诉阿根廷案中,仲裁庭认为:"上述案件表明,充分的保护和安全被理解为超出了警方确保的保护和安全,不再仅是物理安全的问题;从投资者的角度来看,提供稳定的安全的投资环境是重要的。仲裁庭知道,在美国最近与乌拉圭签订的 NAFTA 中,充分保护和安全被理解为限于习惯国际法所要求的警察保护水平。然而,当术语'保护和安全'由'充分'限定,没有其他形容词或解释时,它们在其通常意义上扩展了本标准的内容,超出物理安全范围。"④ Thomas Wälde 认为,《能源宪章条约》(ECT) 第 10 (1) 条承诺投资者应享受最稳定的保护和安全的含义时,包括经济监管权力,已经超越物理安全意义上的保护。"这项义务不仅因为积极和滥用国家权力被违反,也由于国家不作为地干预投资者业务的正常运营。……东道国有义务利用政府的权力,确保外国投资能够在公平竞争的环境下正常运作,不受阻碍,不受国内政治和经济权力的骚扰。"⑤

综上,充分保护和安全的概念源于对投资者和投资的实物安全的保

---

① Christoph Schreuer, "Full Protection and Security", *Journal of International Dispute Settlement*, 2010, pp.2, 6.

② Christoph Schreuer, "Full Protection and Security", *Journal of International Dispute Settlement*, 2010, pp.2, 9.

③ Siemens A. G. v. Argentina, ICSID Case No. ARB/02/8, Award, February 6, 2007, paras. 286-303.

④ Azurix Corp and others v. Argentina, para. 408.

⑤ See Thomas Wälde, "Energy Charter Treaty-based Investment Arbitration: Controversial Issues", *World Investment & Trade*, Vol.5, 2004, p.39.

证。东道国有义务提供一定程度的保护，防止私人，如雇员、商业伙伴或示威者对投资者的强迫与干扰，同时针对国家机关，如警察和武装部队的强行干预。可见，公平公正待遇和充分保护和安全条款的最大交叉在于都要求保障投资获得国家法律的保护。

假设充分保护和安全条款确实可理解为包含国家法律保护义务，从上述案例和学者描述可见，充分保护和安全条款中，保障投资获得国家法律保护更多在于国家现有的或者已存在的法律制度是否可为投资者所用，针对影响投资的不利行动提供法律补救，并建立有效维护投资者权利的机制，切实发挥保障投资者利益的功能。国家法律保护的存在，不以投资者投资时的期待或者依赖为存在前提，始终存在并且稳定。因此，充分保护与安全条款中法律保护对于投资者的意义在于有效存在且可用。公平公正待遇也会涉及对东道国法律框架的问题，但侧重与投资有关的法律框架的变化与否，公平公正待遇要求东道国保持商业法律框架的稳定性的前提是，这种框架是投资者投资赖以发生的基础和利益保障的前提。如果非要做出区别，那么充分保护与安全条款对东道国法律的要求是静态的可用性，公平公正待遇对东道国的法律要求是动态的利好性。

从条款发展看，进入 21 世纪，公平公正待遇条款逐渐开始出现限制性规定，更多的投资协定开始将内容限定为对东道国的程序性要求，而部分条款将充分保护和安全条款限定在人身保护的界限内，例如美国 2012 BIT 范本第 5（2）（b）条，规定"充分保护并保证安全"要求各缔约国提供符合国际习惯法的治安保护水平。[①] TPP 采取美国 2012 BIT 范本完全一样的规定。CETA 第 8.10（2）条规定："为更加明确，'充分保护和安全'是缔约方对投资者和投资与人身安全有关的义务。"[②] TTIP 的规定与 CETA 完全一致。2020 年 RCEP 第 10 章第 5 条"投资待遇""2. 为进一步明确（1）公平公正待遇要求每一缔约方不得在任何司法程序或行政程

---

① 原文："full protection and security" requires each Party to provide the level of police protection required under customary international law. https：//ustr. gov/sites/default/files/BIT% 20text% 20for% 20ACIEP%20Meeting.pdf，2021 年 12 月 28 日。

② 原文："For greater certainty,'full protection and security' refers to the Party's obligations relating to the physical security of investors and covered investments." https：//www. international. gc. ca/trade－commerce/trade－agreements－accords－commerciaux/agr－acc/ceta－aecg/text－texte/08. aspx? lang=eng，2021 年 8月20 日。

序中拒绝司法；（2）充分保护和安全条款要求每一缔约方采取合理的必要措施确保涵盖投资的有形保护与安全；以及……"① 亦是通过两个条款说明公平公正待遇与充分保护和安全义务立场侧重点不同。

综上，公平公正待遇与充分保护和安全条款的保护路径本不同，应坚持公平公正待遇与充分保护和安全保障不同条款的立场，使充分保护和安全条款依然承担传统人身保护的保护路径。这有利于公平公正待遇更加清晰其保护范畴，一定程度上减轻东道国遭受公平公正待遇条款之诉累。

二 禁止专断或歧视性措施条款

（一）禁止专断或歧视性措施条款概述

禁止专断或歧视性措施（arbitrary or discriminatory measures）的基础是现代法治观念中的合理性（reasonableness）原则。法治的概念往往被定义为反对人的统治，② 渴望"一个法律而不是人的政府"的立场并避免政府专断行事的愿望。③ 在人治的政府，个人受统治者的任意摆布，在法律的政府中，统治者受法律约束，他们不能任意行使权力。④

禁止专断或歧视性措施或类似的措辞通常被纳入投资协定的一般待遇条款，与公平公正待遇，或国民待遇和最惠国待遇相结合，也有部分BITs选择将禁止专断或歧视性措施列为单独条款，例如，2005年德国BIT范本的第2（3）条规定："缔约国不得以专断或歧视性措施损害其他缔约国投资者在其领土上的投资的管理、维持、使用、享有或处置。"⑤

部分BITs中"arbitrary"被"unreasonable"代替，例如，2000年中

---

① http://fta.mofcom.gov.cn/rcep/rceppdf/d10z_cn.pdf，2021年8月30日。

② See Iain Stewart, "From 'Rule of Law' to 'Legal State': A Time of Reincarnation?", Macquarie Law Working Paper, November, 2007, p.12.

③ See Richard H.Fallon join, Jr., "The Rule of Law as a Concept in Constitutional Discourse", Columbia Law Review.Vol.97, No.1, January 1997, pp.7-8.

④ See Kenneth J.Vandevelde, "A Unified Theory of Fair and Equitable Treatment", New York University Journal of International Law & Politics, 2010, p.94.

⑤ 原文："Neither contracting state shall in anyway impair by arbitrary or discriminatory measures the management, maintenance, use, enjoyment or disposal of investments in its territory of investors of the other contracting state." http://mfile.narotama.ac.id/files/Law/The%20International%20Law%20of%20Investment%20Claims/Appendix%207%20%20Germany%20Model%20BIT%20(2005).pdf，2019年8月8日。

国—纳米比亚 BIT 第 3 条第 1 款规定:"缔约一方的投资者在缔约另一方的领土内的投资应始终享受公平与平等的待遇。在不损害缔约方法律和法规的前提下,缔约一方不得采取不合理的或歧视性的措施损害缔约另一方投资者在其境内对其投资的管理、维持、使用、享有和处分。"不过,专断(arbitrary)与不合理(unreasonable)的不同措辞在仲裁庭裁决中的理解并没有明显差异。例如 Saluka 诉捷克案中,仲裁庭认为:"'非歧视'要求对外国投资者进行任何差别待遇需要合理理性的理由,'合理性'要求表明国家的行为与某些理性政策有合理的关系。"①

因为不同的 BITs 中禁止专断或歧视性措施条款内容规定有细微差别,仲裁庭对其构成要求不一。部分 BITs 中,专断(不合理)与歧视性措施被作为一个术语适用。例如,Lauder 诉美国案中,1991 美国—智利 BIT 第 II(1)条规定:"每一缔约方应在非歧视的基础上管理和处理投资及与之有关的活动……"② 第 II(2)(b)条规定:"任何一方均不得通过专断和歧视性措施以任何方式损害投资的管理、经营、维护、使用、享受、收购、扩张或处分。……"③ 仲裁庭结合 BIT 正文和附件的规定以及《布莱克法律词典》的释义对"专断和歧视性措施"术语做出字面解释,指出"专断""歧视性"两类措施不同。认为"违反'条约'"第 II(2)(b)条要求国家采取专断"和"歧视性措施。原因如下:首先源于该条款的简明措辞,该条款使用"和"(and)一词而不是"或"(or)一词。其次,由于条约第 II(1)条的存在,该条约规定禁止对投资进行任何歧视性对待,除非条约附件中明确列出的部门或事项。如果第 II(2)(b)条是指禁止专断或歧视性措施,那么对于第 II(1)条所规定的

---

① See Saluka Investments B.V.v.Czech, para. 460.

② 原文:"Each Party shall permit and treat investment, and activities associated therewith, on a nondiscriminatory basis, subject to the right of each Party to make or maintain exceptions falling within one of the sectors or matters listed in the Annex to this Treaty." See Ronald S.Lauder v.Czech, UNCITRAL, Award, September 3, 2001, para. 217.

③ 原文:"Neither Party shall in any way impair by arbitrary and discriminatory measures the management, operation, maintenance, use, enjoyment, acquisition, expansion, or disposal of investment. For the purpose of dispute resolution under Articles VI and VII, a measure may be arbitrary and discriminatory notwithstanding the fact that a party has had or has exercised the opportunity to review such measure in the courts or administrative tribunals of a Party." See Ronald S.Lauder v.Czech, para. 216.

禁止歧视性措施而言，第Ⅱ（2）（b）条则成为多余的规定。① 因此，仲裁庭的结论是虽然这两类措施不同，但必须构成"共同项"而非"任择项"。② 可见，如果 BIT 中使用"和"的情况下，仲裁庭似乎要求累积违反这种规定的要素，即要求同时违反"专断（不合理）"与"歧视"。

部分 BITs 中专断（不合理）与非歧视措施是选择性表述。例如 Azurix 诉阿根廷案中，美国—阿根廷 BIT 第Ⅱ（2）（b）条规定："条约双方均不得通过专断的或歧视性措施损害投资的管理、运营、维持、适用、利益享受、收购、扩张以及处置。"Azurix 仲裁庭与 Lauder 仲裁庭对条款解释的逻辑顺序一致，结合《布莱克法律词典》的释义对"专断的"做出释义，认为国际法院在 ELSI 案中对"专断"的界定与该词汇的一般意思接近。③ 不同的是，Azurix 仲裁庭认同申请人的解释，认为一项措施被证明是专断的，便构成对 BIT 的违反。④ 当然，在涉及将专断（不合理）与非歧视措施进行选择性表述的 BIT 条款适用时，还会讨论专断（不合理）或歧视是否属于一个概念。例如，Plama 诉保加利亚案中，仲裁庭评述能源宪章条约（ECT）第 10（1）条⑤时提出，"虽然这些标准可能在某些问题上重叠，但它们也可以单独定义。不合理或专断的措施是建立在错误、偏见或个人喜好之上的。歧视，是符合平等待遇的消极形式。"⑥

---

① See Ronald S.Lauder v.Czech，para. 219.
② 石慧：《投资条约仲裁机制的批判与重构》，法律出版社 2008 年版，第 93 页。
③ 涉及"专断"的投资争端中，仲裁庭一般都会援引 ELSI 案中国际法院对"专断"的界定。即"专断并不是反对某条法律规范，而是反对法治。专断是故意漠视法定程序，违背司法正义。这种对正当程序的漠视，达到一种震惊或至少令人惊讶的程度"。
④ See Azurix Corp and others v.Argentina，para. 391.
⑤ 根据本条约的条款，每个缔约方为了促进其他缔约方的投资者在其境内投资，应该鼓励并且创造稳定、公平、有利和透明的环境。这类环境应包括在任何时候给予其他缔约方投资者的投资公平和公正待遇。这些投资者应享受最稳定的保护和安全，缔约方不能以任何方式通过无理的或歧视性的措施损害投资的管理、维持、使用、收益或处置。在任何情况下都不能低于国际法，包括条约义务所规定的待遇对待这些投资。……
⑥ 案情：1996 年，Plama 公司在保加利亚购买一家炼油厂，1998 年炼油厂进入破产程序，Plama 公司收购之后提出重整方案，获得保加利亚法庭和债权人的同意。由于申请人与保加利亚政府的矛盾，最终炼油厂在 1999 年永久关闭。申请人认为保加利亚政府的立法、司法机构和其他国家机关及政府机构的一系列措施削弱了原告对精炼厂的运营和对其投资的成功管理，这些行为最终导致炼油厂的破产，原告对其投资的使用权和所有经济价值被征收，同时违反公平公正待遇。Plama Consortium Limited v.Bulgaria，ICSID Case No.ARB/03/24，Award，August，2008，para. 184.

（二）公平公正待遇包含禁止专断或歧视性措施义务

部分仲裁判例认为，公平公正待遇与禁止专断或歧视性措施紧密联系，无法划定界限，从而拒绝区分，或直接提出专断、不合理或歧视性措施是公平公正待遇包含要素。例如，PSEG诉土耳其案中，仲裁庭提出："与刚才提到的行为有关的异常情况，包括在违反公平公正待遇条款之中，没有理由强调由于专断而引起单独的赔偿责任。"[1] CMS仲裁庭发现，保护投资者免受专断和歧视与公平公正待遇有关，并指出："任何可能涉及专断或歧视的措施本身都违反公平公正待遇。"[2] Saluka仲裁庭认为："在行为标准方面，违反上述要求与违反'公平公正待遇'没有实质性差异。专断或歧视措施本身仅确定任何此类违约行为更具体的方面，即投资者对投资的操作、管理、维护、使用、享受或处置的更具体的影响。因此，违反公平公正待遇同时违反了同一条款下的非减损义务（专断或歧视的措施要求）。"[3] Noble诉罗马尼亚案中，[4] 仲裁庭直接提出："禁止专断和歧视性措施是公平公正待遇条款的具体应用。"[5]

2012年联合国贸发会关于公平公正待遇的报告指出，专断、不合理性和歧视性的概念是公平公正待遇的固有特性，是对公平公正待遇给出进一步的实质内容。[6] 鉴于此，如果一个国家希望将公平公正待遇条款的范围限制为禁止任意性、不合理的行为或歧视，或某些其他类型的行为，可能选择用包括这些特定禁止规定来说明公平公正待遇。例如，2009年荷兰—阿曼BIT第2（2）条规定："每一缔约方应确保对另一缔约方的投资或国民的公平公正待遇，不得通过不正当或歧视性措施损害这些国民或个

---

[1] See PSEG Global Inc.and Konya Ilgin Elektrik Üretim ve Ticaret Limited Sirketi v.Turkey, para. 261.

[2] See CMS Gas Transmission Co.v.Argentina, para. 290.

[3] Saluka Investments B.V.v.Czech, paras. 460-461.

[4] 案情：2005年Noble Ventures诉罗马尼亚案，美国公司Noble Ventures与罗马尼亚之间签订了一份关于购买罗马尼亚钢铁厂CSR的私有化协议，内容包括CSR的收购、管理以及相关资产的处理。投资者声称罗马尼亚政府未对其提供充分的保护与安全，政府启动的破产程序存在着欺诈，违反了公平公正待遇原则。Noble VenturesInc. v. Romania, ICSID Case No. ARB/01/11, Award, October 12, 2005.

[5] Noble Ventures Inc.v.Romania, para. 182.

[6] UNCTAD, *Fair and Equitable Treatment*, UNCTAD Series on Issues in International Investment Agreements II, New York and Geneva, 2012, p.31.

人财产的经营、管理、维持、使用、收益或处分。"① CETA 第 8.10 条"投资者和投资待遇"规定："……2.违反公平公正待遇是指构成以下情形的一项或者一系列措施：……（c）明显的武断；（d）基于性别、种族或宗教信仰等明显错的理由的有针对性的歧视……" 2011 年中国—乌兹别克斯坦 BIT 第 5 条第 2 款规定："'公正与公平待遇'要求缔约一方不得对缔约另一方投资者粗暴地拒绝公正审理，或实行明显的歧视性或专断性措施。"

综上，在投资友好背景之下，公平公正待遇要求东道国不能无故地影响外国投资者的权利。无论在何种层面，东道国政府不得因仇外动机而采取行动，更重要的是，如果政府行动不是基于对与决定相关的事实进行适当审查，其合理性将受到怀疑，基于此，禁止专断或歧视性措施与公平公正待遇是重叠的。②

三 征收与补偿条款

(一) 征收与补偿条款与公平公正待遇条款关联性

征收（expropriation）指国家基于公共利益的需要对私人企业全部或者部分资产实现征用，收归国家所有。征收可分为直接征收和间接征收，直接征收表现为直接以转移财产所有权的方式将外国财产收归国有，即东道国政府通过颁布有关法令等方式将外国投资企业的全部或者部分资产收归国有；间接征收则不涉及财产的法律权利，表现为通过东道国干涉财产的使用或是对利益的享有，使投资者财产权益归于无效。③

确保投资被东道国征收时投资者获得赔偿是国际投资法的核心，

---

① 原文："Each Contracting Party shall ensure fair and equitable treatment to the investments or nationals or persons of the other Contracting Party and shall not impair, by unjustified or discriminatory measures, the operation, management, maintenance, use, enjoyment or disposal thereof by those nationals or persons." UNCTAD, *Fair and Equitable Treatment*, UNCTAD Series on Issues in International Investment Agreements II, New York and Geneva, 2012, p.32.

② Rudolf Dolzer, "Fair and Equitable Treatment: Today's Contours", *Symposium on the Law and Politics of Foreign Investment*, Vol.12, Issue 1, 2014, p.31.

③ 许敏：《论间接征收的界定——东道国经济管理权的边界》，《河北法学》2013 年第 8 期。

因此，征收与补偿是国际投资协定核心的支柱条款。① 由于东道国政府的积极行为导致权利或投资结果的转移非常容易引起投资者的不满，实践中东道国很少采用直接征收的方式，而是采取比较隐晦的其他措施，形成事实上的"间接征收"，一般投资协定也会使用"相当于征收或国有化（征用）的措施"等术语来限制间接征收。司法实践中"相当于征用的措施"引发了可补偿的间接征收与其他不可补偿的国家措施的划分讨论。

仲裁实践中形成的比较有影响力的划分标准是国家措施影响外国投资者的使用和收益能力的严重程度，以及该措施是否满足采取行动的相关因素要求。例如，Metalclad 诉墨西哥案中，仲裁庭提出，"在 NAFTA 下的征收不仅包括公开、故意和公认的财产收购，例如彻底扣押或正式或强制性地将所有权转让给东道国，而且还包括对投资者使用财产时隐蔽或附带的干扰，其影响是剥夺业主全部或大部分财产的使用或合理预期的经济利益，即使不一定是对东道国有明显利益"②。除考虑国家措施的影响程度外，部分仲裁庭还提出应考虑其他因素。例如，Tecmed 诉墨西哥案，仲裁庭提出该决议是否导致征收，要考虑如下因素：政府的规制行为和措施是否与公共利益及法律对投资的保护成比例，外国投资者遭受的损失和征收措施之间必须有合理的比例关系。③ Azurix 诉阿根廷案中，仲裁庭还就投资者期待落空是否已达到剥夺投资者利益的程度进行讨论。其他仲裁庭还提出另外的包含因素，例如东道国的（歧视性或其他）意图，透明度。这些考量因素在征收的仲裁实践中越来越明显。④

征收条款与公平公正待遇条款在适用中有着相似性。首先，间接征收是违反公平公正的行为后果。"间接征收是与剥夺外国投资者经济价值有关的活动，东道国政府没有满足对外国投资建立和保持适当与合法的行政

---

① See August Reinisch, "Legality of Expropriations", in *Standards of Investment Protection*, Oxford: Oxford University Press, 2008, p.171.

② Metalclad Corp.v.Mexico, para. 103.

③ 万猛主编：《国际投资争端解决中心案例导读》Ⅰ，法律出版社 2015 年版，第 349 页。

④ See August Reinisch, "Legality of Expropriations", in *Standards of Investment Protection*, Oxford: Oxford University Press, 2008, p.173.

义务，间接征收是东道国的不法行为、不正当行为和不作为所导致的。"① 东道国的不法行为、不正当行为和不作为也可能导致对投资者的不公平和不公正的待遇。其次，因为这两个概念都缺乏清晰的定义，显示适用的灵活性，为确定违反公平公正待遇或国家措施是否确立征收行为而援引的理由相似。例如，公平公正待遇和审查国家措施是否涉及征用，都可能涉及对保护合理期待、东道国的（歧视性或其他）意图、透明度等考虑。

（二）公平公正待遇与征收补偿条款彼此独立

尽管存在上述的相似性，但公平公正待遇通常不被视为与防止间接征收的保护一致，公平公正待遇与征收是保护投资者的不同的待遇条款。

首先，从投资仲裁的实践看，在公平公正待遇条款的规定没有限定的前提下，公平公正待遇在判定方面具有更大的灵活性。例如，PSEG 诉土耳其的仲裁庭指出，公平公正待遇已经在投资争端中占据突出地位，因为国际法传统上规定的其他条款在每一种情况下可能都不是完全适当的，尤其是当争端的事实不能明确支持直接征收的要求时。如果有任何事件需要根据不同的标准进行评估，投资者都会考虑公平公正待遇，以便在投资者的权利遭到侵害的情况下提供补救。② Sempra 诉阿根廷案中，仲裁庭提出："公平公正待遇确保即使没有明确的理由作出裁决征用的判决，如本案一样，公平公正待遇用于正义的目的，并且本身可以纠正非法的损害，否则投资者损害将无法被保护。……重要的是，公平公正待遇使法律的稳定性和遵守法律义务得到了保证，从而保护了条约所寻求的保护的目标和宗旨。""必须记住这一点，有时将违反公平公正待遇的行为与间接征收分开的界线可能非常薄弱，特别是如果违反前一个条款的行为是大规模和持久的。如有疑问，选择根据公平公正待遇作出决定，可以更好地满足司法审慎和尊重国家职能。"③

其次，也是最主要的，征收的本质在于发现东道国的行为导致投资者

---

① See W.Michael Reisman, Robert D.Sloane, "Indirect Exportation and Its Valuation in the Bit Generation", *The British Yearbook of International Law*, Vol.75, 2004, p.130.

② PSEG Global Inc. and Konya Ilgin Elektrik Üretim ve Ticaret Limited Sirketi v. Turkey, para. 238.

③ Sempra Energy International v.Argentina, paras. 300-301.

的财产权益归为东道国享有,而不论是否发生法律上的转移;而公平公正待遇只需要说明东道国行为是不公平和不公正的,并不需要说明投资者财产权益最后的归属。因此,违反公平公正待遇比违反征收更容易证明,这也解释了公平公正待遇在投资争端中援引为何日益普及。例如,Azurix 案仲裁庭对征收和公平公正待遇的推理中都提及了保护投资者合理期待的要素,但最终裁定东道国的行为不足以认定申请人的投资被征收,但很多行为均违反了公平公正待遇。①

最后,需要说明的是,大多数协定基于一般例外条款模式,规定公平公正待遇不适用于税收措施,② 而一般例外条款项下的投资条约几乎都明确规定征收条款应当适用于税收措施。③ 比较特殊的是,部分协定同时将公平公正待遇纳入合法征收的先决条件,④ 这种安排在司法实践中可能产生阻却援引公平公正待遇条款的涉税争端进入解决程序。例如,CEMSA

---

① 参见万猛主编《国际投资争端解决中心案例导读》Ⅰ,法律出版社2015年版,第400—437页。

② 也有极少数的协定规定该待遇适用于税收措施。具体的做法有两种:其一,敦促在税收措施方面给予公平与公正待遇。比如,1983年美国—塞内加尔BIT第11条规定,在税收政策方面缔约方应该"努力"(strive to)给予外国投资者以公平与公正待遇。从法理上说,缔约方在这种"努力"条款项下不负有真正的法律义务,但其中显然表达出它们期待在税收措施方面也能够为投资者提供某种绝对保护的意图。其二,明确规定在税收措施方面负有给予公平与公正待遇的义务。比如,根据2003年日本—越南BIT第19条的规定,在税收措施方面不适用最惠国待遇,但却适用公平公正待遇以及国民待遇。这种做法较为少见。参见蔡从燕《国际投资条约实践中的税收措施问题》,《武大国际法评论》2010年第2期。

③ 例如,NAFTA第2103条第6款规定:"第1110条(投资征收)应适用于税收措施,除非依本款该措施未被判定为征收行为,因而投资者不能以此条为依据提出第1116条或第1117条所指的请求(即投资者对东道国政府提出的仲裁请求)。投资者在依第1119条发出通知(即仲裁意向通知)时,应将该措施是否构成征收这一事项提交第2103条第6款附表所列之相应适格主体加以判定。如果适格主体不同意考虑,或者同意考虑,但在该事项提交后6个月内未就有关措施不构成征收发表赞同意见,则投资者可依第1120条将其请求交付仲裁。"

④ 例如,NAFTA第1110(1)(c)条和2012美国BIT范本第6(d)条。
2012年美国BIT范本第6条"征收和赔偿":"1.任何一方均不得通过相当于征收或国有化('征用')的措施直接或间接地征用或国有化投资,但下列情况除外:(a)为公共目的;(b)以非歧视方式;(c)支付迅速、充分和有效的赔偿;和(d)根据正当法律程序和第5条(最低待遇标准)(1)至(3)。"

诉墨西哥案中，① 仲裁庭提出，某些税法适用于烟草制品出口，虽然根据本案的事实可能存在违反第1105条的论点（剥夺公平公正待遇）。但是，本仲裁庭没有决定这一问题的直接管辖权。……第1105条不适用于税务案件，但可能与第1110（1）（c）条（征收）的交叉引用有关。② 然而，迄今为止，将公平公正待遇纳入征收条款适用的做法仅限于明确规定这种关系的投资协定。CEMSA仲裁庭也指出，关于公平公正待遇的讨论可能与涉及间接征收的推理有关。公平公正待遇的论点并非决定性的，即使假设违反公平公正待遇，也不会自动引发间接征收的结果。③

四 保护伞条款

（一）保护伞条款概述

BIT中保护伞条款最早出现于1957年联邦德国—巴基斯坦BIT第7条，后被大量的投资协定效仿。条款的一般表述为，"每一缔约方"应遵守对另一缔约方投资者及其投资所作的任何承诺。④ 例如，瑞士BIT范本规定："每个缔约方应履行其对缔约另一方投资者在其领土上的投资承诺的任何义务。"⑤ 2006年中国—俄罗斯BIT第11条第2款规定："缔约任何一方应恪守其依据本协定与缔约另一方投资者就投资所作出的承诺。"

传统观点认为，国家对合同的违反并不会直接引起国家责任，投资者

---

① 案情：申请人是具有美国国籍的公民，在墨西哥拥有永久居所，并在墨西哥创办了名为CEMSA从事国际贸易的公司，该公司除销售出口其他商品外，还从墨西哥出口一种商标为"交易"的香烟到美国，他认为自己从事香烟出口应当依墨西哥相关法律，公平适用墨西哥政府的出口退税政策，但却未能获得。申请人认为东道国措施有效地阻止其香烟出口贸易的进行，给其带来了重大商业利益的损失。基于NAFTA的规定向ICSID提交国际仲裁。Marvin Roy FeldmanKarpa (CEMSA) v.The United Mexican States (Mexico), ICSID Case No.ARB (AF) /99/1, Award, December 16, 2002.

② Marvin Roy Feldman Karpa v.Mexico, para.141.

③ Marvin Roy Feldman Karpa v.Mexico, para.141.

④ 赵红梅：《投资条约保护伞条款的解释及其启示——结合晚近投资仲裁实践的分析》，《法商研究》2014年第1期。

⑤ 原文："Each contracting party shall observe any obligation it has assumed with regard to investment in its territory by investors of the other contracting party." See Katia Yannaca-Small, *Interpretation of the Umbrella Clause in Investment Agreements*, OECD Working Papers on International Investment, 2006, p.112.

与国家合同的关系通常由国内法管辖，保护伞条款的出现则打破了这一传统。① 保护伞条款要求缔约东道国应该遵守其对另一缔约方投资者的投资所承担的任何义务，包括根据与外国投资者签订的合同所进行的活动提供全面的保护。"如果东道国违反了投资条约中投资定义范围内的国家契约中的任何承诺或义务，都意味着违反了保护伞条款，保护伞条款属于投资协定中条款，因此，违反保护伞条款就是违反了投资协定。'违反国家契约'就通过'保护伞条款'自动地、直接地被'提升为''转化为''违反投资条约'。保护伞条款将国内法义务转化为国际法上被直接承认的义务。"② 保护伞条款的存在使违反与外国公司签订的合同义务可能变成了对BIT的违反。③

例如，Noble诉罗马尼亚案的仲裁庭认为，APAPS和SOF都代表罗马尼亚负责向私人投资者转让公有资产并实施私有化过程，APAPS和SOF的行为应该归属于罗马尼亚，其行为应被视为罗马尼亚对Noble做出的合同承诺，如果APAPS和SOF的行为违反了可归属于罗马尼亚国家的合同义务，那么就会因为违反保护伞条款而承担国际责任。④ Noble仲裁庭进一步阐述了其裁决的合理性，"在国内法层面对合同的违反，同时导致对国际习惯法或者东道国与投资者国籍国之间可以适用的协定相关原则的违反，这将引起东道国的国际责任。"⑤

部分仲裁庭则拒绝上述违反国内合同导致违反保护伞条款的推理。SGS诉巴基斯坦案仲裁庭提出："是否违反BIT与是否违反合同是不同的问题，这些诉求该由各自合适的法律来管辖。BIT问题由国际法管辖，而特许权协议则由相关合同法来管辖。""仲裁庭并不否认主权国可以通过自由协商，将主权国和另一投资者之间的违约行为转化为违反BIT的行为，但是在本案中，仲裁庭需强调的是，并没有清晰有效的证据来证明这种转化是源于BIT的第11条（保护伞）意图，而且，巴吉斯坦一方也否

---

① 王彦志：《投资条约保护伞条款的实践及其基本内涵》，《当代法学》2008年第5期。
② 王彦志：《国际法上国家契约的法律保护》，《当代法学》2010年第6期。
③ 参见［尼泊尔］苏里亚·P. 苏贝迪《国际投资法：政策与原则的协调》（第二版），张磊译，法律出版社2015年版，第106页。
④ 王彦志：《投资条约保护伞条款的实践及其基本内涵》，《当代法学》2008年第5期。
⑤ Noble Ventures Inc.v.Romania, para. 53.

认这样的转化。"① 据此，仲裁庭拒绝了对将违反投资者—国家合同的任何行为提高为违反 BIT 保护伞条款的理解。② 仲裁庭认为，这种理解将打开闸门，使无限的投资者—国家合同和对投资者的其他承诺纳入 BIT 的保护范围，最终导致提供其他保护的待遇，如公平公正待遇成为多余条款。③

  因为 SGS 案的推理被认为使保护伞条款的存在毫无意义。部分仲裁庭选择对保护伞条款的适用进行限制的实际操作方式。如 El Paso 诉阿根廷案④，仲裁庭提出，保护伞条款的适用应该区分国家签订合同是商业行为还是主权行为。只有在后一种情况下，投资合同的投资者一方才受 BIT 的保护。仲裁庭表示 SGS 诉巴基斯坦案仲裁庭对保护伞条款可能带来的重大后果过分担忧。如果将保护伞条款解释为仅保护国家依主权同投资者签订投资合同下的义务，它就不会将所有的合同义务提升到条约义务的层次。⑤ Pan American Energy 诉阿根廷案，仲裁庭就支持将保护伞条款限制

---

① 案情：1994 年，巴基斯坦政府与瑞士 SGS 公司签订《装货前检查协议》。SGS 负责对出口到巴基斯坦的货物提供"装货前审查"的服务，从而通过对货物分类纳税来增加巴基斯坦政府的关税收入。每次 SGS 审查后，向巴政府提供清洁报告 CRF。依据协议，巴政府允许 SGS 在其境内开设联络处，但不得从事商业活动。协议履行中，双方均认为对方履约不充分。巴政府 1996 年通知 SGS 终止协议。SGS 认为巴政府非法终止协议，违反《装货前检查协议》和瑞士—巴基斯坦 BIT。

② 瑞士—巴基斯坦 BIT 第 11 条规定，任一缔约方，均应保证履行与另一缔约方的投资者间建立的投资项目中的义务。See SGS Société Générale de Surveillance S. A. v.Pakistan, ICSID Case No.ARB/01/13, Decision on Jurisdiction, August 6, 2003, paras.166-167.

③ SGS Société Générale de Surveillance S. A. v.Pakistan, para. 168.

④ 案情：El Paso 是一家美国公司，在 20 世纪 90 年代收购了五家从事石油勘探开采以及电力业的阿根廷公司的股份。从 2001 年起，阿根廷政府采取了一系列措施应对经济危机和货币贬值，其中包括取消比索和美元间一对一的汇率；将某些外汇支付义务转为以比索支付；冻结电价；将所有的物价和关税都根据一对一的方式用比索表示；即使政府单方面修改合同，配电公司也不得中止履行合同。El Paso 认为这些措施影响了其商业活动，损害了其投资所享有的权利，违反了 1991 年阿根廷—美国 BIT，于 2003 年向 ICSID 提起仲裁。除了诉称阿根廷违反了阿根廷—美国 BIT 中有关外资公平公正待遇、全面保护和安全、不低于国际法要求的待遇标准的条款之外，El Paso 还提出阿根廷违反了协定第 II 2 (c) 条保护伞条款。El Paso Energy International Co.v.Argentina, ICSID Case No.ARB/03/15, Decision on Jurisdiction, 27 April, 2006.

⑤ 王楠：《双边投资协定中的伞形条款解释——兼论 ICSID 近期相关案例》，《法学家》2008 年第 6 期。

为仅仅针对国家主权（行政性）行动的保护手段。① 在区分"国家作为商人和国家作为主权国家"时，保护伞条款被认为不包括违反普通商业合同，而是涵盖国家作为主权国家合同约定的额外投资保护。②

然而，将东道国行为划分为商业性和行政性并没有一个明显的界限，实践中很难区分，在任何情况下由于东道国地位的特殊性，其行政权力对合同的影响都是存在的，仲裁庭极有可能做出有利于投资者的解释。可见，无论是建立更为广泛适用的保护伞条款，还是更加限制性地区分商业和主权国家措施的观点，都并未完全解决对这一条款适用的质疑。截至目前，这些裁决对保护伞条款的基本效力、管辖权以及适用范围等重大问题的理解仍存在严重分歧。③

如上文所述，无论是广泛适用的保护伞条款，还是更加限制性地区分商业和主权国家措施，保护伞条款的基本思想都是对外国投资者和国家之间的合同关系提供更好的保护。例如，意大利—约旦 BIT 第 2 条第 4 款规定："每一缔约方应在其领土上建立和维持一个法律框架，以保证投资者持续的法律待遇，尤其是要保障遵守与每个特定部门有关的合同所创设的所有义务。"④ 公平公正待遇最重要的功能是通过建立一个透明和稳定的法律框架来保护投资者的合理期待，投资者的合理期待即包括东道国履行其合同义务。公平公正待遇与保护伞条款在保护投资者合同利益方面具有相关性。

（二）公平公正待遇与保护伞条款彼此独立

虽然保护伞条款的理解目前存在着严重分歧，但无论学界还是仲裁实践，都认为保护伞条款与公平公正待遇提供的保护水平和路径是不同的，不过，这种区别很大程度上取决于对公平公正待遇或保护伞条款的特定

---

① Pan American Energy LLC and BP Argentina Exploration Co.v.Argentina （joined case）, ICSID Case Nos.ARB/03/13 and ARB/04/8, Decision on Jurisdiction, July 27, 2006, para.136.

② El Paso Energy International Co.v.Argentina, para.79.

也有拒绝这种划分的仲裁案例，例如，Siemens AG 诉阿根廷案中，仲裁庭认为，无法发现保护伞条款中提到"任何义务"的措辞将商业投资合同与行政性质的特许协议区分开来。

③ 参见赵红梅《投资条约保护伞条款的解释及其启示——结合晚近投资仲裁实践的分析》，《法商研究》2014 年第 1 期。

④ Pradhuman Gautam, "The Umbrella Clause: A Search for Greater Legal Certainty", Social Science Research Network Electronic Journal, Agust 2008, p.53.

理解。

首先，虽然有争议但已经普遍得到认同的观点是，在投资者—国家合同中，保护伞条款强调投资者期望得到的保护是防止国家主权行为的干扰，在公平公正待遇下，对投资者合理期待的保护要求是不遭受任何种类的违约行为的侵害。其次，保护伞条款以更简单的方式适用，要求东道国仅履行与投资者条约中的承诺内容，这些承诺的范围和内容总是由投资者—国家之间预先确定。[①] 相比之下，在公平公正待遇下保护投资者和东道国之间的合同关系只是在更广泛的领域内的一个片段。需要指出的是，有学者提出是否要求用尽当地救济可能也是两个条款的区别之一。一般而言，争端当事方应当在诉诸国际途径解决争端之前要用尽当地救济，ICSID 公约第 26 条明确规定，国家可以要求将用尽当地救济作为它同意根据本公约提交国际仲裁庭的前提条件。是否用尽当地救济在衡量国家针对公平公正待遇的行动方面发挥着重要作用，同时限制着公平公正待遇的适用范围。一般认为，支持保护伞条款使违反国家契约转化为违反投资协定的观点，目的在于为投资者提供一种最简便的、直接的保护，使其再也不需用尽当地救济，不需经历国内与国际两个层面的复杂程序，就可以获得争端解决的途径。[②]

综上，保护伞条款适用范围具有模糊性，虽然主观理解和司法实践都认为保护伞与公平公正待遇条款彼此独立，但在保护投资者合同利益方面，更为鲜明的区别还有待于条款的发展和更多的仲裁实践的出现。

本章小结

由于公平公正待遇的条款模式并不统一，其外延又具有不确定、不统一的特点，为仲裁实践中适用该条款带来了较大的"弹性"空间。因此，仲裁庭在判断是否违反公平公正待遇条款的同时，往往还审查是否违反其

---

① Pradhuman Gautam, "The Umbrella Clause: A Search for Greater Legal Certainty", *Social Science Research Network Electronic Journal*, Agust 2008, p.60.但这种观点也遭遇批评，部分仲裁庭认为投资保护条款不适用合同纠纷，例如 Wastemanagement II 仲裁庭认为，NAFTA 第 11 章并不是用于解决合同纠纷的。部分仲裁庭也提出公平公正待遇的保护需区分"主权行为"和"管理权行为"，认为主权行为才可能构成违反公平公正待遇。

② 封笃：《"保护伞条款"与国际投资争端管辖权的确定》，《暨南学报》2011 年第 1 期。

他投资条款。最早引发讨论的是公平公正待遇与国民待遇、最惠国待遇之间的关系。为说明投资者的待遇水平，公平公正待遇一度与国民待遇、最惠国待遇规定在一起。国民待遇内容取决于对国内投资的待遇；公平公正待遇则尽量确保基本的保护水平，而不论东道国的法律或者国内投资者待遇如何。这意味着，即使东道国使外国投资者享有与国内投资者相同的优惠待遇，也可能会违反公平公正待遇。同样，即使外国投资者被公平和公正地对待，但不如对待国内投资者那样有利，也可能被发现违反国民待遇。最惠国待遇与国民待遇一样是"相对"待遇，只不过国民待遇相对的是"国民"，而最惠国待遇相对的是"任何第三国投资者"。国民待遇与最惠国待遇都无法说明、限制公平公正待遇条款的适用。需要注意的是，最惠国待遇条款"搭便车"的功能可能扩大公平公正待遇适用的范围，即使原来没有签订公平公正待遇条款的缔约国会通过"最惠"待遇得以援引其条款。目前，公平公正待遇与国民待遇、最惠国待遇的区别并无太大争议。与国民待遇、最惠国待遇之间关系的讨论相比，公平公正待遇与国际最低待遇标准之间的讨论更为引人注目。公平公正待遇与国际最低待遇标准的争论源于两种理论上的纷争：一种观点认为国际最低待遇标准是公平公正待遇的传统定义，公平公正待遇等同于最低待遇标准；第二种观点认为，应对公平公正待遇条款进行"文义"解释，在个案中具体判断国家行为是否达到"公平"和"公正"的程度。大部分仲裁庭在裁决实践中承认国际最低待遇标准已经"进化"的观点，此种意义之上，无论相关的投资条约如何规定，在考虑具体案件的事实时，两种方法之间实际结果的真正差异已经不存在。因此，公平公正待遇与国际最低待遇标准的争论已经没有实际意义，公平公正待遇实质上已经成为独立适用的条款。除此之外，公平公正待遇与充分保护与安全条款也会规定在一起，一般认为，后者主要涉及人身安全的治安保障问题，21世纪的部分协定也清晰将其限定于传统认识之中。比较特殊的是禁止专断和歧视措施条款，从仲裁实践和部分协定可以看出，公平公正待遇已经包括了上述条款内容，例如2012年联合国贸发会关于公平公正待遇的报告指出，专断、不合理性和歧视性的概念是公平公正待遇的固有特性，是对公平公正待遇给出进一步的实质内容。最后，公平公正待遇条款与征收补偿条款及保护伞条款在适用中也经常被同时援引，虽然在是否违反条款的讨论上有相似内容，但从主观认识和实践结果看，一般都认为上述条款的判断彼此独立。

第三章 公平公正待遇条款的解释

F.A.Mann 认为："仲裁庭应当根据案件的具体情形裁决一项行为是公平与公正的或者是不公平和不公正的，而不是根据一个所谓的最低、最高或者是平均水平的标准来判断……"[1]"对国际法律文件的解释，从一定程度上说，是艺术而非准确的科学。"[2]

第一节 公平公正待遇条款的解释原则

一 国家主权原则

（一）国家主权原则的概念

国家主权原则是一项普遍公认的指导国际关系的基本原则，它奠定了国家的独立和自主权。《联合国宪章》第 2（1）条规定，为求实现第 1 条所述各宗旨起见，本组织及其会员国应遵守下列原则：本组织系基于各会员国主权平等之原则。在现代国际法中，被普遍接受的主权概念的内涵是，主权体现了国家在国际法律之内的法律地位，但不能超越国际法；主权表示各国是国际法的直接主体性，保护其领土完整、专属的个人和领土管辖权、文化特性以及政治和社会经济事务上的自由。在此意义上，今天各国的主权或独立是一种相对概念，或一种"程度问题"，即国家接受取决于它们自己同意的国际秩序的自由度。[3]

---

[1] 陈安主编：《国际投资法的新发展与中国双边投资条约的新实践》，复旦大学出版社 2007 年版，第 61 页。

[2] 马忠法：《论条约的整体解释法——以美日欧诉中国稀土等产品出口措施案为例》，《当代法学》2014 年第 4 期。

[3] 参见徐小明《全球化压力下的国家主权》，华东师范大学出版社 2007 年版，第 52—53 页。

国家主权受到国家经济在全球范围内的事实上的相互依赖和越来越多的国际法律文书的限制，国际投资法领域内的国家主权也受到国家在国际投资条约中的同意限制。主权原则的相对性，对于公平公正待遇以及平衡原则至关重要。如果僵化地坚持绝对主权观点，那么任何有利于外国投资保护的论据都无法战胜这种观点，从而排除任何形式的国家和投资者之间的利益平衡。依据相对主权原则确定公平公正待遇条款解释，则具有坚持国家主权的同时保护投资者利益的可能性。

公平公正待遇条款的解释需尊重国家主权，确保不仅充分考虑外国投资者的利益，而且考虑国家的公共政策问题，即充分考虑国家有自由管理其内政，及相关行政和司法程序的主权。在投资争端中，基于主权原则做出的解释可对抗外国投资者过度保护要求的手段，防止仲裁庭对公平公正待遇条款的过度解释。

仲裁庭解释公平公正待遇条款需遵循主权原则。首先，仲裁庭需在裁决报告针对特定事实分析阐述东道国行为与主权原则的关系；其次，仲裁庭要以最透明的方式，清晰说明主权与投资者利益的权重分配，使仲裁庭的平衡行为合理且容易理解。主权原则指导公平公正待遇条款的解释，可平衡投资保护和东道国权益，增加仲裁结果的一致性，从而稍许减少对国际投资仲裁不公正性的批评。

（二）适用国家主权原则的主要案例

1.Thunderbird 诉墨西哥案

Thunderbird 案讨论了墨西哥博彩业主权的问题。申请人 Thunderbird 是一家在墨西哥运营的美国游戏公司。2000 年 7 月，Thunderbird 就其在墨西哥设立投资的合法性向墨西哥政府征求官方意见。在向 SEGOB 递交的书面请求中，Thunderbird 公司表明它计划在墨西哥设立的投资是关于技巧及能力游戏的视频游戏机的商业推广，在这些游戏中并不涉及投机、下注和赌博等。SEGOB 在回复中表明，如果 Thunderbird 公司所使用的游戏机及运营的游戏项目都如其请求中所言，SEGOB 并不会根据墨西哥法律禁止游戏机的使用。根据 SEGOB 的回复，申请人随即在墨西哥设置了一系列游戏设备。然而，随着内阁的交替，SEGOB 宣称 Thunderbird 公司的游戏机是在被禁止使用范畴之内，并开始关闭其游戏场所。Thunderbird 公司在其申诉请求中强调，正是基于 SEGOB 的回复才产生其对运营活动可以不受 SEGOB 管制的"合理期待"。仲裁庭裁定墨西哥的行为未违反公平公正待遇。仲裁庭承认东道国在司法事项中的主权，宣布：对于本申请的主题事项，仲裁庭没有作为关于墨西哥司法系统的上诉或复审法院的职能，东道国具有灵活监管赌博行业的主权，并解释如下：墨西哥在这种背景下对规则有宽泛的监管空间，在对博彩业的监管中，政府有着非常宽泛的监管空间以反映其国家的公共道德观。墨西哥可以允许或禁止任何形式的博彩，它可改变其监管政策，即如何实施这样的政策和行政行为，墨西哥有着广泛的自由裁量权。NAFTA 第 1102、1105 和 1110 条只评估墨西哥的管理和行政行为是否违反这些特定规则。

2. Saluka 诉捷克案

Saluka 案涉及捷克银行部门的政府援助计划，其仲裁过程也进行了国家主权问题探讨。在解释公平公正待遇时，仲裁庭提到了荷兰—捷克 BIT 的序言部分，认为序言的内容为公平公正待遇与刺激外国投资和缔约方的经济发展之间建立了联系。因此，仲裁庭注意到："保护外国投资不是条约的唯一目的，而是鼓励外国投资以及扩大和加强双方经济关系的总体目标的必要因素。这反过来要求以平衡的方式解释条约关于保护投资的实质性条款，因为夸大对外国投资保护的解释，可能会阻止东道国接受外国投资，从而破坏扩大和加强双方相互经济关系的总体目标。"① 仲裁庭所赞成的平衡办法，强调除了外国投资者的利益和期望外，必须考虑为公共利益管理国内事务的东道国的合法权利。

3. ADC 诉匈牙利案

ADC 案涉及东道国的监管措施剥夺了外国投资者在匈牙利机场建设中的收入。仲裁庭承认东道国的管制权，但提出其具有相对性。仲裁庭拒绝东道国基于完全主权要求免责的主张，提出：仲裁庭基于国际法基本原则的理解，即一个主权国家拥有管制其国内事务的固有权利，但这种权利的行使不是无限的，必须有其界限。正如申请人所正确指出的，包括条约义务的法规规定了这种界限。因此，当一个国家像本案那样缔结双边投资条约时，国家就受到投资条约的约束，并且国家所承诺的投资保护义务必须得到履行，不能被稍后国家管制权利的论证所忽视。② 仲裁庭认为，公

---

① See Saluka Investments B.V.v.Czech, paras. 298-305.
② ADC Affiliate Ltd. and ADC & ADMC Management Ltd v. Hungary, ICSID Case No.ARB/03/16, Award, October 2, 2006, para. 79.

平公正待遇条款的解释适用上述关于主权原则的理解。[1] 针对投资者承担东道国法律框架变化的风险问题，仲裁庭提出不能接受东道国提出的，关于投资者通过投资东道国需承担国家监管制度变化"风险"的观点。投资者应当根据东道国的国内法律法规开展业务，即使投资者需设想到任何可能的资产被剥夺的风险，也只需期待他们将得到公平的待遇和公正的补偿，而不是其他的对待方式。[2]

二 善意原则

（一）善意原则的概念

依据《维也纳条约法公约》解释通则，条文解释应与上下文一并考虑者尚有：适用于当事国间关系之任何有关国际法规则（实为原则）。善意原则（the principle of good faith）是国际法的一项原则，是国际交往有序和良性发展的根本保证。《联合国宪章》第 2 条，要求会员国一秉善意，履行宪章的义务，进而任何国际法主体都应当善意履行由一般国际法而起之义务。善意原则适用于整个国际关系领域，贯穿条约法始终，是指导条约实践的基本原则。"即使条约法不以善意为原则为基础，那么也完全在善意原则的约束之下，因为这一原则一直支配着条约，从它们的形成到它们的消亡。"[3] 就条约法而言，善意原则主要体现在以下 3 个方面：第一，善意缔结。国际法主体必须在善意的基础上进行谈判协商，确立相互之间的条约关系，这是国家交往的需要。第二，善意履行。这是条约必须遵守原则的基本内容。第三，善意解释。善意解释是条约必须遵守原则适用的前提。只有对条约的解释是善意的，才能最大限度地保证对条约正确的理解，从而适当的履行条约。[4]

善意原则是已经"渗透到投资者保护的整个方法"[5]，是"公正公平待遇的核心"[6]，是解释公平公正待遇的指导灯塔。善意原则对公平公正待遇解释的指导，不仅表现为条约解释的有效性等具体解释规则，还体现

---

[1] ADC Affiliate Ltd. and ADC & ADMC Management Ltd v.Hungary, para. 445.
[2] ADC Affiliate Ltd. and ADC & ADMC Management Ltd v.Hungary, para. 424.
[3] 参见李浩培《条约法概论》，法律出版社 2003 年版，第 19 页。
[4] 参见朱文奇、李强《国际条约法》，中国人民大学出版社 2008 年版，第 65 页。
[5] Sempra Energy International v.Argentina, para. 299.
[6] Sempra Energy International v.Argentina, para. 298.

为善意原则作为公平公正待遇具体内容的解释依据，与公平公正待遇内容共同讨论，最终作出裁决。

(二) 适用善意原则的主要案例

1. Tecmed 诉墨西哥案

Tecmed 案中，墨西哥否认拒绝投资人固体废物处理许可证的更新申请是由于政治压力。仲裁庭认为，墨西哥拒绝更新许可证是为了达到强制投资者设施迁移的目的，或者是为了达成某些其他未公开目的而进行的不透明的企图，认为东道国违反善意原则。仲裁庭提出："依据善意原则，公平公正待遇要求东道国提供国际投资待遇，不影响外国投资者进行投资考虑的基本期望（basic expectations）。外国投资者期望东道国以一致的方式行事，在与外国投资者的关系中没有歧义，完全透明，可事先知道管理其投资的所有规则和条例，以及有关政策和行政手段或指令的目标，以便能够进行投资和遵守这些规定。包括东道国颁布的准则、指示或要求及批准的决议在内的，任何和所有的国家行动都应符合上述要求。外国投资者也期望东道国一贯行事，即不得随意撤销投资者计划和发起商业活动所依赖的，国家发布的任何先前的决定或许可。"[①] Tecmed 案的启示在于，善意原则是解释公平公正待遇具体内容的指导性原则，或者解释公平公正待遇内涵的基础。

2. Sempra 诉阿根廷案

Sempra 案仲裁庭提出：如同 Tecmed、OEPC 和 Pope & Talbot 案中的评述，公平公正待遇发生演变在很大程度上是由仲裁庭逐案确定的结果，与国际最低待遇标准一样，已经有了零碎和逐步的发展。然而，这种发展须符合"双边投资条约实践中所用的条款的目的是填补更具体标准可能留下的空白，以获得条约意图提供的投资者保护水平"。因此，善意原则是指导公平公正待遇义务"理解和解释的灯塔。"[②] 仲裁庭提出："公平公正待遇条款提供的保护的本质是反对影响投资者投资的基本期望的待遇，案中阿根廷拒绝履行与投资者签署的特许权协议的条款，并采取了改变关税方式的措施。仲裁庭认为此措施使投资法律框架发生重大变化，东道国违反了公平公正待遇。"[③]

[①] Tecnicas Medioambientales Tecmed S.A. ("Tecmed") v. Mexico, ICSID Case No. ARB (AF) /00/2, May 29, 2003, para.154.

[②] Sempra Energy International v. Argentina, para.297.

[③] Sempra Energy International v. Argentina, paras.298-304.

3.Siemens 诉阿根廷案

Siemens 案中，阿根廷与投资者签订了提供信息技术服务的合同，投资者提供服务的性质要求阿根廷与地方政府达成协议，随后阿根廷暂停合同，理由之一是国家结构不允许缔结此类协议。仲裁庭认为，阿根廷缺乏诚意违反公平公正待遇。仲裁庭提出，阿根廷政府与投资者缔结的合同包括一项重要条款，即该政府承诺与其各省缔结协议，然而同一个政府又认为由于国家结构问题不允许履行这一承诺，这违背了公平公正待遇的善意原则。[①]

大部分仲裁庭并没有深入探讨过善意原则对公平公正待遇条款解释的指导作用，仅在对公平公正待遇包含的内容的评述中，提及此原则。例如，Waste Management II 诉墨西哥案中，在评述东道国行为合理、一致和正当程序内容时，仲裁庭认为，东道国政府机构"没有理由地挫败投资协议目的"之阴谋将违反 NAFTA 第 1105 条"善意行事"的义务。[②]

三 可持续发展原则

（一）可持续发展原则概述

1.可持续发展的含义

国际法院副院长卫拉曼特雷认为："可持续发展（sustainable development）是人类遗产中最古老的思想之一。可持续发展的概念基于人类数千年的丰富经验而得以巩固。已在国际法应用中发挥重要作用。"[③]

可持续发展的现代概念，源自 1987 年世界环境与发展委员的报告《我们共同的未来》。报告将可持续发展定义为：满足当代的需要，且不危及后代满足其需要的能力的发展。2002 年 4 月 6 日，国际法协会会议通过了《与可持续发展有关的国际法原则的新德里宣言》（the International Law Association, ILA），对可持续发展界定如下："可持续发展的目标涉及经济、社会和政治进程中全面即综合的措施，该措施旨在可持续利用地球的自然

---

① Siemens A.G v.Argentina, paras. 306-309.

② Waste Management, Inc. v. United Mexican States（"Number 2"），ICSID Case No. ARB（AF）/00/3, Award, April 30, 2004, para. 138.

③ [荷兰] 尼科·斯赫雷弗：《可持续发展在国际法中的演进：起源、含义、地位》，汪习根译，社会科学文献出版社 2008 年版，第 12 页。

资源，保护自然及人类生活及社会和经济发展所依赖的环境，并在全人类积极、自由和有意义地参与发展并公平分配因此产生的福利的基础上，实现全人类获得适当生活水平的权利，同时适当估计后代的需求和利益。"

因此，可持续发展指为在满足人类发展目标的过程中，同时保持自然系统继续提供经济和社会所依赖的自然资源和生态系统服务的能力。可持续发展原则旨在同时解决环境、经济和社会问题，并寻求建立一个由这一概念的所有三个支柱相互加强的发展进程。

2.体现可持续发展原则的主要国际法文件

可持续发展原则主要体现在众多环境保护条约中，涉及：全球气候变化，[①] 保护生物多样性、物种和栖息地，[②] 保护海洋生物多样性，[③] 渔业管理，[④] 淡水资源，[⑤] 海洋污染，[⑥] 跨界大气污染，[⑦] 防治荒漠化，[⑧] 有毒和

[①] 例如，1992年《气候变化框架公约》、1986年《南太平洋地区自然资源和环境保护公约》。

[②] 例如，1992年《生物多样性公约》、1992年《保护中美洲生物多样性及自然保护区公约》、1993年《经营和养护自然森林生态系统发展植树造林区域公约》、1994年《禁止非法买卖野生动植物合作执法行动卢萨卡协定》、1994年《国际热带木材协定》、2000年《欧洲景观公约》、2003年《保护和可持续开发喀尔巴阡山的框架公约》、2005年《中非森林生态系统养护与可持续经营条约》。

[③] 例如，1989年《养护和管理东南太平洋海洋和沿海保护区议定书》、1990年《特别保护区和特别受保护的野生物的议定书》（大加勒比海地区）、2002年《〈保护黑海公约〉之黑海生物多样性和景观养护议定书》、2002年《东北太平洋海洋及海岸环境保护及可持续发展合作公约》。

[④] 例如，1993年《黑鲔保育公约》《印度洋黑鲔委员会创设协定》、1995年《鱼类种群协定》、2000年《中西太平洋高度洄游鱼类种群养护与管理公约》（《火奴鲁鲁公约》）、2000年《养护东南亚太平洋公海海洋生物资源框架协议》2001年《东南亚大西洋渔业资源养护与管理公约》（加拉帕哥斯协定）、2005年《里海环境框架公约》。

[⑤] 例如，1987年《关于以无害环境方式管理共有赞比西河系统的行动计划协定》、1994年《保护默兹河与斯凯尔特河协定》、1992年《跨界水道和国际湖泊赫尔辛基公约》、1994年《保护及可持续利用多瑙河合作公约》《建立维多利亚湖渔业组织公约》、1997年《联合国国际水道非航行使用法公约》、1999年《保护莱茵河公约》。

[⑥] 例如，1990年《保护海洋环境免受陆源污染议定书》、1992年《保护波罗的海区域海洋环境公约》《保护东北大西洋海洋环境公约》、1995年《修订的保护地中海海洋与沿岸环境公约》（《巴塞罗那公约》）、1996年《〈防治倾倒废物及其他物质污染海洋公约〉的议定书》、1999年《〈保护和开发大加勒比地区海洋环境公约〉关于陆源污染的议定书》。

[⑦] 例如，1994年《〈1979年远距离跨界大气污染公约〉关于进一步减少硫化物排放的议定书》、2002年《东盟防治跨国界烟雾污染协议》。

[⑧] 例如，1994年《防治荒漠化公约》。

危险物质及废物,① 公众参与和预防程序等。②

经济或一般政治意义条约中也纳入了可持续发展原则。例如，1994年《建立世界贸易组织协定》的前言提出："在处理它们在贸易和经济领域的关系时，应以提高生活水平、保证充分就业、保证实际收入和有效需求的大幅稳定增长以及扩大货物和服务的生产和贸易为目的，同时应依照可持续发展的目标，考虑对世界资源的最佳利用……"2003年《联合国反腐败公约》的前言指出："本公约缔约国，关注腐败对社会稳定与安全所造成问题和构成的威胁的严重性，它破坏民主体制和价值观、道德观和正义并危害着可持续发展和法治。"

以深化经济发展为目的的自由贸易协定也继承了可持续发展原则，例如NAFTA序言中强调了可持续发展的义务，TPP序言中提出："缔结意向促进经济一体化的全区域性协定……减少贫困并促进可持续增长。"2014年中国—瑞士FTA的序言提出："认识到本协定的实施应以促进缔约双方公众福祉为目标，包括提高生活水平，创造新的就业机会和促进与环境保护相一致的可持续发展。"2020年RCEP序言指出：……认识到可持续发展的三大支柱是相互依存、相互促进的，以及经济伙伴关系能够在促进可持续发展方面发挥重要作用……

3.可持续发展原则的国际法判例

1997年的匈牙利与斯洛伐克之间关于多瑙河流域的盖巴斯科夫—拉基玛洛大坝工程案③中，在审理过程中，纠纷两国同意可持续发展原则是

---

① 例如，1998年《关于在国际贸易中对某些危险化学品和农药采用事先知情同意程序的鹿特丹公约》、2001年《关于持久性有机污染物的斯德哥尔摩公约》。

② 例如，1991年《环境影响评价埃斯波公约》、1992年《工业事故跨界影响公约》、1998年《在环境问题上获取信息、公众参与决策和诉诸法律的公约》（《奥胡斯公约》）、2003年《〈越界环境影响评价公约〉战略环境评价议定书》。

③ 1977年，匈牙利和捷克斯洛伐克签订《布达佩斯条约》，决定两国共同在多瑙河上修建盖巴斯科夫—拉基玛洛大坝，将河水截至两条运河后回注于多瑙河；其目的是利用河水发电。1988年，匈牙利国会认定该河流的生态利益高于该项目的经济利益，因而命令政府重新评价该项目。匈牙利政府于1989年决定中止该项目的建设。然而斯洛伐克于1991年决定继续建设该项目，并单方面将近2/3的多瑙河水截引至其领土上。由于这一决定不仅对匈牙利的环境，而且对其经济将带来重大影响，匈牙利政府于1992年2月对斯洛伐克的这一决定正式提出抗议。1992年4月欧共体出面调解无效。1992年5月，匈牙利单方面中止了1977年的条约。1992年10月，匈牙利向国际法院提出申请，请求国际法院的裁决。1993年7月，匈牙利和斯洛伐克达成协议，决定要求国际法院进行裁决。

已经确立的国际法原则，可用来解决双方的纠纷。国际法院也承认可持续发展原则，"在过去20年里，一大批文件确定了新的规范和标准。其中可持续发展充分表达了将经济发展与环境保护相协调的需要"。卫拉曼特雷法官在其个人意见中采取更为积极的立场，认为可持续发展"由于逻辑上的不可或缺，也由于被国际社会广泛接受，已构成现代国际法的组成部分"①。1994年，GATT下的金枪鱼—海豚2号案②中，专家组在裁决的结论性意见中指出："包括保护和养护环境在内的可持续发展的目标已被关贸总协定的缔约方普遍接受。"1998年WTO下的海虾—海龟案的报告中，WTO上诉机关也考虑到"可持续发展已被普遍接受为经济和社会发展以及环境保护的一体化要求"③。

（二）可持续发展原则的主要内容

1. 可持续发展原则的内容

2002年，国际法协会通过的《与可持续发展有关的国际法原则的新德里宣言》确定了关于可持续发展的7项国际法原则。

第一，强调国家主权，及其根据自己的环境和政策管理自然资源的权利。联合国时代已经形成对自然资源享有主权的原则，根据该原则，在当代国际法内，各国均有权自由处置其自然资源。这项一般权利也反映各国均有权自由选择最适合其发展潜力的社会经济制度，也有权对外国投资者的准入和行为进行监督。

---

① ［荷兰］尼科·斯赫雷弗：《可持续发展在国际法中的演进：起源、含义、地位》，汪习根译，社会科学文献出版社2008年版，第122页。

② 海豚是一种珍贵的海洋生物，在东热带太平洋地区，海豚和金枪鱼存在一种奇妙的共生现象。墨西哥渔民普遍使用一种"袋状围网"，这种网在捕获金枪鱼时，导致许多海豚丧命。于是在1990年10月，美国根据自己的国内法《海洋哺乳动物保护法令》（以下简称MMPA），发布禁令，禁止从墨西哥进口金枪鱼，包括鲜鱼和金枪鱼制成品，并且拒绝接受墨西哥的申辩，坚持实施禁令。于是1991年2月6日，墨西哥向GATT申诉，要求解决美国禁止其金枪鱼进口的问题。同年3月，GATT成立了专家组处理此事，专家组在广泛收集材料，充分听取双方意见后，认为：GATT仅规定了可对产品引起污染的贸易手段进行限制，但却未对因产品的制造方式引起的污染作任何规定。况且，MMPA仅是美国的一项国内法，不能用来约束美国境外的生产过程。最后，专家组认为美国对墨西哥采取的措施违反了GATT第11条关于取消数量限制的规定，且不属于第20条例外情况之列，裁决美国败诉。

③ 参见［荷兰］尼科·斯赫雷弗《可持续发展在国际法中的演进：起源、含义、地位》，汪习根译，社会科学文献出版社2008年版，第123—125页。

第二，公平及消除贫困的原则。公平是一项一般法律原则，在可持续发展中在两个方面发挥重要作用。首先是当代与后代之间的公平（代际公平），子孙后代享有公平获得资源的权利；其次是当代内部的公平和公正关系（代内公平），这个意义上的公平包括本世代所有人民有权合理使用世界资源。

第三，共同但有区别的责任原则，表达了所有国家以及国际级别所有其他行为者的义务。例如，作为国际组织、民间社会和多国公司，必须合作并作出适当贡献，以实现全球可持续发展。

第四，预防原则及环境影响评价。强调各国不仅应谨慎对待其领域内的环境和自然资源，也应当在科学不确定的情形下防止造成环境损害。

第五，公众参与原则。强调公众参与决策进程和获得适当及时的信息的权利，以及获得有效的申诉程序的可能性。

第六，善治原则。善治原则被视为可持续发展概念及实施的根本要素。善治是为了实现公平和可持续发展，而对人力、资源、经济和财政资源进行透明与负责任的管理。善治需要各个部门实行明确的决策程序，需要透明和负责任的机构，需要法律在管理和分配资源方面处于首要地位，需要在预防和打击腐败方面不断提高能力并采取相应的措施。善治原则有四个要素：民主、透明的决策和财政责任；反腐败；正当程序，尊重宪政和人权；根据本领域内的世贸组织守则公开招标。

第七，一体化与相互联系的原则。这个原则认识到社会、经济和人权方面的相互依存关系，同时需要寻求解决这些国际法规则可能产生的明显冲突。①

总之，可持续发展原则越来越多地建立和应用于国际法律体系，但援引可持续发展原则的同时，必须对所适用的具体法律规则、原则或文书的法律地位和内容进行详细分析。

2.可持续发展原则对公平公正待遇条款的解释基础

首先，可持续发展文件中纳入公平公正待遇条款。例如，《能源宪章条约》中多处条款体现了对可持续发展及其相关原则的支持与尊重。其序言部分，肯定了能源效率的重要性，回顾《联合国气候变化框架公约》

---

① 参见李爱年、韩广《人类社会的可持续发展和国际环境法》，法律出版社2005年版，第50—59页。

《远距离跨国界空气污染公约》及其议定书以及其他与能源相关的国际环境协议，并承认越来越急需环境保护的措施。对《联合国气候变化框架公约》的提及，是《能源宪章条约》支持可持续发展的最重要表现之一。[①] 同时，《能源宪章条约》第 10（1）条规定："根据本条约，每一缔约方为促进其他缔约方投资者在其境内投资，应该鼓励并且创造稳定、公平、有利和透明的环境。这类环境应包括在任何时候给予其他缔约方投资者投资公平和公正待遇。投资者应享有最稳定的保护和安全，缔约方不能以任何方式通过无理的或歧视性的措施损害投资的管理、维持、使用、收益或处置。条约义务所规定的对待投资的待遇在任何情况下都不能低于国际法……"有观点认为，从整体上看《能源宪章条约》第 10（1）条的目的是确保公平公正待遇。对于"稳定、公平、有利和透明的环境""最稳定的保护和安全""无理的或歧视性的措施""不能低于国际法，包括条约义务所规定的待遇"等措辞，全部都可以归入公平公正待遇范畴。在发生有关公平公正待遇的争端时，只需从整体上判断东道国是否违反了公平公正待遇义务即可。[②]

其次，可持续发展成为投资协定的目的之一。例如，奥地利 2008 年 BIT 范本的序言，堪称迄今为止最为冗长的投资条约序言，非常详细地强调了环境、劳工和可持续发展的目标，提及："……投资是可持续发展的引擎……承认投资协定和保护环境、人权或劳工权利的多边协定旨在促进全球的可持续发展，任何可能的不一致都应该以不放松这些保护标准的方式予以解决"。2001 年乌兹别克斯坦 BIT 范本序言提及："……愿加强两国间的合作，促进经济健康稳定和可持续发展，增加缔约双方人民的福祉，达成协议如下：……"[③] 2012 年中国—加拿大 BIT 的序言内容如下："中华人民共和国政府和加拿大政府（'缔约双方'），进一步认识到需要依据可持续发展的原则促进投资；希望在平等互利基础上加强两国经济合作；达成协议如下：……"

---

① 张庆麟、马迅：《论〈能源宪章条约〉投资规则的可持续发展》，《暨南学报》2009 年第 2 期。

② 张庆麟、马迅：《论〈能源宪章条约〉投资规则的可持续发展》，《暨南学报》2009 年第 2 期。

③ 王彦志：《新自由主义国际投资法律机制：兴起、构造和变迁》，法律出版社 2015 年版，第 252 页。

（三）可持续发展原则的指导

1.公平考虑

可持续发展原则是公平及消除贫困的原则，这是公平公正待遇的公平讨论中最常见的考虑因素。公平公正待遇条款解释需表达正义和道德伦理的观念，考虑到可能的财富和资源的重新分配，使当代和子孙后代能够公平地获得资源。

2.善治考虑

可持续发展主要从程序上界定了善治原则，保证公众参与的决策过程透明度，正当程序和法治的义务相联系，确保国家追求可持续发展目标的措施的合法性。可持续发展原则下的公平公正待遇条款解释，需考察国家行政措施的合法性，公平程序、透明度、非歧视和保护合理期待。可持续发展原则为公平公正待遇上述内容的解释引入了环境和社会观点，丰富了关于公平公正待遇争端中的考虑论据，可使仲裁庭的推理免于因为缺乏环境或社会视角而遭受批评。

3.投资者行为考虑

国际法协会宣布，善治原则适用于国家及其他法律主体："国家之外的行为人应接受内部的民主治理并受有效的问题机制的监管"[①]，私人部门就其行为承担社会责任，并进行对社会负责的投资。可持续发展原则确定解决这些企业社会责任问题的（主要是非约束性的）法律文书，成为确定外国投资者行为是否合格的基准。可持续发展原则下的公平公正待遇条款解释，不仅需对东道国行为分析，亦强调考察投资者的投资行为是否对社会负责。可持续发展的视角是更为全面和平衡的解释视角，可免于仲裁庭过于倾向投资者保护的解释。

综上，可持续发展原则要求公平公正待遇解释满足公平与善治，加强对投资者行为的考察，兼顾环境、经济和社会三者关系，使裁决过程成为上述利益相互加强的进程。

（四）适用可持续发展原则的主要案例

1.S.D.Myers 诉加拿大案

S.D.Myers 案的仲裁庭认为，确定可能违反国际义务的行为，"必须根

[①] 王彦志：《新自由主义国际投资法律机制：兴起、构造和变迁》，法律出版社 2015 年版，第 252 页。

据国际法，尊重国内当局规范其本国境内事务的权利，同时必须考虑适用于本案的任何国际法的具体规则"，就考察加拿大制定的法规是否具有歧视问题，仲裁庭承认，1989年《巴塞尔公约》的目标及加拿大的措施符合国际环境保护要求，进而支持东道国监管措施的合理性。①

2.Emilio 诉西班牙案

Emilio 案涉及可持续发展的预防原则及环境影响评价原则。1989年，Emilio Agustín Maffezini 在西班牙投资一家名为 Emilio A. Maffezini S.A（EAMSA）生产化学产品的公司。Maffezini 认购70%的资本，西班牙公司（Sociedad para de Desarrollo Industrial de Galicia, SODIGA）认购30%的资本。EAMSA 聘请一家私人咨询公司，对土地购买和新公司设立的其他要求进行评估，同时，SODIGA 也对该项目进行了经济评估，以决定是否参加该项目。1991年，EAMSA 向西班牙地方政府提交项目的环境影响评估（EIA）研究报告，西班牙政府要求其提供额外信息。投资者认为西班牙对环境影响评估的额外要求和程序增加了项目的成本，促使项目失败，违反公平公正待遇。②

仲裁庭解释公平公正待遇的义务内容之前，首先提及西班牙宪法和欧洲共同体法律中的环境保护的各种规定，并强调了环境影响评估的重要性："环境影响评估程序是充分保护环境和适当预防措施的基础。不仅在西班牙宪法和欧共体法律中有体现，也是越来越多的国际法的内容。""西班牙王国和 SODIGA 在这方面并没有做出更多的措施，只是坚持严格遵守适用于有关行业的要求和西班牙法律。西班牙不能对索赔人就环境影响评估所作的决定负责。"③

3.Parkerings 诉立陶宛案

Parkerings 与立陶宛维尔纽斯自治市签订协议，改建并经营一处位于老城区的停车场，然该区域自1994年被纳入世界遗产保护名单，立陶宛维尔纽斯地区环境保护部门质疑该项目未对本区域进行环境影响评估，同时新的国家立法对自治市缔结此类协议进行了限制，在与投资者进行的一

---

① S.D.Myers, Inc.v.Canada, para. 255.
② Emilio Agustín Maffezini v.Spain, ICSID Case No.ARB/97/7, Award, November 13, 2000, para. 65.
③ Emilio Agustín Maffezini v.Spain, para. 67.

系列协商无果后，该协议在 2004 年被维尔纽斯自治市叫停，并同时将停车场交由另一个公司运营。Perkerings 认为立陶宛违反了公平公正待遇。[1]

仲裁庭指出，虽然 Perkerings 与后来经营者之间的项目内容几乎完全相同，但 Perkerings 的项目范围更大，其建设延伸到位于维尔纽斯市老城区，受 1972 年《世界遗产公约》保护的历史古城。依据教科文组织确定的保护区，老城区进行任何建设需要行政委员会的批准。立陶宛部门针对 Perkerings 计划提出的反对意见是非常重要的，基于历史、考古和环境保护理由拒绝该项目是合理的。仲裁庭在可持续发展原则指导下考虑整个案件，并接受关于 Perkerings 投资行为对文化和环境潜在损害的论点，解释两个投资者之间的差别待遇的合理性，认为东道国并未违反公平公正待遇。[2]

第二节 公平公正待遇条款的解释实践

一 文本解释法

（一）说明公平公正待遇是单一义务

虽然"公平公正"一词被认定为是冗言（a pleonasm），不必要地重复着应该根据某种正义感来对待外国投资者。不过，"公平公正"或者"公正合理"的概念与术语本身含义相同的同义词来描述，说明通常认为只存在一个单一的"公平公正待遇"义务，而并非两个可能单独的相反概念。

上述概念的同义本质也在仲裁判例中得到确认，认为术语概念之间的可能差异对于解释特定公平公正待遇条款并"不重要"。例如，Parkerings 诉立陶宛案中，仲裁庭首先对公平（fair）和合理（reasonable）两个词汇进行了解释。仲裁庭提出，与其他 BIT 不同，本案中"条约"在其第 3 条中提到"公平合理"（equitable and reasonable），因此，必须讨论该条

---

[1] Parkerings-Compagniet AS. v. Lithuania, ICSID Case No. ARB/05/8, Award, September 11, 2007.

[2] 类似的，可持续发展层面综合考虑社会、人权、环境问题的案件还有 Glamis Gold Ltd. 诉美国案。Glamis Gold, Ltd. v. The United States of America, UNCITRAL, December 9, 2003.

款意义是否为"公平和公正"（fair and equitable）。仲裁庭提出："'条约'的解释实际上受《维也纳条约法公约》的约束，'公平'和'公正'没有被赋予明显的、应该以任何不同方式进行解释的意义。'公平公正待遇'已由仲裁庭广泛解释，因此，'公平'和'合理'两个词之间的解释差异是微不足道的。"① 有些仲裁庭通常甚至不讨论"公正"和"公平"的含义之间可能存在的差异。

（二）单一文本解释陷入同义循环

通常，仲裁庭通过在法律词典中查找，讨论关于术语"公平"（fair）和"公正"（equitable）的含义。"公平"的含义包括不偏不倚（impartial），正当（just），公正（equitable），免于偏见和侵害（free from bias or prejudice）；"公正"指正当的（just），公正的合乎原则的（consistent with principles of justice and right）。"公平"和"公正"两个概念都用与术语本身含义相近的同义词来描述，"公平"和"公正"含义本身也很模糊，这样的定义无法澄清像公平公正待遇这样的规范的法律本质，更是陷入了循环解释。

例如 Parkerings 诉立陶宛案中，仲裁庭指出："'公平'（fair）是指没有偏见（bias），欺诈或不公正（fraud or injustice），公平合法（equitable, legitimate）；公正（equitable）待遇就是指公平或公正（equity or fairness）、合理（fair, just, reasonable）等特征。"② MTD 诉智利案中，仲裁庭提出："依据 VCLT 第 31 条第 1 款规定，条约应当以诚信原则，依据条约的背景、对象和目的，按照其术语最普通的意思进行解释。因此，本案的'公平公正待遇'应被理解为一视同仁（even-handed）、无偏见（unbiased）、公平公正（just）、合法的（legitimate），这些词汇也被写入 BIT 的第 2（2）条'促进和保护投资'之中"③。

可见，描述公平公正待遇字面含义的尝试往往产生循环定义，这样的定义只是用同样模糊的同义词取代了"公平"和"公正"两个术语，对条款的解释没有任何贡献。显而易见，基于单一的文本解释，在特定情况下无法发现公平公正待遇的"通常含义"。

---

① Parkerings-Compagniet AS. v.Lithuania, paras. 277-278.
② Parkerings-Compagniet AS. v.Lithuania, paras. 277-278.
③ MTD Equity Sdn.Bhd.and MTD Chile S. A. v.Chile, para. 113.

(三) 单一文本亦产生扩张解释

公平公正待遇直接将表现法律价值和伦理的"公平公正"词汇嵌入条款之中，文意抽象，外延广阔，其"通常含义"只能是由几乎相等的模糊性的术语定义，① 缺乏准确性，而且关于公平公正待遇的含义至今并未达成任何特别的协议。② 结果是解释者在主观基础上按照各自的理解去分析"公平"和"公正"的含义，任意扩张公平公正待遇条款的"通常含义"。因此，不同文化背景下的投资者、东道国、裁决者对公平公正待遇的解释可能大相径庭，这种现象在不同法律传统及文化的当事方之间尤其容易发生。③

最初，由于公平公正待遇文本模糊而产生的扩张解释受到东道国和外国投资者的赞赏，认为这种模糊性可促进投资过程的灵活性。然而，由于投资争端越来越多，对适用公平公正待遇的法律不确定性的关切越来越大，仲裁庭通过对国际投资条约中公平公正待遇条款的扩张解释，过度拔高了对外国投资者的待遇标准。④ 有人提出公平公正待遇已经成为投资协定的"黑洞"（black hole），严重质疑传统解释规则的有效性和公平公正待遇的存在意义。⑤

二 目的解释法

(一) 目的解释法的意义

1.目的解释法暗示规范的建立方向

众多 BITs 序言或前言宣称：投资协定明确旨在"促进和保护外国投资"。鉴于影响外国投资的政治风险已经减少，投资协定代表了全球化和自由化的一般工具，虽然对多边投资协定的分析需要结合贸易和投资条款，可能会出现协定的目的发生某种转变的风险，但促进和保护外国投资的投资协定意图并没有失去动力，在发展中国家之间，甚至在发达国家之

---

① Saluka Investments B.V.v.Czech, paras. 297.
② 杨慧芳：《外资待遇法律制度研究》，中国人民大学出版社2012年版，第176页。
③ 参见杨慧芳《外资公平与公正待遇标准的要素评析》，《法学评论》2009年第3期。
④ 徐崇利：《公平与公正待遇：真义之解读》，《法商研究》2010年第3期。
⑤ See Carlos G.Garcia, "All the Other Dirty Little Secrets: Investment Treaties, Latin America, and the Necessary Evil of Investor-State Arbitration", *Florida Journal of International Law*, Vol.16, 2004, pp.301-333.

间吸引外国直接投资的竞争仍然持续存在。投资协定通常具有双重目标：第一，保护外国投资，避免由于作为外国人这样单纯的事实而产生风险，防止东道国家将外国资产国有化或因改变法律而对外国人或者投资产生不利后果。第二，投资协定包括创造友好的投资环境，以鼓励私人资本的流动，东道国不仅应将外国资本视为资本来源，更应该视为可能促进其国家发展的有力工具。

公平公正待遇条款涉及投资协定促进和保护投资两个方面的目的。一方面，投资保护目的要求彻底解释公平公正待遇，就最大保护外国投资的角度而言，东道国政府的政策灵活性不大。另一方面，促进投资目的要求，则可以通过两种方式理解：或与投资保护目的（更多的保护，更多的促进）相关，对公平公正待遇采取彻底的、宽泛的解释；或暗示对公平公正待遇采取更严谨的解释路径，只保护有利于东道国发展的投资，保留东道国监管的更多灵活性。可见，公平公正待遇条款的目的解释法，不仅有助于查明该条款的内容，也暗示着建立两种可能方向相反的规范方式的可能。

2.目的解释法可协调多领域利益

目的解释法承认条约拥有一定的"成长空间"，关注条约真实的一般目的，因此，有学者认为，目的解释法有利于"公平公正待遇以合理的速度继续发展，不仅包括商业和国际投资法的不断变化，也可兼顾关注其他国际经济领域的话题发展"[①]。公平公正待遇的目的解释法在涉及人权、能源、环境等话题的投资争端中，能一定程度上平衡相互竞争的利益，为仲裁庭提供较优的裁决理由。

例如，ECT中公平公正待遇条款的目的解释法适用。ECT第10（1）规定："根据本条约的条款，每个缔约方为了促进其他缔约方的投资者在其境内投资，应该鼓励并且创造稳定、公平、有利和透明的环境。这类环境应包括在任何时候给予其他缔约方投资者的投资公平和公正待遇。这些投资者应享受最稳定的保护和安全，缔约方不能以任何方式通过无理的或歧视性的措施损害投资的管理、维持、使用、收益或处置。在任何情况下都不能低于国际法，包括条约义务所规定的待遇对待这些投资。"学

---

① See Bernali Choudhury, "Evolution or Devolution? Defining Fair and Equitable Treatment in International Investment Law", *Journal of World Investment and Trade*, Vol.6, 2005, pp.297-319.

者提出，ECT 中公平公正待遇条款中关于稳定的法律框架的内容，必须结合 ECT 的目的与宗旨来解释。根据 ECT 第 2 条规定，ECT 的目的首先是"根据宪章的目标和原则"，ECT 的标题"目标"提出，"应在国家主权和能源资源主权框架下"进行政治与经济合作。因此，法律框架的稳定要以尊重国家主权为前提，合作并不意味着东道国丧失其立法权。ECT 的宗旨和目的要求并不仅仅保护投资者，其目的是要在投资者和尊重东道国主权之间寻求一个平衡。[①] Plama 诉保加利亚案中，申请人提出保加利亚突然并且不公正地修改其环境法，对投资者造成损害，但政府排除了其应承担的国家责任。仲裁庭依据 ECT 的宗旨和目的，认为保加利亚作为主权国家拥有立法权，在本案中没有证据证明该法律修订是专门针对申请人的，且该修订并未违反申请人与东道国之间的协议，因此不构成对公平公正待遇条款的违反。

在一般 BITs 投资争端中，目的解释可对投资协定目的中不同领域利益的关系进行提示。例如，Tecmed 案中，仲裁庭提出 BIT 的序言说明双方意图增强对外国投资者的保护，以创造良好的投资环境，增进双方合作，最大化各方的经济资源。因此申请人在投资时的合理期待是墨西哥可适用于投资的法律，而墨西哥享有的监管、控制和惩罚等权力都是为了确保环境保护、公众健康和生态平衡目标而使用。但仲裁庭提出，需要注意政府的规制行为和措施是否和公共利益以及法律对投资的保护成比例。墨西哥政府机关在借用批准许可证的手段来清除所谓的和健康、环境保护有关的障碍时，其行为具有模糊性，这种模糊性是违反公平公正待遇条款的原因之一。

（二）目的解释法确定东道国义务

"公平公正"的"普通含义"难以确定，解释者无法达到始于文本而终于文本的分析，但具体的案情需要确定公平公正待遇的准确内容，因此，仲裁庭在裁决过程中不得不求助于条约的目的和宗旨来确定公平公正待遇的"普通含义"，并说明这些内容符合协定的目的和宗旨。NFTA 仲裁机制下，在 FTC 解释之前，目的解释的运用已经有所体现，非 NAFA 体制的仲裁庭不受 FTC 解释机制约束，更加倾向于目的解释法发现公平

[①] 参见马迅《〈能源宪章〉投资规则研究》，武汉大学出版社 2012 年版，第 109 页。

公正待遇的"普通含义",从而确定东道国在此含义之下的义务。[①]

例如,仲裁庭依据协定的"目的和宗旨",认为东道国行为不得妨碍投资者合理期待。Saluka 诉捷克案中,仲裁庭提出,条约的"目的和宗旨"可以从其标题和序言中辨别得出。协定的标题是"荷兰王国与捷克和斯洛伐克联邦共和国之间关于鼓励和相互保护投资的协定",序言提到"缔约方,希望延长和加强它们之间的经济关系,特别是关于一缔约方的投资者在另一缔约方领土上的投资,双方认识到投资待遇达成协议,将刺激资本和技术的流动以及缔约方的经济发展,因此需要公平和公正的待遇"。仲裁庭进一步提出,序言将"公平和公正待遇"直接与刺激外国投资和缔约双方的经济发展联系起来,这是对条约目标的一种更加微妙和平衡的声明,保护外国投资不是"条约"的唯一目的,而是鼓励外国投资和扩大,加强双方经济关系的总体目标的必要因素。这反过来要求对"条约"保护投资的实质性条款的解释采取一种平衡的做法,因为夸大对外国投资的保护的解释可能阻碍东道国接受外国投资,从而破坏整体扩大和加强双方经济关系的目的。从这个角度看,"条约"规定的"公平和公正待遇"应当被理解为"如果不积极刺激外国投资资本的流入,至少不会通过向外国投资者提供抑制力来阻止外国资本"。投资者作出投资的决定是基于对投资时的法律状况和全部商业环境的评估,以及投资者期望投资后东道国行为的公平和公正。因此,"公平公正待遇"与合理期待的概念密切相关。根据第 3.1 条所载的"公平公正待遇",捷克共和国必须承担避免投资者的合理期待受到挫折的义务。外国投资者的期望当然包括在东道国观察到诸如诚意、正当程序和不歧视等基本标准。但是,仲裁庭认为,虽然它赞同这些类似声明的总体主旨,但是如果它们的措辞太字面意义,将强加东道国的义务,这是不适当和不切实际的。此外,"条约"保护外国投资不受不公平和不公正待遇的范围不能完全由外国投资者的主观动机和考虑决定。为了使投资者得到保护,投资者的期望必须根据具体情况提高到合法性和合理性的水平。因此,没有投资者可以合理地期望投资时的情况完全不变。为确定对外国投资者期望的挫败是否公正和合理,还必须考虑东道国基于公共利益规范国内事务的合法权力。最后,仲裁庭总

[①] 参见陈安主编《国际投资法的新发展与中国双边投资条约的新实践》,复旦大学出版社 2007 年版,第 62 页。

结提出,"条约"第 3.1 条中的"公平和公正待遇"必须根据条约的目的和宗旨进行解释,以避免捷克共和国的行为明显地对外国投资者不利。因此,捷克共和国在不损害其采取保护公共利益的措施的合法权力的情况下,承担对外国投资者的投资以不妨碍投资者基本合法和合理期待的方式进行处理的义务。[①] 类似的还有 Lemire 诉乌克兰案,其与 Saluka 案的解释过程几乎相同,差异仅在于并没有明确指出协定序言是协定之目的载体。Lemire 案的仲裁庭提出,条约必须按照《维也纳条约法公约》解释,本公约第 31.1 条规定,条约中使用的用语必须"在其上下文中"解释,为此目的,仲裁庭求助于双边投资协定序言,其中规定"为了保持稳定的投资框架,必须公平公正地对待投资",并得出结论认为,公平公正待遇与合理期待的概念密切相关。[②]

仲裁庭依据协定的"目的和宗旨",认为东道国行为不得阻碍投资者的合理期待,并满足透明度义务。例如,MIT 诉智利案的仲裁庭认为,根据协定公平公正待遇必须以最有利于实现协定目标的方式进行解释,以保护投资和创造有利于投资的条件。协定序言提出,"缔约各方希望为投资者在缔约另一方领土上的投资创造有利条件",承认"需要保护缔约双方的投资者的投资,并刺激投资流动和企业积极性,以实现缔约双方的经济繁荣"。因此,公平公正待遇条款被定为积极主动的声明,如"促进""创造""刺激",而不是处罚国家的被动行为或避免对投资者的偏见行为。最后 MIT 援引 Tecmed 案仲裁庭对公平公正待遇的概念描述,认为公平公正待遇包含东道国保护投资者合理期待和透明度义务。[③] Metalclad 案中,仲裁庭首先分析 NAFTA 第 102 条第 1 款的条约目的,认为 NAFTA 的一个潜在的目的就是"促进和增加跨境投资机会,保证投资计划的顺利实施",并指出该条款包括透明度原则,由于墨西哥政府的政策和法律缺乏透明度,因而也违反了公平公正待遇。[④]

仲裁庭依据协定的"目的和宗旨",认为东道国有保证稳定的法律及

---

① Saluka Investments B.V.v.Czech, paras. 299-309.

② Joseph Charles Lemire v. Ukraine, ICSID Case No. ARB/06/18, Award, March 28, 2011, para. 69.

③ MTD Equity Sdn.Bhd.and MTD Chile S. A. v.Chile, paras. 107-115.

④ 陈安主编:《国际投资法的新发展与中国双边投资条约的新实践》,复旦大学出版社 2007 年版,第 62 页。

商业环境的义务。例如 OEPC 诉厄瓜多尔案中，仲裁庭指出，尽管美国—厄瓜多尔 BIT 并未对公平公正待遇加以清楚界定，但其序言规定："为了给投资维持稳定的体制以及最有效地利用经济资源，双方同意给予投资公平与公正待遇。"[1] 因此，仲裁庭认为，公平公正待遇条款中要求东道国不改变投资时的法律和商业环境。本案中，厄瓜多尔在投资者做出重大投资之后修改了税法，且在改变税法时未就其含义和内容进行明确说明，因而违反了公平公正待遇。CMS 案、Enron 案与 OEPC 案的解释路径几乎完全一致：均认为依据协定的序言可以得出稳定的法律及商业环境，是公平公正待遇的核心要求。阿根廷政府根据《紧急状态法》所采取的措施确实完全改变了投资所赖以存在的法律及商业环境，而且与申请人有关的收费制度、汇率以及调整机制已经难以恢复。因此，阿根廷应当承担违反公平公正待遇的责任。[2]

（三）目的解释法的有限性

1.目的解释法的非充分决定性

目的解释法首先确定条约的目的是什么，然后引入实现条约目的所"必需"的因素，为仲裁庭解释公平公正待遇确实提供了指引。因为有关投资协定的谈判很少产生可作为补充解释手段的解释性报告，即使发现且这种材料可用，也无法提供一个公平公正待遇适用的公式，仅是表明谈判各方也不知道公平公正待遇的确切含义。[3] 因此，目的解释法更多是显示公平公正待遇义务的外部轮廓。对于那些笼统而且含糊的公平公正待遇条款，当仲裁员面对条款内容的选择时依然拥有个人主观意志决定的空间，目的解释法提供的方向不足以充分地决定裁决结果。

例如，Lauder 和 CME 案，是具有相同案情、相关的当事人和相似投资权利的投资争端，裁决结果却不一致。两个仲裁庭都认为，因为 BIT 中对公平公正待遇并未做出明确解释，而"条约"序言部分表示，缔约方同意"为了维持稳定的投资框架和最大限度有效利用经济资源，应公平

---

[1] Occidental Exploration and Production Co.v.Ecuador, para.183.
[2] 杨慧芳：《投资者合理期待原则研究》，《河北法学》2010 年第 4 期。
[3] 例如，Aguas del Tunari SA v.Bolivia, ICSID Case No.ARB/02/3.此案仲裁庭认为，稀少的谈判历史对所讨论的双边投资条约的各方面意义没有额外的洞察力，既不具体确认也不会使仲裁庭解释产生矛盾。

和公正地对待投资"。因此,在 BIT 的背景下,"公平和公正"很大程度上取决于具体案件的事实背景。Lauder 案中,仲裁庭认为案中传播委员会的职责在于保证《传播法》得以遵守,"管理机构采取必要的行为执行法律时,不得存在任何不一致的行为,即使没有明确规定其不能这样做"。Lauder 案仲裁庭并没有发现可归咎于传播委员会的,阻碍了 CET 21 和申请人之间合同关系的任何不一致的行为,因此,仲裁庭否认存在违反公平公正待遇的行为。① CME 案仲裁庭则认为,② 1993 年投资者与传播委员会签订的分离式结构的法律协议,创造了投资者的合理期待,虽然东道国提出,其传播委员会对投资者做出的修改许可证持有方式的行为,也一致地适用于其他服务提供者,但这与 1993 年的协议无关,是否违反公平公正待遇不是看行为是否一致地适用于其国民,而是要适用于国际法所接受的标准。因为传播委员会对外国投资者进行投资所依赖的协议作出根本性改变,从而东道国违反了公平公正待遇等义务。③ 两个仲裁庭依据 BIT 的序言,都认为公平公正待遇要满足维持稳定的投资框架的目的,但对于具体案件中行为是否违反了目的要求的判断并不一致,最终结果也不一致。

2. 目的解释法可能使东道国权益受损

目的解释法有助于查明条款内容,同时也暗示着建立两种方向可能相反的规范方式的可能。如果仲裁庭认为促进投资意味着对投资者更多的保护,投资协定强调的是投资者利益的保护,进而忽视东道国在管理社会、经济的权力前提下实现吸引外资的真正目的,公平公正待遇条款的目的解释法可能导致东道国权益受损。

例如,阿根廷天然气行业系列仲裁案中,仲裁庭对阿根廷违反公平公正待遇的裁决,主要基于以下的理由:根据《维也纳条约法公约》的规定,应当根据缔约国签订协定的目的,即根据 BIT 的序言来确定公平公正待遇的具体含义。由于美国—阿根廷 BIT 的序言要求东道国保持稳定的经济法律环境,因此东道国稳定的经济法律环境构成公平公正待遇的核心要

---

① Ronald S.Lauder v.Czech, paras. 209-304.

② CME Czech Republic BV v.Czech, UNCITRAL, Final Award, March 14, 2003, paras. 457-611.

③ 因为 CME 案的仲裁裁决与 Lauder 案的仲裁裁决几乎完全相反,捷克立刻向仲裁所在地的瑞典 Svea 上诉法院提起撤销裁决之诉,法院于 2003 年 3 月 15 日作出裁决驳回请求。

素或者内容。而且，仲裁庭认为东道国的主观目的不构成判断其行为是否违反公平公正待遇的标准，即使东道国采取的措施以社会福利为目标，由此给投资者造成投资损失，东道国也应当承担赔偿责任。因此，除了2008年Continental Casualty案的仲裁庭裁定阿根廷经济危机措施构成BIT所述的紧急情况，阿根廷可以免除承担违反公平公正待遇的义务之外，Enron案、Sempra案、Suez案、CMS案、LG&E案的仲裁庭都裁定阿根廷违反公平公正待遇。①

而且，仲裁庭一般认为，根据协定目的认定公平公正待遇与投资者的期待紧密相连，为了方便适用公平公正待遇条款，仲裁庭对投资者期待的依赖越来越强，不断扩大"期待"的内容，使仲裁庭创设了影响东道国公共管理部门以及立法部门的行为要求，这种要求是否构成对东道国宪法安排的霸道碾压，也引起了广泛讨论。②

3. 目的解释法充当"法官造法"的桥梁

目的解释法为理解公平公正待遇条款提供了部分内容或者义务轮廓，如上文所提及的投资者期待，仲裁庭就一项期待合理与否做出决定，至少部分受仲裁员不同文化传统或主观信念的影响。从"法律权利的保护走向合理期待的保护，这确实意味着一个更为主观的决定，这一决定与经常适用的规则在一定程度上是分离的。""这些导致国家责任的规则不是基于国际法，而是来源于英美行政法中的概念"，尤其是对透明度和稳定的法律和商业环境内容的提及，使仲裁庭将对东道国行政机关行为的评判，扩展至公共领域内事项的决策，如税收、水、天然气供应、移民、媒体监管、进口许可证等领域。而条约中规定仲裁庭无权评价国内行政机关行使处理权的方式。③

因此，许崇利教授提出，公平公正待遇内容的界定不属于国家同意基础之上的"国家造法"，而是从判例中演绎出来的"法官造法"。④ 以目的解释方法为基础引申出对公平公正待遇内容的讨论与适用，使公平公正

---

① 参见刘京莲《阿根廷国际投资仲裁危机的法理与实践研究》，厦门大学出版社2011年版，第133—135页。
② 参见杨慧芳《外资待遇法律制度研究》，中国人民大学出版社2012年版，第179页。
③ 杨慧芳：《外资待遇法律制度研究》，中国人民大学出版社2012年版，第194页。
④ 参见徐崇利《公平与公正待遇：真义之解读》，《法商研究》2010年第3期。

待遇的仲裁活动并非仅是裁决,而已经是法律制定的一部分。如果公平公正待遇条款本身依然保持含糊和不做任何限定,这种"法官造法"可能在短时间内无法消除。

三 整体解释法

(一) 条约的整体解释法

整体解释法指解释条约时既要把某一国际条约的具体法律规范(条约的具体实体义务或权利的条款)同其他相关法律规范联系起来,从该规范在整个条约、与该条约相关的条约群、该条约涉及的特定领域所有条约构成的体系中的地位、作用、特性来阐明该法律规范的含义,也要考虑该规范制定的特定历史背景、历史发展及与其相关的记录文献,以及与其相关的其他特定规范在特定背景下的含义。整体解释法既要考虑法律文本本身,也要考虑法律文本的发展及其修正;既要考虑过去,也要考虑现在。整体解释法符合国际法解释方法的主要特征,即趋向于允许解释者发现有助于识别满足双方共享期待的任何事情,并在世界公共秩序框架中设定解释的整个过程。[1]

整体解释法源于《维也纳条约法公约》所确定的解释通则。国际法委员会指出,条约解释是一个统一体,从而《维也纳条约法公约》第31条第2项规定的"上下文"一词意指使该项中所提及的一切解释因素(条文内在因素),都同第1款规定的"上下文"一词连接起来,而使这些因素都并入第1项规定内。同样,该条第3款规定开头"应与上下文一并考虑的"的表述,也是要求把该项规定列举的一些因素(条文外在因素),都并入第1项规定内。第31条列举的权威解释因素与第32条列举的补充解释资料之间并没有严格的界限,第32条的使用补充解释资料以"证实"由于适用第32条所得到意义,使第31条和第32条之间存在一般联系并维持了解释程序的统一性。[2] 可见,《维也纳条约法公约》要求的解释最本质的是要遵循"整体"解释原则。

---

[1] 马忠法:《论条约的整体解释法——以美日欧诉中国稀土等产品出口措施案为例》,《当代法学》2014年第4期。

[2] 参见李浩培《条约法概论》,法律出版社2003年版,第351—352页。

(二) 适用整体解释法的必要性

1.不断扩展的解释内容遭遇批评

无论是哪一种"解释规则",对公平公正待遇条款的解释过程都应是善意地予以运用,使其发生符合缔约目的应有的合理效果,借以伸张国际正义,促进国际合作。① 投资协定的实质是缔约方权利义务的平衡,解释时应探求缔约方缔约时的共同意思,然而公平公正待遇解释中,仲裁庭一度不断扩展其所包含的内容,给予投资者更高的保护标准,导致东道国被强加过度的义务,这违背了协定缔约时权利义务的平衡初衷。仲裁庭的这种显失公平的解读让部分东道国感到愤怒,玻利维亚、厄瓜多尔以及委内瑞拉先后退出《华盛顿公约》。② 这些国家的退出,被视为发展中国家对ICSID处理投资争议时所采取方法日益增长的焦虑。学者甚至提出,仲裁庭对公平公正待遇内容的扩张解释,使其产生可以弥补和修正BIT其他条约的功能,成为国际法的"帝王条款"。这种超级条款的解释,不但从理论上对国际投资法性质产生了重大冲击,也严重损害了东道国管理外资的主权。③ 因此,基于投资者和东道国利益进行平衡保护的现实需求,要求解释者首先识别满足双方共享期待的利益共同点,在整体考虑基础上进行解释。

2.整体解释法可充分考虑投资协定的工具性

投资协定实际上旨在成为外国投资者打开国内市场的工具,为众多发展中国家或者转型经济体国内的某些产业私有化提供途径,使外国投资者可以向这些实体投资。"私有化……需要非常稳定和有秩序的投资环境,BIT有意识地在正在发展中的资本输出国寻求接近最低限度的法律、行政和规制框架,而该框架能够培养和支持在已经实现工业化的资本输出国的投资。"因此,投资协定成为促进资本流动和全球化的工具,同时成为世

---

① 参见李浩培《条约法概论》,法律出版社2003年版,第361页。

② 从2015年7月1日起,印度尼西亚也终止了与荷兰签署的双边投资条约,阮葆光律师认为,印度尼西亚的行为很有可能是为了应对针对该国提起的10亿美元的仲裁请求。中国国际贸易促进委员会:《国家投资争端解决去向》,http://www.ccpit.org/Contents/Channel_3528/2015/0818/480052/content_480052.htm,2020年3月22日。

③ 参见徐崇利《公平与公正待遇标准:国际投资法中的"帝王条款"?》,《现代法学》2008年第5期。

界各国刺激当地经济和实现经济自由化的工具。① 投资协定的工具性，决定了投资协定中条款解释需符合资本流动和刺激当地经济发展的功能要求，为双方创造双赢的机会，而不是为了限制国家在行政、经济等事项中的行动自由，更不能成为投资者动辄挑战东道国主权，以期获得超高标准保护和其他利益的工具，而对公平公正待遇内容无限制的扩张，正是充当了这种工具。整体解释法可充分考虑投资协定的特性来阐明公平公正待遇的含义，对公平公正待遇内容做出限制性解释，符合投资协定的工具性特征。

（三）整体解释法的运用

1.整体解释法支持援引先例

仲裁庭裁决是国际法的补充和间接渊源。《国际法院规约》第 38 条规定，在第 59 条规定②之下，法院应适用司法判决作为确定法律规则的补助办法。由于法官不制定法律而只适用现行的法律，因此，法院虽然不可认为它以前的判决视为有拘束力，但这些判决常被用作辩论和判决的依据，这些司法判决的权威和说服力有时使它们在形式上享有更大意义。③

可见，国际投资仲裁庭的裁决仅对争议当事方具有拘束力，而不具有先例的效力。然而在国际投资争端解决的实践中，几乎所有的仲裁庭无一例外地援引其他仲裁庭先前裁决的理据和分析，甚至遵循先前的裁决。④ 为说明仲裁庭援引先例的理论基础，一种观点认为，国际裁决可作为国际法的补充来源。反对观点者提出，《维也纳条约法公约》提及的可以使用补充的解释资料仅包括条约准备资料及缔约的情况，《奥本海国际法》提及的补充解释方法也未涉及国际裁决。⑤

因此，仲裁中条款解释中先例的使用，更多的是一种"司法礼节"

---

① 参见［尼泊尔］苏里亚·P. 苏贝迪《国际投资法：政策与原则的协调》（第二版），张磊译，法律出版社 2015 年版，第 90 页。

② 《国际法院规约》第 59 条：法院之裁判除对于当事国及本案外，无拘束力。

③ ［英］詹宁斯、瓦茨修订：《奥本海国际法》（第一卷第一分册），王铁崖、陈公绰、汤宗舜等译，中国大百科全书出版社 1995 年版，第 24 页。

④ 银红武：《略论国际投资法的全球公共利益保护》，《湖南师范大学社会科学学报》2015 年第 3 期。

⑤ See Evan J.Criddle, "The Vienna Convention on the Law of Treaties in U.S.Treaty Interpretation", *Virginia Journal of International Law*, Vol.4, 2003, p.441.

(judicial comity) 或"默认尊重"(default deference), 其本意在于与具有相同背景的准司法机构进行对话, 并通过反复连接法律决定的过程消除法律上的不确定性。条约的解释, 是对一个条约的具体规定的正确意义的剖析, 消除条约规定的不确定性, 是条约得以善意履行之前提。①

整体解释法的本质在于允许解释者发现有助于识别满足双方共享期待的任何事情, 并在世界公共秩序框架中设定解释的整个过程。仲裁庭在公平公正待遇条款解释中援引先例, 通过对先例的评述发现不同裁决中对公平公正待遇认知的共识部分, 这种共识必然是投资者和东道国意见讨论之结果, 也部分反映缔约双方共同期许之意。因此, 即使《维也纳条约法公约》的补充解释资料并未提及国际裁决, 但整体解释法的本质要求是支持裁决援引先例对条款进行解释。

2.援引先例间接解释公平公正待遇

部分仲裁庭援引先前裁决的结论, 解释本案中公平公正待遇条款的内容。例如, Waste Management Ⅱ 案仲裁庭, 对 NAFTA 第 1105 条项下公平公正待遇条款的解释, 是援引 ADF 案、Loewen 案、S. D. Myers 案及 Mondev 案的裁决总结出来的, 而并非直接对 NAFTA 文本进行解读。Waste Management Ⅱ 案的界定随后被视为 NAFTA 公平公正待遇条款和其他 IIA 类似条款的标准定义, 被其他案件仲裁庭广为援引。②

非 NAFTA 下的仲裁庭对公平公正待遇条款解释也大量援引先例。例如, Saluka 诉捷克案提及 MTD 案中对公平公正待遇"通常含义"的解释, 认为根据这种和类似的定义, 公平公正待遇的含义不能超出 S.D.Myers 案的陈述, 即"以这种不公正或任意的方式进行处理, 使处理上升到从国际角度看是不可接受的水平"。提及保护投资者的合理期待, Saluka 案援引 Tecmed 案、CME 案、Waste Management 案中投资者合理期待的含义, 同时援引 OEPC 案的陈述, 说明"外国投资者的期待当然包括在东道国观察到这种公认的基本标准, 如诚意、正当程序和不歧视"。在此基础上, Saluka 案仲裁庭认为投资者合理期待的保护须符合"必须根据情况提

---

① 参见李浩培《条约法概论》, 法律出版社 2003 年版, 第 334 页。
② 李庆灵:《国际投资仲裁中的缔约国解释: 式微与回归》,《华东政法大学学报》2016 年第 5 期。

高到合法性和合理性的水平"。①

3.援引先例促进公平公正待遇义务的逐渐明确

仲裁庭对先例的反复援引,使某些结论逐渐成为仲裁庭对公平公正待遇义务的"共识",仲裁庭援引先例中的结论从最初的辅助解释而"内化为"公平公正待遇的固有构成。

例如,Marion 诉哥斯达黎加案中,首先,仲裁庭指出,公平公正待遇已经被先前大量的仲裁庭界定过,根据这些先例,仲裁庭认为要证明哥斯达黎加违反公平公正待遇,申请人必须证明东道国存在法律的错误。仲裁庭援引了 Saluka 案仲裁庭关于上述问题的论断,指出原告必须出示确定被告行为或决定是"明显不一致、不透明或者不合理的(如一些不相关的合理政策)"的证据。其次,仲裁庭认为东道国可因"保护公共健康、安全、道德或福利以及有关税收和政策权力的其他国家功能"而享有例外,并援引 S.D.Myers 案的结论"应尊重国家享有对其境内事务具有管理权,这些措施应该被视为合法"这一论断来支持其推理。最后,仲裁庭援引 LG & E 案和 Duke Energy 案,接受两案关于"法律和商业框架的稳定性""投资者的期待"是公平公正待遇核心要素的结论作为本案的主张。②

四 缔约国解释

上文可见,目的解释法极大地促进了公平公正待遇义务内容的确定,整体解释法注重已存案例的已证内容,并考虑东道国和投资者双方利益平衡,有利于产生争端双方都接受的公平公正待遇内容。因此,目的解释法和整体解释法是目前仲裁庭解释争议条款最主要的解释方法。然而,在现有的投资者—国家争端解决机制下,上述两种解释方法也给予仲裁庭过度的解释裁量权,仲裁过程中缔约国解释作用被严重忽视。

这种忽视引发两种后果:一种是缔约国无法接受仲裁庭的裁决结果,导致退出相关的仲裁协议。另一种后果则是积极的,缔约国认识到既然无法回避仲裁,不如修改那些语焉不详、措辞过于原则和空泛的投资协定条

---

① See Saluka Investments B.V.v.Czech, paras. 297-310.

② Marion Unglaube And Reinhard Hans Unglaube V.Republic Of Costa Rica, Case No.ARB//09/20, Award, May 16, 2012.

款，强化国家在协定解读和推行中的权威地位。后一种措施，显然是希望将投资协定条款的解释权从投资者—国家间仲裁庭转移到缔约国手中，从而影响仲裁裁判的最终结果。

进入 21 世纪，缔约国有意识地用更多的表述说明公平公正待遇。例如，美国—新加坡 FTA 第 15.5 条，延续将公平公正待遇限定在最低待遇标准之下的传统的同时，规定公平公正待遇包括"正当程序"和"拒绝司法"。除这种包括但不限于的描述形式，部分条款选择了对公平公正待遇内容进行列举的方式进行描述。2014 年 CETA 第 8.10 条"投资者和投资待遇"具体列举了公平公正待遇的内容。2014 年谈判完成的欧盟与新加坡 FTA 第 9.4 条列举了违反公平公正待遇的措施，更提出前述未列明的对待也可能构成违反公平公正待遇，但需缔约方根据本协定程序达成协议。

为加强缔约国解释对协定条款解释的影响力，协定缔约国还可在现有解释规则框架内通过各种途径形成有关条约解释的嗣后实践，对仲裁庭的解释实施制约。例如，2016 年中国—澳大利亚 FTA 的投资章节，只包含国民待遇和最惠国待遇条款，而将公平公正待遇条款留待后续的谈判补充，这种方式也被仲裁庭所接受。[1]

显然，通过依据缔约国解释限定公平公正待遇条款的理解，有两条途径：第一，修改公平公正待遇条款，具体化公平公正待遇内容；第二，针对原则化的公平公正待遇条款，缔约国之间达成条约解释或适用条款规定的嗣后协定。这两条途径都需要付出一定的成本。首先，大规模修改现有公平公正待遇条款并不现实。虽然具体化公平公正待遇条款内容是投资协定的发展趋势，但在缔约国之间达成一致必将经历艰难的谈判过程，尤其是资本输出国和输入国之间的谈判。其次，缔约国之间达成嗣后协定，也面临难以事先预见条款解释和适用所有问题的困境，尤其在多边条约的情况下，所有缔约国很难就协定某项条款的解释与适用形成一个共同行动，更多情况下是各自或小范围统一行动。[2]

---

[1] 例如，在 CME 诉捷克案中，就捷克—荷兰 BIT 第 8 条第 6 款的解释问题，捷克向荷兰提出磋商请求，两国最终达成一个"共同立场"，并最终为仲裁庭所采纳。

[2] 参见李庆灵《国际投资仲裁中的缔约国解释：式微与回归》，《华东政法大学学报》2016 年第 5 期。

"路漫漫其修远兮，必将上下而求索。"即使存在上述成本和不可避免的无法周全，为强化对仲裁过程的介入，缔约国已做出有益的制度尝试。例如，就约定争议事项，协定缔约国主管机构设置联合审查的前置程序，或提出仲裁过程中条约解释的问题需退回缔约国裁定。无论何种措施，均强调缔约国享有绝对优于仲裁庭的解释权，即便在案件审理过程中，缔约国据此做出的解释对仲裁庭仍然有约束力。①

强调缔约国解释的回归是协定解释权的再调整结果，这种调整也获得了国际组织的支持。"2011 年，联合国贸发会发布了一份文件，指出政府可以通过在起草投资条约、作为非争端方参与投资者—政府争端以及发布解释声明方面扮演更加积极的角色，从而'凭借其对自身缔结的条约的深谙程度，更加积极主动地维护自己的解释权以引导仲裁庭对 IIA 条款做出合理和可预见的解读'。"②

"青山缭绕疑无路，忽见千帆隐映来。"公平公正待遇的解释内容，是东道国缔结条款之初始料未及的。缔约国解释权回归，可最大限度地避免投资协定解释偏离条约缔结方的意愿，使公平公正待遇成为平衡保护投资者和东道国公共利益的正义条款。

本章小结

解释方法的选择，决定了投资者与东道国之间投资争议仲裁裁决后果的不同。依据《维也纳条约法公约》解释通则，条文解释应考虑适用于当事国间关系之任何有关国际法原则，公平公正待遇条款的解释需遵循国家主权原则、善意原则和可持续发展原则。鉴于严格的文本或者字义解释无法为公平公正提供准确的内容，仲裁庭在裁决过程中倾向于求助条约目的和宗旨来确定公平公正待遇的"普通含义"。然而，此类传统的文本解释和目的解释可能会导致适用公平公正待遇条款的后果的不统一性，产生

---

① 参见李庆灵《国际投资仲裁中的缔约国解释：式微与回归》，《华东政法大学学报》2016 年第 5 期。

② ［英］Anthea Roberts：《协定解释权的再调整》，李峻睿译，哥伦比亚大学维尔国际可持续投资中心，FDI 热点问题的观点。

file：///C：/Users/A/Downloads/No_113_-_Roberts_-_FINAL_-_CHINESE_version.pdf，2022 年 3 月 14 日。

不利东道国对的结果。条约的整体解释法，则有助于解释者识别缔约方共同期待的任何事情，并在世界公共秩序框架中设定解释的整个过程。整体解释法的运用，体现为仲裁庭在解释中对先例反复的援引，通过对先例的评述发现不同裁决中对公平公正待遇认知的共识部分，这种共识部分反映缔约双方共同期许之意，可实现公平公正待遇条款平衡保护之正义目的。公平公正待遇条款实现平衡保护更为重要的途径，是缔约国解释权的回归。投资协定解释权在仲裁庭和缔约方间进行程序性再调整，强化缔约国条款解释的权威地位，引导仲裁庭对条款做出合理和可预见的解读，是缔约国限制仲裁庭对公平公正待遇做出超越缔约原意的解释，最大限度实现平衡保护的程序性措施，也是公平公正待遇条款最引人瞩目的变革。

第四章 违反公平公正待遇条款的情形

"我努力使人们看见那些仅因其一目了然而不为所见的东西。"[1]

第一节 违反东道国正当程序义务

一 正当程序义务概述

正当程序（procedural fairness）或程序公平的思想根植于古罗马时代的"自然正义"（natural justice），近代和现代程序公正观念由此产生并完善于英国法，并为美国法所继承的"正当程序"（due process）思想形成和展开。[2] 美国1789年宪法修正案第14条中的正当程序条款（due process of law）规定，政府如果要剥夺人民的生命、自由和财产权利，必须通过正当的法律程序。《欧洲人权公约》第6（1）条规定，"在有关自己的民事权利和义务的决定或针对自己的刑事指控中，任何人均有权在合理的时间内、从一个依法建立的、独立和不偏不倚的仲裁庭中获得公正和公开的审理"。《欧洲人权公约》第6（1）条与英国的自然正义和美国的正当程序条款的共同之处，都是要求决定过程的及时、独立和不偏不倚。[3] 各个国家或者国际组织对程序公平要求的细节可能表现出相当大的差异，但是程序公平性在任何情况下都旨在为个人提供公平的机会参与行政决定，确保决策的完整性。

公平公正待遇的一个重要方面是在外国投资者和东道国之间的程序关系中体现公平，遵守公平程序有助于法律制度的合法性和稳定性，程序公

---

[1] 苏力：《制度是如何形成》，北京大学出版社2008年版，第131页。
[2] 参见李祖军《论程序公正》，《现代法学》2001年第3期。
[3] 徐亚文：《欧洲人权公约中的程序正义条款初探》，《法学评论》2003年第5期。

正是公平公正待遇追求正义的主要途径。仲裁庭通过将行政正当程序和司法不公的概念纳入公平公正待遇，体现国际投资协定对程序公正的追求。例如，美国2012BIT范本第5（a）条规定，公平公正待遇包括世界主要法律体系中的正当程序原则，不在刑事、民事、行政司法程序中拒绝司法（denial of justice）的义务。整体而言，公平公正待遇中的正当程序义务要求东道国确保司法公正（或广义上的不得拒绝司法），即禁止东道国拒绝司法、程序不当及判决不公，而且还要求对待投资者的行政程序公正合理。①

二 违反禁止东道国司法不公义务

（一）司法不公的含义

奥本海将司法不公定义为："如果一个国家的法院或其他适当的仲裁庭拒绝受理关于救济一个外国人遭受损害的诉讼，或者诉讼受到不应有的延迟，或者如果在司法中存在严重的缺陷，或者发生法院明显或有意地错误适用法律以致加害外国国家或其国民的行为，就构成'司法不公'。"②

何为司法不公之形式？学术界尚无统一说明。联合国贸发会的报告指出，以下形式被认为涉及司法不公：（a）无法诉诸司法和法院拒绝作出决定；（b）不合理地拖延诉讼；（c）法院缺乏独立性；（d）未能执行最后判决或仲裁裁决；（e）法官腐败；（f）对外国当事人的歧视；（g）违反基本的正当程序保障，例如未能通知诉讼程序和未能提供机会陈述。司法不公是一个弹性很大的概念，其范围可能包括某个具体案例中的程序性错误，也包括一国整体司法程序在制度层面的缺陷，因此无法准确和详尽地界定司法不公的形式，但人们普遍认为，只有"粗暴或明显的不公正"现象被视为司法不公，简单的错误、误解或误用国内法本身并不等于剥夺正义。③

东道国违反禁止司法不公是否需承担国际责任的讨论，涉及当事人是否用尽当地救济。用尽当地救济是国际社会经过长期实践之后获得普遍接

---

① 陈安主编：《国际投资法的新发展与中国双边投资条约的新实践》，复旦大学出版社2007年版，第64页。

② [英]奥本海：《奥本海国际法》，詹宁斯、瓦茨修订，中国大百科全书出版社1999年版，第423页。

③ UNCTAD, *Fair and Equitable Treatment*, UNCTAD Series on Issues in International Investment Agreements II, New York and Geneva, 2012, p.80.

受的一项习惯国际法规则。根据这项规则，一个人（自然人或法人）在外国如认为其合法权益受到侵害，就必须利用当地提供之一切救济方法，包括司法、行政和立法诸方面的救济方法，直到用尽这一切方法之后，其本国才可以为他行使外交保护。国家只能在受害的本国国民已经利用所在国一切可以利用的救济方法而仍然不能获得合理补偿的情况下，才能对该国政府提出赔偿要求，除非该国的国际不当行为直接侵害了本国的利益，或者两国之间另有相反的协议，或者存在其他某些特殊情况。[①] 国际投资领域中的用尽当地救济指当外国投资者与东道国政府或企业、个人发生争议时，应将争议提交东道国的行政或司法机关按照东道国的法律予以解决，在未用尽东道国的法律对该争议仍然适用的所有救济手段之前，不得寻求国际程序解决，该外国人的本国政府也不得行使外交保护权，追究东道国在国际法上的责任。[②] 国际投资仲裁中，公平公正待遇中司法不公的判断也围绕使用该条款之前是否需要用尽当地救济进行讨论。

（二）违反禁止司法不公义务的仲裁判断

1.违反禁止司法不公的主要形式

1999年裁决的Azinian诉墨西哥案，是NAFTA下关于司法不公的第一起实质性争端。此案的意义在于仲裁庭对司法不公的主要形式进行了总结，后续涉及司法不公的判例审查基本都是以Azinian案为基础。[③]

Azinian案中，美国投资者与墨西哥地方政府签订了《特许经营合同》。1994年地方政府议会向申请人宣布合同无效，随后申请人向州行政法院请求裁决市议会宣告合同无效的行为，州法院驳回申请人的诉求，后申请人又向墨西哥境内的上级法庭上诉，但均被驳回。申请人认为东道国违反了NAFTA第1105条。该案争议在于墨西哥当局做出的被墨西哥法院确认的特许经营合同的效力问题，申请人基于特许经营合同提出仲裁请求，而墨西哥法院抗辩说该合同无效。申请人提出，墨西哥法院没有适当处理合同违约问题，因此存在司法不公。仲裁庭认为这是一个关于法官如

[①] 参见陈致中《国际法院与国际经济争端的解决》，《中山大学学报》1994年第3期。

[②] 兰花：《用尽当地救济原则与国际投资争议解决》，《河南省政法管理干部学院学报》2002年第6期。

[③] Robert Azinian and others v.Mexico, ICSID Case No.ARB (AF) /97/2, Award, November 1, 1999.

何适用法律的问题,因此驳回了这项主张。仲裁庭提出,违反 NAFTA 第 1105 条可能是由于司法不公,并解释"如果有关法院拒绝受理诉讼,如果他们不适当地拖延,或者他们以严重不足的方式管理司法,可能构成司法不公。……"

可见,Azinian 案认为司法不公可能涉及以下四种情形:(1)有关法院拒绝接受诉讼;(2)法院不当拖延诉讼;(3)法院管理司法方法严重的"不充分";(4)法院法律适用是明确恶意的。① 即本案中单纯合同处理行为并不足以构成司法不公的诉因,只有在缔约国拒不受理合法诉讼、过分的迟延、严重的欠缺公正或者显然恶意地曲解法律,从而违反公正对待作为投资人的其他缔约国国民的国际义务时,才构成公平公正待遇中司法不公的诉因。同时,Azinian 案仲裁庭提出,国际仲裁庭不是判断东道国国内法院的上诉法院,显然,Azinian 案仲裁庭认为,无论投资者是否诉诸当地救济皆可适用公平公正待遇条款。

2.违反禁止司法不公的审查无须投资者用尽当地救济

2002 年裁决的 Mondev 案涉及判断司法不公的程度要求。加拿大投资者 Mondev 公司与美国波士顿市、波士顿再开发局签订了《商业房地产开发合同》。申请人以波士顿市政府违反合同以及再开发局故意干涉合同为由起诉至马萨诸塞州法院,法院将侵权判决搁置,因为依据马萨诸塞州法令,再开发局享有豁免权。Mondev 对这种豁免提出上诉。上诉程序中,马萨诸塞州最高法院肯定了再开发局的侵权豁免,并且撤销了波士顿市政府违约的初审判决。州最高法院驳回了 Mondev 请求调取案件进行复审的申请。Mondev 声称州最高法院驳回上诉,维持再开发局责任豁免权违反了公平公正待遇。②

Mondev 案遵循 Azinian 案中所采用的推理。Mondev 案的仲裁庭首先强调,"NAFTA 仲裁庭并没有作为上诉法院的职能"③,"国家法院裁决的不公正是否达到令人惊讶或令人震惊的程度与司法适当性的结果存在合理的关系"④,而且,仲裁庭指出:"根据 NAFTA,司法不公和用尽当地补

---

① Robert Azinian and others v.Mexico, paras. 102-103.
② Mondev International Ltd.v.United States of America, paras. 35-55.
③ Mondev International Ltd.v.United States of America, para. 126.
④ Mondev International Ltd.v.United States of America, para. 127.

救办法规则是互相关联和不可分割的关系并不真实。"① "习惯国际法上，没有任何权威理由表明政府当局能因为侵权行为，或者连续性的国际违法行为而负有责任，当局的法定豁免权并不违反 NAFTA 第 1105 条第 1 款的规定。仲裁庭并不认为给予政府机关部门法定豁免权，构成了对 NAFTA 第 1105 条第 1 款的违反。"② 就东道国的司法不公是否达到令人惊讶或令人震惊的程度，仲裁庭认为："'惊讶'一词并非独立存在，判断的标准不是特定的结果是否令人吃惊，而是这种惊讶或者震惊是否会引起公正的仲裁庭关注结果的司法妥当性。"③ 仲裁庭提出："州最高法院援引 1954 年宣判的 Leigh v.Rule 的先例是存在疑问的，但即便如此，作出的本案判决仍未超出判例法规定的合理审判范围。同样，对于州高级法院引用的'方角'原则（square corners rule），可能存在疑问，但法院并未单独以该原则作为判决的依据，做出本案的判决仍未超出判例法规定的合理审判范围，不意味发生了司法不公，故其做出的判决合法。"④

Mondev 案的观点主要有两点：其一，认为司法不公的审查无须考虑是否用尽当地救济；其二，NAFTA 第 11 章旨在提高真正的保护措施，因此，国际层面上，在考虑普遍接受的司法实践标准以后，仲裁庭可根据所有已经掌握的事实认定被投资者指责的决定明显不当、不甚光彩，并使投资者受到不公平、不公正的对待。⑤

3.违反禁止司法不公的审查需投资者用尽当地救济

与 Mondev 案不同，2003 年裁决的 Loewen 案则坚持对东道国是否违反禁止司法不公义务的审查，要求投资者用尽当地救济。案中，加拿大投资者 Loewen 依美国地方法律必须提交 6.25 亿美元保证金，申请人无力支付该笔保证金，向密西西比州最高法院提出请求减少和免除该保证金，但遭到拒绝。申请人濒临破产，无奈与本地公司达成和解协议，放弃上诉。Loewen 提出：第一，高于赔偿金 125%保证金的规则，是在 19 世纪颁布的，不仅过时且显然荒谬。第二，法官没有在审判中给予适当的陪审团指

---

① Mondev International Ltd.v.United States of America, para. 96.
② Mondev International Ltd.v.United States of America, para. 154.
③ Mondev International Ltd.v.United States of America, para. 126.
④ Mondev International Ltd.v.United States of America, para. 134.
⑤ Mondev International Ltd.v.United States of America, para. 127.

示，以遏制对方律师的不当言论，① 拒绝告知陪审团歧视性言论违反宪法，法官对陪审团因此产生的误导和不当影响视而不见。② 因此，申请人认为美国国内法院的审判及判决构成了司法不公，违反了东道国应当给予外国投资者的公平公正待遇。

Loewen 案的仲裁庭指出，涉及违反地方法律，对外国诉讼当事人具有歧视性，构成剥夺正义的明显不公正足以违反司法妥当性的后果可能构成对第 1105 条的违反。东道国审判的程序缺陷及其结果是"明显不适当和令人怀疑的"，不能符合公平和公正的待遇。③ 根据国家法律的越权行为不被认为是充分的，其行为伴随着歧视性或恶意。东道国国内法院的行为符合所有这些要求。④ 然而，尽管有这样的不法行为，因为 Loewen 并没有充分追求当地补救办法，⑤ 仲裁庭拒绝了 Loewen 关于司法不公的索赔主张。⑥ 仲裁庭提出："司法不公的概念，包含了用尽当地补救办法的实质性要求：虽然对司法程序提出质疑，但不构成国际法意义上的司法不公的法院裁决，与国际法对国家规定提供公平和有效的司法制度的义务有关。这种要求的目的，是在国家对由司法裁决构成的违反国际法的行为负责之前，通过司法程序对下级法院的裁决提出质疑，使国家有机会通过其法律制度纠正由较低级别法院引起的违反国际法的法院裁决。"⑦ 仲裁庭指出，"申请人有义务用尽有效和足够的补救办法，并在申请人所处的情况下合理地获得补救办法"⑧。在本案中，尽管面临巨额的中止执行上诉保证金的要求，Loewen 在美国司法体系中仍然可以继续对密西西比州

---

① 本地企业律师提出了三项充满浓厚歧视色彩的陈述：（1）国籍差别，申请人是外国公司，本地企业是密西西比州本土的公司；（2）种族差别；（3）经济地位差别，申请人公司被称为实力雄厚的，向美国扩张的跨国公司，而本地企业是弱小的家族式企业。

② Loewen Group, Inc.and Raymond L.Loewen v.United States of America, ICSID Case No.ARB (AF) /98/3, Award, June26, 2003.

③ Loewen Group, Inc.and Raymond L.Loewen v.United States of America, paras. 134-135.

④ Loewen Group, Inc.and Raymond L.Loewen v.United States of America, para. 136.

⑤ Loewen Group, Inc.and Raymond L.Loewen v.United States of America, para. 217.

⑥ Loewen Group, Inc.and Raymond L.Loewen v.United States of America, paras. 241-242.

⑦ Loewen Group, Inc. and Raymond L. Loewen v. United States of America, paras. 153-156. Loewen 仲裁庭隐含地拒绝了 Mondev 仲裁庭的"司法不公和用尽当地补救办法并无真实关联"的观点。

⑧ Loewen Group, Inc.and Raymond L.Loewen v.United States of America, para. 168.

法院判决提起上诉,但由于其放弃了上诉,考虑密西西比州法院判决并非美国具有终审效力的判决,且存在其他的可以为申请人提供救济的替代途径,①因此并不能构成属于本仲裁庭管辖范围内的国家司法不公行为。②

对于申请人提出法官的行为不具有适当性产生司法不公,仲裁庭认为,东道国的整个庭审以及之后的裁判都是明显不当和不光彩的,不符合国际最低待遇标准与公平公正待遇,但是审判过程对于双方来说仅是司法程序中的一部分,应将美国的法院系统作为一个整体来看,考量剩余可行的司法救济程序之后才能确认被申请方违反 NAFTA 是否成立。仲裁庭最终驳回了申请人所有的索赔请求。③

三 违反行政程序公正合理义务

行政程序的正当性是一个难以准确界定的蕴含着主观色彩和道德评价的概念,什么是正当的行政程序是较难取得共识的问题。④从现有的裁决看,仲裁庭选择以"结果评价"的方式判断东道国行政行为是否正当。只有行政程序的不正当程度达到"令人震惊"的严重程度,或者并没有切实有效地为投资者提供维护权益的途径,才可以认为东道国的行政程序不正当,违反公平公正待遇。

例如,2006 年裁决的 Thunderbird 案的仲裁庭认为,投资者有充分的机会听取意见并提出相反的证据,从而否决了美国投资者提出东道国(墨西哥)未能提供正当程序违反公平公正待遇的诉求。⑤仲裁庭指出,并非所有程序上的不正当行为都有可能构成对公平公正待遇的违反,"仲

---

① Loewen Group, Inc.and Raymond L.Loewen v.United States of America, paras. 207-217.仲裁庭提出,至少理论上有两种替代方案:(1)根据美国国内法寻求破产保护,停止对 Loewen 的资产执行;(2)向美国最高法院提出诉讼请求,并寻求在美国最高法院暂停执行。仲裁庭认为 Loewen 案没有提供足够的证据来证明进行这些替代方案是不可接受的。

② 参见梁丹妮《洛文公司诉美国案分析》,《武大国际法评论》2006 年第 2 期。

③ 关于 Loewen 的裁决争议不休。批判者认为是非常明显的不公平,因为很难解释为何申请上诉所需的 6.25 亿美元的巨额保证金不是一个不利于投资者的程序性规则。支持者认为,仲裁庭最终判断需将某个国家作为一个整体,考虑其是否违反了所承诺的国际义务,基于此,Loewen 的裁决是合理的。

④ 江必新:《行政程序正当性的司法审查》,《中国社会科学》2012 年第 7 期。

⑤ International Thunderbird Gaming Corp.v.Mexico, paras. 197-198.

裁庭并不排除……程序可能受到某些违规行为的影响。相反，仲裁庭没有在记录上找到任何严重到足以震慑司法妥当性的行政违规行为，从而导致违反最低待遇标准。正如 Thunderbird 所承认的那样…… 应当根据适用于行政官员的适当程序和程序公正的标准来审查程序"①。

2006 年裁决的 ADC 案，也涉及东道国行为是否违反正当程序，其裁决的意义在于提出正当程序需为投资者提供真实、有效的维护权益的途径。针对塞浦路斯投资者提出关于匈牙利共和国没有提供正当程序的诉求，仲裁庭提出："正当程序要求为投资者提供实际和实质性的法律程序，使其可以对已经采取或即将采取的剥夺行动提出索赔。例如，一些基本的法律机制，如合理的预先通知，公正的审理和用以评估争议行为的公正无私的审判员，上述机制将随时可供投资者获取，从而使这种法律程序有意义。一般来说，法律程序必须具备这样的性质，以便在合理的时间内给予受影响的投资者合理的机会，主张其合法权利。如果根本没有这种性质的法律程序，那么'根据正当法律程序采取行动'的说法是空洞的。这正是仲裁庭在本案中所发现的。"② 仲裁庭认为，如果东道国当局正当地运用其监管权力，则必须为外国投资者提供获取其合法利益的机制。在这样的要求下，不仅有履行已经确立的程序保障的义务，而且需要在它们不存在的情况下创建这样的程序过程。

四 东道国正当程序义务的仲裁实践分析

正当程序是公平公正待遇传统的内容，是公平公正待遇中最早获得的共识。学者也提出，公平公正待遇主要与刑事、民事或行政审判中不拒绝司法的义务有关，其内容主要体现为世界各国主要法律体系中的适当程序原则，③ 正当程序义务被大部分协定纳入公平公正待遇条款也说明了其独立性和稳定性。然而，尽管仲裁庭经常提到司法不公或行政正当程序的概念，但是对于什么样的程序能被认为是公正的，统一的标准并没有出现。

---

① International Thunderbird Gaming Corp.v.Mexico，para. 200.

② ADC Affiliate Ltd. and ADC & ADMC Management Ltd. v.Hungary，paras. 435-445.仲裁庭就其关于征收诉求的推理说明了这一点，并认为这种办法同样适用于公平和公正待遇。

③ ［尼泊尔］苏里亚·P. 苏贝迪：《国际投资法：政策与原则的协调》（第二版），张磊译，法律出版社 2015 年版，第 65 页。

例如，Mondev案仲裁庭提出："最后的问题是，考虑到国际法上普遍接受的司法正义标准，仲裁庭可以根据所有可用的事实，作出被驳回决定显然是不正当和令人怀疑的结论，得出投资受到不公平和不公正待遇的结果。不可否认，这是个过于开放的标准，但实际上可能没有更准确的公式来涵盖所有可能性的范围。"①

正当程序义务的统一认定标准缺位，源于仲裁庭对自身裁决的功能定位。如同Mondev案等案例反复重申，仲裁庭不得作为国内司法或行政机构的上诉机构，仲裁庭不能对东道国设定特定形式的行政或司法程序。因此仲裁庭不愿因国家法律中普通程序性的不正当或所谓的缺陷而裁定违反国际法，仲裁庭会避免过度的对国内特定行政或司法程序具体内容进行讨论，倾向于选择客观方法（结果方法），将东道国行为作为一个整体考察，避免刻画具体的"正当程序"的要求和衡量东道国法官的酌处权。

正当程序义务无统一标准，使仲裁庭处理东道国法律制度提供的程序保障时，具有相当大的灵活性。仲裁庭在判断东道国行为是"简单误差"还是"明显不公正"时，可在具有倾向性的证据之间进行权衡，以平衡保护投资者和东道国利益。例如，如果程序上的缺点可以在国家法律制度内得到补救，就很难确定违反公平公正待遇；如果缺乏这样的补救过程，或者国家司法系统没有对投资者的诉求作出任何反应，就可确定司法不公或存在不正当程序；② 如果程序上的不正当行为与对外国投资者的某种其他形式的敌视或歧视相结合，那么由于不公平的程序而发生的违反公平公正待遇的情况更加容易确定。③

需要指出的是，虽然正当程序义务并无统一标准，但司法不公程度与用尽当地救济应纳入判断是否存在司法不公的考虑要素。如上文提及，仲裁庭不愿因国家法律中普通程序的不正当或所谓的缺陷而裁定违反国际法，为避免对国内特定行政或司法程序具体内容进行过度的讨论，纳入程

---

① Mondev International Ltd.v.United States of America, para. 127.

② 例如，Loewen仲裁庭认为，审判过程对于双方来说仅是司法程序中的一部分，只有考量剩余可行的司法救济程序之后才能确认被申请方违反NAFTA是否成立。

③ 例如，Loewen案的仲裁庭提出，根据国家法律的越权行为不被认为是充分的，必须伴随着歧视性行为或恶意行为。

度考量是从整体出发关注结果司法妥当性的必经途径。同时，鉴于平衡东道国与投资者利益的考虑，公平公正待遇中司法不公的考量应考虑投资者是否用尽当地救济。首先，用尽当地救济规则是公平的要求，要求投资者用尽当地救济，使东道国能够通过个人倡议下嗣后采取的行动，纠正原来违反国际义务要求之行为产生的后果，避免最终对国际义务的违反。其次，用尽当地救济是对东道国主权的尊重，发生违法行为的国家必须是追求补救的司法途径的第一选择对象。对投资者而言，前往东道国投资，应看作其表示同意接受该外国国内法的约束，所有投资者首先利用该国的救济程序也是理所当然的。① 最后，从经济角度考虑，国际裁决往往比国内诉讼更昂贵，当地解决成本较少。

第二节 违反保护投资者合理期待义务

一 合理期待概述

(一) 合理期待的界定

合理期待（legitimate expectations）的概念源于国内法，有认为是源于德国创造的"信赖保护"，② 指私人由于国家机关所实施的某项行为而对一定的事实或法律产生了正当的信赖，并基于这种信赖做出了一定的处分行为，国家对于私人的这种信赖应当提供一定形式和程度的保护。有认为合理期待的概念是英国公法中不断发展起来的一个和公正原则有关的概念，是政府与私人交往时具有确定性和可预见性，即如果行政主体引起相对人对未来行政主体的行为的正当期待时，那么行政主体应当满足这种期待。③ 合理期待的概念也存在于其他法律体系中，包括澳大利亚、荷兰、瑞士和欧盟，都有基于对法律确定性的理解，④ 即在行政行为的确定力、拘束力基础上产生相对人对政府的一种信赖，当行政行为被撤销时，可能产生对这种信赖关系的法律保护问题。

---

① 参见柳炳华《国际法》，中国政法大学出版社1997年版，第221页。
② 参见莫于川、林鸿潮《论当代行政法上的信赖保护原则》，《法商研究》2002年第5期。
③ 杨慧芳：《外资待遇法律制度研究》，中国人民大学出版社2012年版，第184页。
④ 荷兰、瑞士与德国行政法相同，这个术语称为"政府信赖保护"。

(二) 合理期待的保护方式

国内法对相对人合理期待的保护存在三种路径：

第一种，对合理期待的程序保护。即法院要求行政机关在改变先前的承诺或政策的时候，至少应当给已经产生合理期待的相对人提供最起码的程序保障。这包括由政府机构作出决定之前旁听的权利和在决策过程中进行陈述的权利，缺乏参与行政决策制定的机会，可能会导致赔偿，这种程序性救济是最基本、最没有争议的保护方式。[①]

第二种，法院提供的实体性保护。即直接支持原告获得其预期利益，要求行政机关不得改变，必须继续执行原先的承诺、决定或政策。实体内容的合理期待来源于法律确定性原则："保护合理期待根源于法治这一宪政原则，它要求政府处理公共事业的活动要有规律性、可预测性和确定性。""法院期望政府部门尊重它们自己作出的对公民的政策说明、表述或类似做法。由于不合理形式造成的不公平，与违反自然公正造成的不公平之间明显存在相似性。正是在后一种背景下，法院创造了合理期待原则，并使之成为主张实体性权利的根据。"[②]

第三种，赔偿性保护。如果行政机关先前做出的行政行为、承诺或政策是违法的，或者虽然是合法的，但实际上没有执行，对于那些因合理信赖上述意思表示并且已经做出和实施自己行为的无辜相对人来说，很可能会造成财产没有效益，不能得到预期的财产利益。对于上述损害，法院就应该考虑行政机关承担相应的赔偿责任，即提供赔偿性保护。[③]

(三) 保护投资者合理期待的考量

1.有助于当事人间利益平衡

虽然各个国家的合理期待概念存在差异，但合理期待的适用总是包含着一定程度的平衡过程。法院真正的角色并非限制行政机关的决策空间，而是在行政机关的改变与公民正当利益的保护间取得平衡。

[①] 参见余凌云《行政法讲义》，清华大学出版社2010年版，第94页。

[②] See De Smith, Woolf and Jewell, *Judicial Review of Administrative Action*, Canada: Thomson Professional Pub., 5th edition, 1995, p.417.

[③] 参见余凌云《行政法讲义》，清华大学出版社2010年版，第96页。

例如，英国著名的 Hamble Fisheries 案①中，为了分析是否存在合理期待，Sedley 法官要求有一个权衡的过程：第一，申请人的期待是否合理；第二，公共机关的首要政策考虑是否优先于这一期待。Sedley 法官指出："合理的期待不仅应受保护，而且在面临政策改变时将得到法院的支持……法院的使命不仅是要承认大臣有制定和调整政策自由所具有的宪法意义，而且同样重要的是，法院的职责是保护这些人的利益，即他们对不同对待的期待具有正当性，公正优先于给这些期待带来威胁的政策选择（公正优先）。"② Hamble Fisheries 案判决的意义在于提出，考虑变化后政策对申请人造成的影响是否"公平"时，法院必须进行一种平衡考量。

Coughlan 案的判决遵循了 Hamble Fisheries 案的部分观点。③ 如果法院认为公共机关合法的承诺或惯例已产生了不单是程序性的合理期待，而是对实体性利益的合理期待，那么法院要查明公共机关在恰当的情况下兑现合理期待的行为是否如此不公正，违背正当期待的决定是否已达"权力滥用"的程度。一旦能证明这一合理期待具有正当性，那么法院的任务就是对公正的要求与公共机关决定改变政策所依据的利益之间加以对比。④

英国剑桥大学彭布罗克学院公法中心教授 T.R.S.Allan 认为："坚持遵守既定规则，使官方决策的可预测性得到进一步提升，尽管可预见性可以

---

① Hamble Fisheries 是一家渔业公司。1987 年起，因信赖农渔部允许渔船间受管制鱼种捕捞执照可以移转、合并的政策，先后投资购买一艘大型拖网渔船与两艘已经取得执照的小渔船，准备将小渔船的执照移转到大渔船上。1992 年，农渔部为了减少捕鱼量，宣布停止受理执照移转与合并申请。Hamble Fisheries 以农渔部的政策改变侵害其因信赖原政策所既得之利益，且没有订立过渡条款等主张起诉至法院。

② 参见［英］彼得·莱兰、戈登·安东尼《英国行政法教科书》，杨伟东译，北京大学出版社 2007 年版，第 330—331 页。

③ 案情：1993 年，卫生局把老年患者迁移到一个新的疗养地，同时向他们保证，他们可以在那里随意选择居住期限。1998 年，该局决定关闭这个疗养地，并把这些患者迁到地方当局的护理中心。法院认为，终止在国家卫生服务中心的护理决定建立在对立法的错误理解之上。对患者的承诺已经创设了一个获得实体利益的合理期待。背弃对患者的诺言将十分不公平，以至于构成了滥用权力，且并不存在"压倒一切的公共利益"来支持背弃诺言的行为。

④ 参见［英］彼得·莱兰、戈登·安东尼《英国行政法教科书》，杨伟东译，北京大学出版社 2007 年版，第 330—335 页。

提高个体的安全性和自主性，为达到所需的重要目标的灵活性，可预见性有时也需要被牺牲"。①

可见，在合理期待的保护过程中，总是出现实现私人期望与立法者和公共当局实施适当与有效的法律和政策所需空间之间的平衡。这种平衡过程也出现在仲裁庭对公平公正待遇的判断之中，仲裁员需要在投资者期待与东道国监管权之间做出平衡。

2.有助于社会善治

合理期待原则的内在价值追求是使法律的稳定性原则进一步提高，即从制定法的稳定性、行政决定的确定力上升到行政习惯的拘束力。当然，法律确定性的探索反过来可能会限制行政行为和决策者的自由裁量权。合理期待给予个人实质性权利，促使政府机构确保向个人作出的表述，包括关于法律和政策的表述得到满足。如果合理期待得到了很好的保护，那么就能够"取信于民"，增加相对人对行政机关的信任和信心，反过来，又会促进相对人积极参与行政、协助行政、服从行政，形成良好互动关系。

3.有助于提高市场交易经济效益

从经济角度看，法的稳定性是理性交易的前提。经济行为只有在行为人可以依赖什么东西的时候才能得以实施。而在这个不断变化的世界中，法律是人们应该能够而且是最大程度上能够依赖的东西。如果法律能够保护合理期待，那么将会对交易的成本与效益产生有益的影响。这时经济人能够安全地依赖行政机关的意思表示，并且知道由此产生的预期是会受到法律保护的，那么，就能够降低收集信息的成本，更加有效地分配资源。②

投资者投资与否，是否投资于某一特定项目，是否在某一国家进行投资最终都取决于投资者期待从该项投资中获得的利益。仲裁庭将国内法中合理期待引申为投资者的合理期待，符合投资协定保护投资者利益的目的。③ 实践中仲裁庭也是通过目的解释法，引申出公平公正待遇包括保护投资者合理期待之义务，并通过反复的先例援引，使之成为公平公正待遇的内容共识。

---

① See T.R.S.Allan, "Legislative supremacy and the rule of law: Democracy and constitutionalism", *The Cambridge Law Journal*, Vol.44, No.1, March 1985, p.130.
② 参见余凌云《行政法讲义》，清华大学出版社 2010 年版，第 94 页。
③ 参见杨慧芳《投资者合理期待原则研究》，《河北法学》2010 年第 4 期。

二 违反保护投资者合理期待的仲裁判断

(一) 违反法律和商业体制的稳定性义务

1.主要相关仲裁案例

(1) OEPC 诉厄瓜多尔案

OEPC 案,是首个将投资者合理期待与东道国法律框架稳定性相关联的案例。美国投资者认为:"通过撤销投资者计划其商业和商业活动所合法依赖的承诺和存在的决定,厄瓜多尔挫败了 OEPC 投资赖以存在的合理期待,因此违反了公平公正待遇。"[1] OEPC 案仲裁庭依据投资协定的序言:"期望保持稳定和最大经济资源的有效利用",得出"法律和商业体制的稳定性是公平公正待遇的基本要素"的结论。[2] 仲裁庭援引 Metalclad 案和 Tecmed 案中关于合理期待的阐述,提出"厄瓜多尔的投资运作框架已经发生重要改变……但并没有公布关于这种改变的含义和程度的任何澄清,实践操作和规章也与这种变化并不一致。"[3] 厄瓜多尔税法的变化,是在 OEPC 进行投资之后发生的,改变了接受增值税退税的程序和条件,导致增值税费用的扩大。这些更改,导致 OEPC 产生是否有权获得这种退款的不确定性,OEPC 曾试图咨询税务机关以求澄清法律状况。然而,税务机关的回复并不明确。OEPC 案仲裁庭针对公平公正待遇条款的推理,并没有区分税法的立法变化和税务机关的行政行为,只是笼统地认为"当然有义务不改变投资进行中的法律和商业环境","不透明的税务法律变化以及税法适用没有提供公平公正待遇条款所要求的稳定性",最终裁决厄瓜多尔违反公平公正待遇。[4]

(2) 阿根廷系列案件

阿根廷系列案件的背景大致相同,均涉及阿根廷天然气部门政策框架的变化。CMS 案中,仲裁庭提出:"法律框架是否可能需要被冻结,这根本就不是一个问题,因为法律总是需要演变以适应不断变化的情况,需要

---

[1] Occidental Exploration and Production Co.v.Ecuador, para. 181.
[2] Occidental Exploration and Production Co.v.Ecuador, para. 183.
[3] Occidental Exploration and Production Co.v.Ecuador, para. 183.
[4] Occidental Exploration and Production Co.v.Ecuador, paras. 186-187.

讨论的是，法律框架的变化是否可以完全忽略已经做出的具体的相反承诺。"① CMS 仲裁庭承认法律框架发展的可能性，但认为阿根廷废除《货币可兑换法》，改变了投资者在投资决策中所依赖的法律框架的保证，从而改变了阿根廷的投资监管制度，违反了投资者的合理期待。LG & E 案的仲裁庭认为，投资者合理期待的特点如下："'期待'是基于东道国在投资时提供的条件；并非由当事方之一单方面建立；必须存在并可通过法律强制执行；在侵犯期待的情况下，东道国有补偿投资者损害的赔偿责任；投资者的公平期望不能不考虑诸如商业风险或行业规律模式等因素。"② 因阿根廷完全废除了为吸引投资者而建立的法律框架，仲裁庭裁定其违反公平公正待遇。③ Enron 案中，Enron 声称投资阿根廷 TGS 的核心原因之一，就是固定的阿根廷比索对美元的自由兑换法的存在，主张法律变化违反了它认为法律将保持不变的预期，因此造成它的财务损失。Enron 案仲裁庭提出："在这种情况下，有关措施毫无疑问地大大改变了决定和执行投资的法律和商业框架。……阿根廷为天然气行业构建了一个监管框架，这个框架包含具体的保证，以吸引外国资本进入。……外国投资者依据这种保证的力量进行了大量投资。"④ "然而，业务框架这些相当大的变化，使投资者原本确定性和稳定性的期待变得怀疑和模糊……"⑤

(3) PSEG 诉土耳其案

2006 年裁决的 PSEG 案中，美国投资者 PSEG 与土耳其政府签订建立发电站和周边煤矿的《特许权实施合同》(1998 年 3 月 30 日批准，1999 年 3 月 8 日签订)。⑥ 2001 年，土耳其颁布第 4628 号法案，导致土耳其对外国投资者的资格要求发生变化，最初允许外国公司的分支机构具有在土耳其投资的资格，随后变为投资者必须是本地注册公司。PSEG 仲裁庭提

---

① CMS Gas Transmission Company v.The Argentina Republic, para. 277.

② LG & E Energy Corp and others v. Argentina, ICSID Case No. ARB/02/1, Decision on Liability, October 3, 2006, para. 130.

③ CMS Gas Transmission Company v.The Argentina Republic, paras. 132-139.

④ Enron Corp.and Ponderosa Assets LP v.Argentina, para. 264.

⑤ Enron Corp.and Ponderosa Assets LP v.Argentina, para. 266.

⑥ PSEG Global Inc. and Konya Ilgin Elektrik Üretim ve Ticaret Limited Sirketi v. Turkey, paras. 20-21.20 世纪 80 年代土耳其对电力的需求不断增长，政府采取措施将能源部门私有化，包括在建设—运营—转让（BOT）项目模式下允许外国投资者参与其中。

出："这是一个特别的关于投资者资格要求的案例，法律或实践中对于项目公司地位的条件不断变化，在私法法规和行政特许之间来回不断交替。上述持续立法改变的'过山车'（roller-coaster）效果，严重违反了公平公正待遇的义务。"①

（4）AES诉匈牙利案

2010年裁决的AES诉匈牙利案中，英国投资者AES投资匈牙利Tiszapalkonya电站。依据2000年的收购协议，公共发电价目依据行政定价，成本和价格审查均由匈牙利能源署（HEO）进行。根据2001年《电力法》，发电的行政定价体制于2004年1月1日终结，2005年HEO致函AES，认为该公司利润畸高（unjustifiable high），2006年匈牙利议会修改了2001年《电力法》，重新对电力公司规定了行政定价体制，随后又以两项定价法令（2006、2007 Price Decree）对电力公司固定价格。AES认为匈牙利政府通过颁布定价法令重新引入行政定价违反了ECT下的义务，包括违反提供公平公正待遇的义务。②

匈牙利认为合理期待有两项必要因素，即存在政府陈述和保证；投资者基于对保证的信任做出投资，投资者无法依据2001年《电力法》建立这样的期待，即使存在新的"期待"，也无法创设权利。③

AES仲裁庭经过推理确认，首先，投资者的合理期待只能在投资时建立，且需要合理期待的存在前提是存在政府的保证；其次，关于稳定的法律和商业环境，仲裁庭认为，法律环境的稳定被认为要求适应日常情形的变化，国家有权行使包括立法在内的主权权力。对稳定性的判断需要考量并权衡投资者的投资决定与东道国的公共利益两项具体标准。本案中，匈牙利政府没有做出具体承诺来限制行使法律变动的主权，也并未使得投资者合法地产生对不发生法律变化的信赖。④

（5）Parkerings诉立陶宛案

2007年裁决的Parkerings诉立陶宛案中，挪威投资者声称东道国的行

---

① PSEG Global Inc. and Konya Ilgin Elektrik Üretim ve Ticaret Limited Sirketi v. Turkey, paras. 250-254.

② AES Summit Generation Limited and AES-Tisza Erömü Kft. v. Hungary, ICSID Case No. ARB/07/22, Award, September 23, 2010.

③ AES Summit Generation Limited and AES-Tisza Erömü Kft. v. Hungary, paras. 9.3.7.

④ AES Summit Generation Limited and AES-Tisza Erömü Kft. v. Hungary, paras. 9.3.27-9.3.34.

为破坏了投资合同所依据的法律完整性，违反了公平公正待遇。仲裁庭认为："投资者的合理期待需考察两种情况，第一，东道国就投资者在投资时考虑的条件给予了或明确或暗示的承诺或保证；第二，东道国没有保证或承诺情况下，协议缔结时的情况。不可否认，每个国家都有自行决定颁布、修改或取消法律的权利。事实上，任何商人或投资者也都知道法律会随着时间的推移而演变。原则上，投资者有权对投资的法律环境有一定稳定性和可预测性的期待，但要求投资者尽职调查，且其合理期待的依据理由是合理的，即投资者必须在预期情况可能改变的考虑下构建其投资，以适应法律环境的潜在变化。"① 仲裁庭提出，如果东道国没有给出任何明确或默示的法律框架将保持不变的承诺，仲裁庭将否认存在合理期待。而立陶宛作为一个转型国家，根本无法为投资法律环境的稳定性提供合理的期待。相反，尽管当时可能存在法律和政治不稳定性，投资者仍应将其视为投资的商业风险。② 最终，仲裁庭裁决立陶宛并未违反公平公正待遇条款。③

2.稳定法律和商业框架义务的考量

综合上述案例，仲裁庭承认投资者对法律框架稳定性和可预测性的利益保护，东道国有维持法律和商业体制稳定性的义务，基于东道国立法主权的考虑，并非所有的法律和商业框架变更都会引发东道国保护投资者合理期待的责任，因此，这种稳定的义务具有相对性。

第一，投资者对法律和商业框架的稳定期待只能建立在投资发生之时；第二，需存在东道国明示或暗示的关于稳定性的承诺或者保证；第三，投资者投资时需对东道国法律和政治稳定性尽职调查。如果投资发生

---

① Parkerings Compagniet A. S. v.Lithuania, paras. 331-333.

EDF（Services）Limited v.Romania 仲裁庭有着类似的表述："合理期待乃至公平公正待遇暗含了法律与商业框架的稳定，这种观点如果是通过一种过于宽泛以及未经限定的形式表述时可能是不正确的。如果公平公正待遇可能意味着经济活动的法律规定实质性冻结，这与东道国正常的监管权力和经济生活的变化特性相悖。除东道国对投资者具体的承诺和表述之外，投资者可能不会依赖双边投资条约并视之为针对东道国法律与经济框架可能出现任何变化的风险的保证，这种期待既不合理也不合法。"参见［德］鲁道夫·多尔查、［奥］克里斯托弗·朔伊尔编《国际投资法原则》，祁欢、施进译，中国政法大学出版社2014年版，第155—156页。

② Parkerings Compagniet AS. v.Lithuania, paras. 334-336.

③ Parkerings Compagniet AS. v.Lithuania, para. 465.

时的法律和商业框架并没有对投资者做出保持稳定的承诺,东道国的行为和政治局势也不能得出稳定的判断,东道国变更法律和商业体制并不产生保护投资者期待的责任。

(二) 违反东道国行政行为一致性义务

1.主要相关仲裁案例

(1) Metalclad 诉墨西哥案

投资者在决定投资和投资进行中,总是期望东道国行政行为保持稳定和一致。因此,投资者合理期待的内容,包含保护投资者对东道国行政行为稳定性的期望。涉及东道国行政行为稳定性的第一个案例是 Metalclad 诉墨西哥案。美国投资者 Metalclad 声称,墨西哥通过地方政府干扰其项目进展,行政行为前后不一,违反公平公正待遇。

Metalclad 获得墨西哥联邦政府颁发的项目经营许可证,并在与项目所在地官员的会谈中得到可以运作投资项目的保证,但事后地方政府拒绝授予项目建筑许可证,理由是依据墨西哥颁布的生态法令,项目所在地区域为自然保护区,该项目可能污染环境。仲裁庭提出,东道国拒绝给予投资者建筑许可证的真正原因是,缺乏当地居民及社会团体的支持,和许可牵涉的生态问题(并不涉及垃圾填埋场实际建设问题)。然而,这些都不是拒绝许可的恰当理由,唯一的可拒绝许可的理由是建筑的物理缺陷。东道国地方官员与投资者的会谈中,已经保证投资者可获得许可,但因为不合理的理由拒绝给予许可,东道国行为存在程序性和实质性缺陷,是不恰当的。[①]

(2) Tecmed 诉墨西哥案

2003 年裁决的 Tecmed 诉墨西哥案中,西班牙投资者 Tecmed 在墨西哥地方政府组织的公开拍卖中获得垃圾填埋场的运营权。该垃圾场最初是由政府所建,具有五年的可更新许可证(Renewable license)。1994 年,墨西哥"生态机构"撤销了此前的可更新许可证,变更为授予新的无期限许可证。1996 年 4 月 16 日,申请人请求"生态机构"颁发以申请人为被许可人的运营许可证,生态机构出具公函通知申请人已经完成登记,承认其享有并拥有该填埋场的无期限许可证,但"生态机构"随后要求申请人返还该公函,并出具了另一函件,要求申请人每年在该授权书期满前 30 日内申请更新。第二年,申请人以此方法申请更新其授权,并获得批准。但在 1998 年"生态机构"拒绝

---

① Metalclad Corp.v.Mexico, paras. 85-99.

更新申请,并要求申请人关闭填埋场,投资者与政府沟通后,双方达成搬迁协议,但东道国最终依然拒绝了投资者更新许可证的申请。

仲裁庭针对投资者提出的公平公正待遇的主张,提出:"公平公正待遇,要求缔约各方提供的国际投资待遇,不能影响外国投资者进行投资时所考虑的根本期待(basic expectations)。外国投资者预期东道国以一致的方式行事……外国投资者期待东道国的行为始终如一,不可任意撤销预先由国家颁发的决定或许可,这些决定或许可为投资者实现其承诺、计划,并开展其商业和经营活动所信赖。"①

仲裁庭认为,根据申请人与东道国之间的搬迁协议,申请人可能会真诚相信,垃圾填埋场的运营许可起码可以继续到有效搬迁的合理时间。而且申请人在"生态机构"作出决议前,数次致函表明搬迁决定,并承诺承担购地、建设和搬迁的所有费用,同时提出希望开始搬迁前许可证一直有效。仲裁庭提出,东道国拒绝许可证的更新申请,"实际上的目的是永久关闭填埋场,由于社区反对派的政治原因,无论投资者是否正确操作申请过程,这个填埋场都成为令人讨厌的地址"②。上述事实是申请人最初只被授予有限许可证的原因,东道国意图是规避撤销无限制许可证的困难。③ 东道国的行为使投资者产生合理期待,又不合理地拒绝更新申请,其行为的不一致违反公平公正待遇。

(3) MTD 诉智利案

2004 年裁决的 MTD 诉智利案中,马来西亚投资者 MTD 希望在智利首都圣地亚哥南部投资建设 600 公顷的卫星城市。虽然 MTD 清楚其所选择土地的现有分区属于农业用地,但认为该土地可以很容易地重新划分用途。智利外国投资委员会(the Chilean Foreign Investment Commission)批准该投资计划,投资者随后启动了必要区域变更程序。然而,因为项目土地性质变更与政府城市发展政策相冲突,重新划区的谈判失败,智利相关部门拒绝变更土地性质。

MTD 案的仲裁过程深受 Tecmed 案的影响。仲裁庭提出:"Tecmed 仲裁庭描述的公平公正待遇的概念,即公平公正待遇要求缔约各方提供的国

---

① Tecmed v.Mexico, para. 154.

② Tecmed v.Mexico, para. 164.

③ Tecmed v.Mexico, para. 170.

际投资待遇，不能影响外国投资者进行投资时所考虑的根本期待。……仲裁庭将适用上述概念判断本案的事实。"① "仲裁庭发现，对投资者而言，智利外国投资委员批准了投资项目，投资者产生该项目在该地点从监管的角度来看是可行的期望。"② 而最终项目的批准与政府城市发展政策相反，上述相反的事实使仲裁庭能够裁定东道国违反公平公正待遇。③

（4）Thunderbird 诉墨西哥案

2006 年裁决的 Thunderbird 诉墨西哥案中，Thunderbird 就其在墨西哥设立投资的合法性向墨西哥政府征求官方意见。SEGOB 在其正式回应中明确提到，"联邦禁止所有赌博和与运气相关的游戏""如果机器……在您声明的形式和条件下操作，则政府部门并不禁止其使用"。根据声明，如果 Thunderbird 公司所使用的游戏机及运营的游戏项目都如其请求中所言，SEGOB 并不会根据墨西哥法律禁止游戏机的使用。Thunderbird 认为基于 SEGOB 的回复，产生其运营活动可以不受 SEGOB 管制的"合理期待"。④

仲裁庭依据多数意见得出，墨西哥 SEGOB 的正式答复没有创造 Thunderbird 依赖的合理期待。首先，Thunderbird 在请求中提供的信息被认为不完整，部分不准确，具有误导性。其次，Thunderbird 必须意识到其投资的潜在风险，其明知赌博在墨西哥法律中属于非法活动，SEGOB 的答复只不过指出现有立法状况，并在 Thunderbird 提供的稀疏情况的基础上传达了信息。⑤

---

① MTD Equity Sdn.Bhd.and MTD Chile S. A. v.Chile，paras. 113-115.

② MTD Equity Sdn.Bhd.and MTD Chile S. A. v.Chile，para. 163.

③ MTD Equity Sdn.Bhd.and MTD Chile S. A. v.Chile，para. 166.

④ International Thunderbird Gaming Corporation v.Mexico，paras. 50-55.

⑤ International Thunderbird Gaming Corporation v.Mexico，para.148.Thomas Wälde 教授在其独立意见中阐述了与大多数人不同的意见："政府需保持高度的透明度和责任，以确保其与外国投资者互动的清晰性和一致性。如果官方的沟通缺失清晰性，导致外国投资者产生混淆或误解，那么政府负责积极澄清其立场。"Wälde 教授认定政府有义务主动澄清因官方造成的任何误解或混乱，从而肯定墨西哥当局的正式答复产生了投资者的合理期待，但这个合理期待随后由于游戏设施关闭而受到挫折。International Thunderbird Gaming Corporation V. Mexico，Separate Opinion of Thamas Wälde，2005. Thomas Wälde，德国著名学者，生于海德堡。曾任美国华盛顿大学客座教授，英国国际和比较法研究所的投资法计划成员，哥伦比亚大学国际投资计划咨询委员会成员。他经常受邀在包括 ICSID、NAFTA、ECT 的仲裁中担任仲裁员。See Todd Weiler & Freya Baetens，*New Directions in International Economic Law In Memoriam Tomas Wälde*，http：//www.doc88.com/p-5761520659429.html.

2.判断是否违反行政行为一致性义务的考量

综合上述案例，仲裁庭承认投资者基于东道国行为一致性产生预期的利益保护，东道国行政行为的改变需要满足程序性和实质性要求，具有合理性。然而，如果行政行为是基于投资者本身"错误的、不完整的、具有误导性"的基础作出，则不产生这种基于行为一致性的保护利益，东道国无须承担责任。

（三）违反维持合同关系稳定性义务

1.肯定合同与合理期待关系的主要案例

投资者基于与东道国之间的合同产生的期待利益，是否受到公平公正待遇条款的保护，仲裁庭的意见不一致。极少数案例肯定了合同稳定性与投资者合理期待的关系。

例如，CME诉捷克案是较早体现合同关系本身的稳定性与合理期待相关的案例。1993年，捷克和斯洛伐克广播委员会将第001/1993号广播许可证授予CET 21，后CET 21与CME子公司合作经营，在申请许可程序期间，CET 21与美国公民Lauder实际控制的CEDC合作设立了新的合资公司CNTS，后CET 21和捷克银行（外商投资，是CNTS的大股东）共同投资了CNTS。广播委员会批准CNTS成立，并由CNTS向CET 21提供独家服务，这也是广播委员会向CET 21颁发许可证的条件。后CET 21依据捷克广播法（修订后），请求取消所有强制许可条件，广播委员会同意取消行政许可，从而导致CNTS独家服务无法存在。此外，广播委员会表示，因为CET 21和CNTS之间的排他关系在法律上是不允许的，CNTS的公司协议被强制调整，CET 21最终获得独立广播许可证，其随后终止与CNTS的服务合同。[1] CME仲裁庭提出，1993年投资者与传播委员会签订的分离式结构的法律协议，创造了投资者的合理期待，因为传播委员会对外国投资者进行投资所依赖的协议作出根本性改变，从而东道国违反了公平公正待遇等义务。[2]

---

[1] Ronald S.Lauder v.Czech, paras. 3-10.

[2] CME Czech Republic B.V. v.Czech, paras. 457-611. Lauder和CME诉智利案，是涉及投资者期待合同关系保持稳定比较典型的两个案例。20世纪90年代初，美国公民Lauder，通过其在CME和其他子公司的多数股权，试图进入由捷克共和国私有化的电视广播市场，引发的相似背景、相似当事方、但裁决结果并不一致的两个案件。

2005年裁决的Eureko诉波兰案也肯定了投资者基于合同的可期待利益保护。1999年，荷兰投资者Eureko与波兰共和国国库司签署了股份购买协议。根据购买协议，投资者有权获得公开发行的股份，以获得投资公司的多数股权控制。然而，由于私有化战略出现政治动机的变化，股份购买协议中预见的时间表大大延长，公开发行也从未实际进行。[①] 仲裁庭认为，"非常清楚"投资者被不公平不公正地对待。[②] 仲裁庭认为，东道国没有公开发行股份，违反协议的基本义务，导致投资者获得多数控制权的期望挫败。[③] 仲裁庭裁定，由于波兰违反合同权利，因此违反了公平公正待遇。[④]

2.否定合同与合理期待关系的主要案例

然而，大部分仲裁庭无意解决投资者和东道国之间因合同产生的纠纷，并不支持投资者基于合同产生的期待利益。

2004年裁决的Waste Management II诉墨西哥案即持此观点。美国投资者的子公司Acaverde获得在墨西哥城Acapulco市提供废物处理服务的特许权。为保证Acapulco市的付款义务，Acapulco市、巴诺布若斯银行和墨西哥格罗雷州政府签订《限额信贷协议》。后Acaverde因近80%的账单未被支付，遂以未履行《限额信贷协议》为由两次在墨西哥法庭状告巴诺布若斯银行，但均被驳回。Acaverde同时以《特许权协议》第17条向墨西哥下属的常设仲裁委员会提起针对Acapulco市的仲裁，后仲裁程序被终止。Waste Management II仲裁庭认为，当地居民对《特许权协议》的抵触和Acapulco市严重的财政危机大大减损了其履约能力。虽然这并不成为其违约的借口，但这本身属于合同纠纷，而NAFTA第11章并不是用于解决合同纠纷的，投资仲裁中心是管辖投资纠纷的，而并非为拙劣的

---

① Eureko B. V. v.Poland, Partial Award, August 19, 2005.此案后因证据不充分，部分裁决被比利时布鲁塞尔一审法院撤销。

② Eureko B. V. v.Poland, Partial Award, para. 231.

③ Eureko B. V. v.Poland, Partial Award, paras. 232-233.

④ Eureko案涉及合同稳定性与国家合同中承诺的履行问题，仲裁庭主要采取了广域视角，表明公平公正待遇将全面保护外国投资者的合同权利，而不作任何严苛的保留。案中东道国的违约不涉及任何干扰投资者现有股权的行为，而是仅与可能的投资扩大的合同期望相关。可见本案中的政治动机显然导致仲裁庭倾向于投资者，且由于仲裁庭对合同稳定性的过于彻底和无差别的要求，导致本案的观点遭到批判，裁决结果也没有被其他仲裁庭援引。

商业判断提供保障。当地政府未能向投资者支付合同中规定的清洁服务费用，并不违反公平公正待遇。[①] 此外，仲裁庭指出："即使市政府持续不支付债务也不等同于违反第1105条，只要它不构成对该交易的彻底和无理的拒绝，并规定向债权人提供一些补救办法以解决这一问题。在本案中，金融危机使这个城市几乎不能支付自己的工资，也是政府无力支付欠款的原因，没有证据表明这种不能支付行为受到部门或地方偏见的影响。"[②]

Impregilo S. P. A. 诉巴基斯坦案[③]与 Waste Management II 案观点类似，Impregilo S. P. A. 仲裁庭认为违反一般合同的行为不构成违反公平公正待遇。此案中，以美国投资者 Impregilo 为首的合资企业与巴基斯坦签订了水力发电设施的合同。Impregilo 声称，巴基斯坦当局在项目过程中造成障碍和延误，以及拒绝延长合同期限和补偿额外费用的行为违反公平公正待遇。就合同索赔与违反投资条约的相互关系，仲裁庭指出："如果违约行为可能构成对 BIT 的违反，这种违约必须是超越普通缔约方可以采取行为的结果。只有国家行使其主权权力（统治权力），而不是作为合同缔约方，才可能违反根据双边投资协定承担的义务。"[④] Impregilo 的裁决主张将"主权行为"（acta iure imperri）和"管理权行为"（acta iure gestionis）进行划分，只有基于主权行为才可能引发国际责任。[⑤]

3. 判断违反维持合同稳定性关系义务的考量

投资者基于合同关系产生的合理期待是否受公平公正待遇条款保护，意见并不一致。大多数仲裁庭较为谨慎，遵循"国家违反合同并不引起国家责任"的传统观点，不愿意将合同纠纷纳入仲裁管辖范围。虽然 Impregilo S. P. A. 案提出国家行为区分的建议，但这种划分并不具备可行性。例如，在大型投资活动的商业事务中，政府考虑可能无法避免从自身角度出发，且复杂的商业活动中根本无法明确区分哪些内容是"主权行为"的结果，哪些内容是"管理权行为"的结果。为减少公平公正待遇对东

---

① Waste Management II v.Mexico, paras. 109-117.
② Waste Management II v.Mcxico, para. 115.
③ Impregilo S. P. A. v.Pakistan, ICSID Case No.ARB/03/3, Decision on Jurisdiction, April 22, 2005.
④ Impregilo S. P. A. v.Pakistan, Decision on Jurisdiction, para. 260.
⑤ Impregilo S. P. A. v.Pakistan, Decision on Jurisdiction, para. 260.

道国行为的规制,应采纳 Waste Management II 仲裁庭的观点,对投资者基于合同关系产生的预期利益不予保护。

三 保护投资者合理期待义务的仲裁实践分析

(一) 仲裁庭裁决的基本内容

东道国为投资者提供公平公正待遇,需保护投资者合理期待。东道国是否违反保护投资者合理期待义务,成为仲裁庭考察东道国行为的基本内容。例如,EDF 诉罗马尼亚案的仲裁庭提出:"本庭赞同其他仲裁庭表达的观点:公平公正待遇最主要的构成内容之一是缔约方间就他们所做的投资的合理合法的期待。"[1] El Paso 诉阿根廷案的仲裁庭提出:"公平公正待遇的轮廓在过去几年逐渐成为焦点。已经清楚的是,公平公正待遇的基本试金石是从源于诚信的义务,当事人的合法和合理的期待中找到的。"[2] 某种程度上,投资者合理期待也和公平公正待遇一样,具有一定的难以确定性,对投资者合理期待的判定不做任何限定,会在很大程度上降低投资者向东道国索赔的门槛。正因为如此,在现代的投资争端中,很少见外国投资者不主张合理期待被损害。[3] 投资者合理期待已经成为援引公平公正待遇条款最重要的主张。

(二) 合理期待的主观、客观判断路径

仲裁实践中,对投资者的期待在有无限定之间差异较大。部分仲裁庭对投资者合理期待的变化没有任何限定,几乎依据投资者主观陈述,来保护投资者的"根本预期"。例如,2003 年 Tecmed 仲裁报告提出的,"要求缔约各方提供的国际投资待遇,不能影响外国投资者进行投资时所考虑的根本预期 (basic expectations)",这种描述对投资者关于什么是"期望"的主观诉求留有很大的空间。[4] 有人认为 Tecmed 裁决是"在一个完美的世界中描述完美的公共监管,这样的国家都应该被期望,但很少(如果

---

[1] EDF (Services) Limited v.Romania, para. 216.

[2] El Paso Energy Int'l Co.v.Argentina, ICSID Case No.ARB 03/15, Award, October 31, 2011, para. 339.

[3] See Stephan Schill, "Fair and Equitable Treatment under Investment Treaties as an Embodiment of the Rule of Law", International Law and Justice Working Papers, NYU Law School, 2006, p.18.

[4] Abhijit P.G.Pandya, "Interpretations and Coherence of the Fair and Equitable Treatment Standard in Investment Treaty Arbitration", Ph.D.Law, London School of Economics, 2011, p. 60.

有的话）永远达到"①。Tecmed案对合理期待的描述产生对东道国过高的要求而备受批评，因此部分仲裁庭要求投资者的期待要受到合法合理的限制。例如，2006年Saluka仲裁庭在对Tecmed案中合法预期的主观和广泛的理解方法给予警告时这样阐述："Tecmed案对投资者期待的主观诉求留有空间过大，如果他们的措辞被过于字面化（too literally）地适用，那么他们将强加于东道国的义务可能是不恰当的和不现实的。进一步说，条约保护外国投资不受不公平和不公正待遇的范围，不能完全由外国投资者主观动机和考虑决定，投资者的期待必须依据环境上升到合法性和合理性的水平。"② 2005年Thomas Wälde在Thunderbird案的独立意见中则强调投资者的期待必须基于国家的积极行为，"如果适当的政府当局已经对政策的稳定性进行了保证，此时投资者进行了重大投资，投资应受到保护，以避免这样政策的不可预知及不利变化"③。

可见，投资者合理期待的判断从开始的无限定逐渐过渡至客观判断标准，且基于客观因素判断投资者的合理期待符合公平要求。首先，应以投资发生时的法律状态作为产生投资者期望的参照点。一方面，投资者必须竭尽所能地尽职调查东道国国内法律框架；另一方面，投资者的期望应依据法律主要条款产生。其次，在投资已经作出之后，东道国针对投资的保证或承诺都可能产生期望。最后，合理期待保护不得妨碍东道国随后为公共利益规范国内事务的权利。

（三）仲裁庭平衡利益之必要

"没有投资者可以合理地预期投资时的情况完全不变。为了确定对外国投资者期待的挫败是否合法和合理，还必须考虑到东道国为了公共利益随后规范国内事务的合法权利。如同公平和公正待遇的判断，必须通过对国内当局规范其本国境内事务权利的高度尊重来作出。索赔人合法和合理期待与东道国合法监管利益必须经过权衡。"④ 考虑到国家政策的危急，

---

① See Zachar Y. Douglas, "Nothing if Not Critical for Investment Treaty Arbitration: Occidental, Eureko and Methanex", *Arbitration International*, Vol.22, No.1, 2006, pp.27-28.

② Saluka Investments B.V.v.Czech, para. 304.

③ International Thunderbird Gaming Corporation v.Mexico, Separate Opinion of Thomas Wälde, para. 30.

④ Saluka Investments B.V.v.Czech, paras. 305-306.

合理预期的理解需要一个明智和平衡的方法。①

无论仲裁庭最终是否能找到确定投资者有合理期待的"门槛"，对不同利益权衡运作的结果，都是仲裁庭应明确或隐蔽地承担的。② 这种权衡应考虑到所有情况，包括东道国普遍的政治、社会经济、文化和历史条件。在不同的案例中，权衡肯定会得到不同的结果。同一案件中的不一致决定，如 Lauder 和 CME 仲裁庭所作出的不一致裁决，也可以归结为仲裁庭对国家政策不同程度地遵循以及对投资者利益保护的不同立场。这个事实或许从 NAFTA 仲裁庭的回答可以得到更进一步的确认："这是个无处不在的生活事实，个人可能对与公共当局打交道感到失望……NAFTA 不可能向外国投资者提供全面保护，保护其免受这种失望，它的条款也没有提供这样的功能。"③

第三节 违反非歧视义务

一 非歧视义务概述

歧视（discrimination），一般被描述为差别待遇，指"不公平的对待他人而没有理由"④，或者指"根据与优点无关的理由，对待一个人不如其他人更有利"⑤。东道国和投资者关系中，各个国家对投资者的歧视方式多样，包括源于非歧视广义概念的骚扰（Harassment）、胁迫（intimidation），或专断（arbitrary）行为，并且经常以预料不到的、掩饰在合法调查、不可接受的选择和强制行为之中。⑥

---

① S.D.Myers, Inc.v.Canada, Partial Award, para.261.
② Saluka Investments B.V.v.Czech Republic, Partial Award, paras.305-306.
③ ICSID, "International Centre for Settlement of Investment Disputes (ICSID) (Additional Facility): Azinian v.United Mexican States", *International Legal Materials*, Vol.39, Issue 3, May 2000, p.549.
④ See B.A.Garner (ed.), Black's Law Dictionary, 8th edn, West Group Publishing, 2004.
⑤ E.A.Martin and J.Law (eds.), Oxford Dictionary of Law, 6th edn, Oxford University Press, 2006.
⑥ See Roland Kläger, *Fair and Equitable Treatment in International Investment Law*, Cambridge University Press, New York, 2011, p.194.

非歧视（non-discrimination）的含义和公平公正待遇类似，没有很清晰的界定。不过，其字面及一般含义的讨论总是与平等联系在一起，因此非歧视也意味着与不公平、任意或不合理的一种区别，即非歧视是"不公平""任意行为"或"不合理行为"的对立含义。

非歧视待遇为 WTO 基本原则，包含国民待遇原则与最惠国待遇原则，即违反国民待遇或最惠国待遇中的任何一个原则均构成违反非歧视待遇原则。

二 违反非歧视义务的仲裁判断

（一）违反国民待遇即违反公平公正待遇

首次讨论公平公正待遇中的非歧视义务是在 2000 年裁决的 S.D.Myers 案。仲裁庭认为公平公正待遇中的非歧视保护，是超越国民待遇和最惠国待遇的最全面保护水平。仲裁庭提出："公平公正待遇应该在'遵循国际法'前提下进行解释。当投资者被以这种不公正或专断方式对待，达到国家法上不可接受的水平，可以认为违反了公平公正待遇。"[1] 在判断东道国是否违反公平公正待遇之前，仲裁庭认为应该首先考虑是否违反国民待遇。因为出口禁令给 S.D.Myers 制造了竞争劣势，仲裁庭肯定了加拿大政府的保护主义动机，认为其违反了 NAFTA 第 1102 条规定的国民待遇。仲裁庭的大多数意见认为，本案的事实违反了 1102 条（国民待遇）基本上也构成违反第 1105 条（公平公正待遇）。可见，此案裁决的观点是，违反了国民待遇义务的事实，本质上也违反了公平公正待遇，即"公平公正待遇提供了比国民待遇和最惠国待遇更为全面和深入的标准，这样一个全面的待遇很可能可以包含所能想到的全部情形"[2]。

（二）拒绝违反公平公正待遇包含违反非歧视义务

2002 裁决的 Methanex 案则拒绝承认公平公正待遇包含非歧视义务。Methanex 认为，美国的 MTBE 禁令是歧视外国投资者（discriminate against foreign investors），而故意歧视违反了 NAFTA 第 1105（1）条。[3] 首先，

---

[1] S.D.Myers Inc. v.Canada, para. 263.

[2] S.D.Myers Inc. v.Canada, para. 266.

[3] Methanex Corporation v. United States of America, UNCITRAL, Partial Award, August 7, 2002, para. 27.

Methanex 仲裁庭否认东道国违反 NAFTA 第 1102 条规定的国民待遇，因为 MTBE 禁令没有区分外国和国内生产者。其次，仲裁庭认为非歧视内容已经被列入协定其他条款的规定之中，BIT 缔约方并不希望将非歧视列入公平公正待遇的概念，因此，非歧视并非公平公正待遇包含之内容，从而拒绝投资者对 NAFTA 第 1105 条的看法。最后，仲裁庭也否决了解释公平公正待遇时可以考虑非歧视习惯法规则的提议。

Methanex 裁决报告排除了公平公正待遇的歧视性要素，但这种认识并不多见。[1] 一般认为，Methanex 案仲裁庭拒绝接受公平公正待遇包含非歧视义务，主要是基于 NAFTA 自由贸易委员会对第 1105 条的限定性解释。[2]

(三) 违反非歧视义务的审查标准

2006 年裁决的 Saluka 诉捷克案，进一步加深了公平公正待遇中非歧视义务的理解，认为与国民待遇不同，公平公正待遇中的非歧视义务并不要求东道国完全平等地对待国内和外国投资者，并提出审查东道国行为是否构成歧视的具体标准。

仲裁庭提出："受 BIT 保护的外国投资者，在任何情况下都可以预期捷克共和国通过行为诚实地实施其政策，通过公共政策合理影响投资者的投资，并且这种行为不明显违反一致性、透明度、公平性和非歧视的要求。尤其是对外国投资者的任何差别待遇不得基于不合理的区别和要求，并且必须证明这种差别待遇与不偏好外国投资的其他理性投资政策有合理的关系。"[3] 仲裁庭进一步确定国家歧视行为的审查标准，如果 (i) 情形类似 (ii) 被不同地对待 (iii) 没有合理的理由。此时，国家行为是歧视性的。[4]

首先，仲裁庭分析了四大银行对坏账问题的可比性问题。仲裁庭认为，不论四大银行在 1998—2000 年面临的坏账问题，是否能够被恰当地称为"系统性"问题，这些银行的情况有着充分可比性：所有银行都有大量不良

---

[1] Grand River Enterprises 诉美国案与 Methanex 案的裁决观点相同，认为 NAFTA 第 1105 条并不包含非歧视义务。

[2] See Stephan Schill, "Fair and Equitable Treatment under Investment Treaties as an Embodiment of the Rule of Law", International Law and Justice Working Papers, NYU Law School, 2006, p.221.

[3] Saluka Investments B.V.v.Czech, para. 307.

[4] Saluka Investments B.V.v.Czech, para. 313.

贷款组合，出现拨款增加，从而导致资本监管不足。没有哪一个银行能够通过号召股东减少损失。除非捷克政府愿意提供财政援助，否则这些银行的生存迟早都会受到严重威胁。另外，由于四大银行的宏观经济意义，捷克显然不能让任何一家银行破产。而且，捷克政府事实上迟早会向这些银行提供这种援助，因此，捷克政府默认四大银行都处于类似的情况。"[1] 据此，仲裁庭认为四家银行都处于类似的情形。

其次，仲裁庭分析了关于援助的差别待遇问题。仲裁庭发现："IPB（申请人投资的银行）在私有化之前也获得了一些财政援助。然而，在野村（本案申请人）获得IPB股份后，振兴方案以及捷克政府通过向银行提供直接财政援助以解决坏账问题的战略中，IPB都被排除在受益人之外。只有在捷克国有银行收购IPB的强制管理业务过程中，捷克政府才为其提供了大量的财政援助。因此，IPB明显受到不同的对待。"[2]

最后，关于东道国行为是否有着合理理由，仲裁庭针对东道国提出的理由进行了总共六点分析，最终认为不存在差别待遇的合理理由，捷克共和国作为银行部门的监管者，有以平等的方式解决整个坏账问题的责任。[3]

因此，仲裁庭认为，东道国没有为IPB的差别待遇提供合理的理由，捷克共和国对捷克银行部门的坏账问题，给予了歧视性行为（特别是向四大银行中的三家提供国家财政援助而排除了IPB的行为），从而导致IPB几乎不能继续生存。[4] 得出外国投资者受到歧视性待遇的结果之后，仲裁庭继续通过评估公平公正待遇其他内容来加强这一发现。仲裁庭发现，捷克当局并未考虑、审查投资者提出的，以不偏不倚的方式解决IPB银行财务问题的建议，而是不合理地倾向于将IPB的业务转移到另一个银行，仲裁庭确定这种做法对国有银行缺乏公平性。[5] 捷克政府未能以公平和公正的方式处理IPB与其他银行之间的关系。仲裁庭进一步发现，东道国未能一贯和透明地采取行动，违反了投资者的合理期

---

[1] Saluka Investments B.V.v.Czech, para. 322.
[2] Saluka Investments B.V.v.Czech, para. 326.
[3] Saluka Investments B.V.v.Czech, paras. 324-346.
[4] Saluka Investments B.V.v.Czech, para. 347.
[5] Saluka Investments B.V.v.Czech, paras. 408.

待。① 上述所有的发现使仲裁庭得出最后结论，东道国违反了公平公正待遇。

三 违反非歧视义务的仲裁实践分析

综上，违反非歧视义务是否违反公平公正待遇？在国际仲裁实践中尚有争议。但随着公平公正待遇的发展，大部分仲裁案例接受公平公正待遇中非歧视义务的独立地位。例如，MTD案的仲裁庭认为："公平公正待遇是一个概括性和被广泛接受的标准，包括诸如诚信、正当程序、非歧视和比例性等基本标准。"② 需要指出的是，违反国民待遇并不一定违反公平公正待遇。正如UNCTAD报告指出："作为公平公正待遇一部分内容的非歧视义务，不应与向投资者提供最惠国待遇及国民待遇义务相混淆。国民待遇和最惠国待遇涉及基于国籍的歧视，作为公平公正待遇一部分的非歧视义务禁止外国投资者在其他方面明显不当的理由，如性别、种族或宗教信仰等方面具体针对性的歧视，或者是'蓄意串谋……破坏或挫败投资'的行为类型。如果一个措施显然是将投资者（法律上或事实上）剔除，并且没有合理的正当理由，则可能会发现违反公平公正待遇。"③

从仲裁实践看，仲裁庭并未区分非歧视、禁止专断和不合理性概念之间的具体差异。④ 术语"歧视"或"专断"的使用，通常取决于是否存在受到不同影响的可比投资。如果不存在可比投资，仲裁庭倾向于适用"专断"术语，如果存在受不同影响的可比投资，则倾向于适用"歧视"术语。⑤ 而且，从Saluka案可以看出，歧视性因素可能会进一步加强公平公正待遇其他内容的发现，例如保护投资者的合理期待或遵守公平程序，同时任何不一致或不透明本身也是专断或者歧视行为，上述因素的共同发

---

① Saluka Investments B.V.v.Czech, para. 348.

② MTD Equity Sdn.Bhd.and MTD Chile S. A. v.Chile, para. 109.

③ UNCTAD, *Fair and Equitable Treatment*, UNCTAD Series on Issues in International Investment Agreements II, New York and Geneva, 2012, p.82.

④ See Roland Kläger, *Fair and Equitable Treatment in International Investment Law*, Cambridge University Press, New York, 2011, p.196.

⑤ See Rudolf Dolzer, "Fair and Equitable Treatment: Today's Contours", *Symposium on the Law and Politics of Foreign Investment*, Vol.12, Issue 1, 2014, p.326.

现即可构成违反公平公正待遇。

存在的遗憾是，从 Saluka 案的裁决可见，判断是否违反非歧视义务的核心是第三个步骤，即发现是否存在损害外国投资的措施的合理理由。然而，在某些特殊情形下，尤其是为保护环境或者公共利益，投资者被东道国采取不同的对待方式，到底是基于明显的政府保护主义意图，还是基于合法目的仅是较少干扰的手段，这两者的区分并不明显。因此，目前违反非歧视义务审查标准尚不明确。国际投资中涉及非歧视义务的争端，仲裁风险和不确定性极较高。[①]

第四节 违反透明度义务

一 透明度概述

(一) 透明度的含义

透明度最通俗和自然的含义是这样的一个比喻：规则，法律或法律程序是透明的，那么它可以被容易地看到，"就像人们可以通过一个干净的窗口容易地看到"。法律文书的获得过程和内容必须易于理解，其衍生权利和义务的范围必须易于权利人评估，如果不符合这些标准，那么法律就会被视为"不透明"。一般意义的透明度要求旨在处理事务的合规性，使各方能够根据现有的义务对其活动实行控制。经济学意义上的透明度具有某种可预测性功能：透明度要求国家披露政策和监管信息，使经济行为者能够在一定程度的安全性上预见这些国家将如何响应其行动和处理投资决策。依据博弈论，不透明的系统不仅增加了交易成本，而且还带有一方将使用欺骗性技术来诱使另一方参与投资的固有风险。[②] 不完美信息的博弈通常会产生扭曲的结果，这些结果不能充分反映真正的选择。透明度是防止这些欺骗的一个重要因素，透明的法律制度或法规允许个人评估其行动可能的后果和条件，而不必依赖政客、官僚和法

[①] See Nicolas F Diebold, *Standards of Non-discrimination in International Economic Law*, Cambridge University Press, 2011, pp.831-835.

[②] 例如，政府官员对潜在的私人投资者做出保证，表面上似乎澄清了法律框架，对给予许可证进行了保证，但最终没有实现。如 Metalclad 诉墨西哥案。

官个人提供的信息信号。

(二) 国际贸易领域的透明度

国际贸易领域，由于缺乏信息或模糊的规章制度而产生的高交易成本，可能使国家之间通过贸易谈判获得的让步实际上没有任何价值。缺乏透明度可以阻止外国产品的流入，最终使其在功能上等同于关税。因此，贸易领域的规定涉及减少与不透明或不必要的复杂形式有关的非关税壁垒和交易成本。例如，WTO框架内的透明度义务主要体现在以下四个方面："第一，缔约方应迅速公布与贸易有关的法律、法规、司法判决和普遍适用的行政裁定；第二，缔约方应公布与贸易有关的更多的特别信息，尤其是某些非关税壁垒方面的信息，且应提前公布；第三，缔约方应保证设立咨询点、联络点作为信息中心，以回答其他缔约方和其他缔约方中之利害关系方提出的所有合理询问。第四，缔约方应不加歧视地给予其他缔约方合理时间以对其公布的标准提出书面意见，应请求讨论这些意见，并对这些书面意见和讨论结果予以考虑。"[①]

(三) 国际投资领域的透明度

透明度对潜在投资者的业务决策有重大影响，是投资者合理期待形成与实现的基本根据，因而国际投资协定几乎都包含透明度条款。例如，NAFTA的序言强调"建立明确和互利的规则来管理其贸易，确保业务规划和投资可预测的商业框架……"并在正文中进一步阐述透明度义务的具体要求，如第1801条规定了设立联系点以便利各方之间交流的义务，第1802条规定了确保迅速和提前公布法律、条例、程序和一般性行政裁决的义务，第1803条规定其他具体要求。[②] ECT透明度要求上升到条约基本原则的地位，其序言中提及"即每个缔约方都应当依照条约的规定，支持其他缔约方的投资者并建立稳定、公平、良好和透明的投资环境"。众多的BITs也一般包括透明度，例如美国2012 BIT范本的重要变化就是

---

① 参见张潇剑《WTO透明度原则研究》，《清华法学》2008年第3期。

② 第1803条的要求则更为具体：1.在最大程度上，每一缔约方应通知对任何拟议或实际措施问题感兴趣的任何另一缔约方，如果缔约方认为可能会严重影响本协议的实施或以其他方式严重影响本协议项下的另一方的利益。2.应另一缔约方的要求，缔约方应迅速提供资料并回答与任何实际或者提出措施有关的问题，不论该缔约方是否已事先通知了该措施。3.根据本条提供的任何通知或信息，不影响该措施是否符合本协定的认定。参见《北美自由贸易协定》，叶兴国、陈满生译，法律出版社2011年版。

拓宽了 2004 范本中透明度条款的内容。①

二 违反透明度义务的仲裁判断

（一）违反国际投资协定宗旨即违反透明度义务

Metalclad 案中，仲裁庭对透明度的提及采用一种"借道"的方式。在界定 NAFTA 第 1105（1）条中公平公正待遇的范围和内容时，提到协定序言和第 102（1）条之透明度条款。仲裁庭提出，NAFTA 在其"原则申明"中强调"透明度"，因此 NAFTA 第 102（1）条，即透明度条款是投资协定努力实现的目标之一，公平公正待遇不能违背协定目标，即公平公正待遇义务内容包括不违反透明度要求。

Metalclad 案尽管强调透明度，但似乎并未承认透明度在公平公正待遇中的独立地位，仲裁庭对是否违反公平公正待遇条款的推理建立在投资者的合理期待之上，即仲裁庭对于是否违反公平公正待遇的判断，是基于没有透明度进而违反投资者合理期待，而不是因为没有透明度进而违反了公平公正待遇。

Metalclad 案的核心焦点之一，是申请人为建造垃圾场申请建筑许可证的期待是否被挫败。申请人在建设之前，就取得地方政府许可证的必要性问题进行咨询时，墨西哥官员一再保证 Metalclad 会获得所有建立垃圾填埋场所需的许可证，依据联邦官员的陈述，Metalclad 相信有权继续建设垃圾填埋场。按照这些官员的意见，Metalclad 于 1994 年提交市政许可证申请，仅是按照程序谨慎行事，认为许可证肯定会授予。② "对于缔约方的投资者来说，希望东道国按照 NAFTA 公平和公正地对待一个缔约方，而墨西哥未能确保为 Metalclad 的业务规划和投资建立一个透明和可预测的框架，缺乏有序的程序和及时的处置。"③ 仲裁庭认为东

---

① 美国 2012 BIT 范本重要变化就是拓宽了 2004 BIT 范本中透明度条款的内容，"要求东道国应尽可能提前公布拟颁布的法律文件，包括法律、法规、程序和普遍适用的行政裁定，以便利益关系人和缔约方能有合理的机会发表意见。具体包括：东道国拟颁布的法规必须公布于单一的全国性发行的期刊；东道国拟颁布的法规最少的公布时间为 60 天，在此期间东道国为公众对其评论提供便利条件；东道国解释其制定法规的目的与理由，让公众对其发表看法，并在颁布最终的法规时，在其政府期刊或网站上对相关法规的修改加以说明"。

② See Metalclad Corp.v.Mexico, paras. 85-89, 99.

③ Metalclad Corp.v.Mexico, para. 99.

道国未能确保透明度违反了投资者的合理期待，最终裁决墨西哥违反公平公正待遇。①

(二) 违反善意原则即违反透明度义务

Tecmed 案中，依据西班牙—墨西哥 BIT 第 4 条第 1 款规定，各方要确保在其领土内给予其他方投资者的投资公平公正待遇。仲裁庭认为，公平公正待遇是"国际法承认的善意原则"的一种表述并且是该原则的一部分。由此，根据国际法上的善意原则，仲裁庭认为："……外国投资者期望东道国以一致的方式行事，没有歧义，与外国投资者的关系完全透明，使投资者可以预先知道任何和所有将控制其投资的规则和法规，以及相关政策和行政做法或指示的目标，以便能够计划其投资并遵守这些规定。"②

可见，Tecmed 案中公平公正待遇中的透明度义务是从国际法上的善意原则推理而来，但也同样与投资者合理期待紧密相连。值得注意的是，与 Metalclad 案不同的是，Tecmed 案在对案件事实考察中，倾向于因缺乏正当程序而违反透明度，进而违反公平公正待遇条款。③ 仲裁庭指出，墨西哥当局的行动缺乏足够的明确性，并且对必要许可证将被撤销缺乏"明确、透明和清晰"的警告。④ "矛盾和缺乏透明度"阻碍了投资者采取行动，导致更新许可证遭到拒绝而最终遭受损失。⑤

① 随后，墨西哥向加拿大英属哥伦比亚高等法院（the Supreme Court of British Columbia）诉请撤销 Metalclad 案的裁决，该案裁决最终被加拿大不列颠高等法院部分撤销，包含关于"透明度要求作为第 1105 条的一部分"的裁决。哥伦比亚高等法院提出：(a) 第 1105 条包括了透明度的结论是错误的；(b) 仲裁庭超越了 NAFTA 现有的透明度义务，并创造了新的义务。认为 Metalclad 仲裁庭超越其管辖权。哥伦比亚高等法院法官指出，NAFTA 仲裁庭公平公正待遇，说明透明度已成为外国投资习惯法的一部分，这样的结论在习惯国际法中没有基础。在此基础上，在公平公正待遇下纳入透明度是值得怀疑的。而且，加拿大法官认为此处的"透明度"与 S.D.Myers 案独立意见中"透明度"不同，S.D.Myers 案中透明度可以纳入 NAFTA，其依据可以以探索方式解释第 1105 条中的"国际法"，以反映国际义务应该是什么。加拿大联邦法院不赞同协定中的透明度是 NAFTA 的目标之一。认为 NAFTA 第 1105 条的义务必须根植于现有的习惯国际法通过其字面意思进行解释，一般的双边投资协定与 NAFTA 的功能不同，因此表明 NAFTA 各方不同意"透明度"是公平公正待遇的一部分。

② Tecmed v.Mexico, para. 154.
③ 类似的，Waste Management Ⅱ 案直接将透明度归结在正当程序的要求之中。
④ Tecmed v.Mexico, para. 160.
⑤ Tecmed v.Mexico, para. 162.

综上，与保护投资者合理期待的义务不同，公平公正待遇中的透明度义务开始之初并不具有独立的地位，仲裁庭对透明度的探讨主要源于对投资者合理期待保护和正当程序的发现，随着对先例的反复援引，部分仲裁庭逐渐接受公平公正待遇包含透明度义务的观点。例如，Maffezini 诉西班牙案，认为透明度是公平公正待遇的独立内容要素，首次建立了公平公正待遇与透明度义务的独立联系。申请人与西班牙公司 SODIGA① 成立 EAMSA 公司，为应对公司金融危机，SODIGA 的一名官员将申请人个人银行账户中的 3000 万西班牙塞塔转入 EAMSA。申请人声称该项目由于 SODIGA 的错误建议而失败，且未经其同意从其个人账户支出 3000 万西班牙塞塔贷于 EAMSA，转账行为是不合法的。仲裁员发现"借款交易过程缺乏透明度，违反了 BIT 第 4（i）条规定的，西班牙确保投资者享有公平公正待遇的义务"②。令人遗憾的是，仲裁庭没有进一步详细说明"缺乏透明度"是什么意思。

（三）东道国的透明度义务内容

1.公布相关法律、规章和条例并澄清误解

透明度义务要求东道国及时公布相关法律，监管其投资的规章和条例，确保一般途径的信息可获得性，不存在公众无法获得的信息。基于平衡考虑，外国投资者应承担应有的注意义务，必须收集与特定投资相关的事实和法律信息，如果东道国提供可及性的信息，那么只有当其他实体不公平地获得优越信息时，东道国的透明度义务才应该受到质疑。

例如，Metalclad 案中，仲裁庭认为，一方缔约国应保证另一方缔约国的投资者知道其投资所需要满足的法律条件，如若外国投资者对相关法律有不明确或者存在有误解的地方，该缔约国中央政府有责任及时澄清，以保证投资者明确知道该如何做以满足该国的法律要求。③

Parkerings 案的仲裁庭提出："虽然立陶宛市政府持有关于停车费是否符合立陶宛法律的意见，但这份包含质疑意见的备忘录没有在签署协议

---

① SODIGA 持有 EAMSA 少部分股份，可以以优惠利率向公司发放大额贷款，SODIGA 正在从面向国家的市场转型为面向市场的实体，但它仍然被证明具有公共实体的特征，其行为可视为西班牙国家行为。

② Emilio Agustín Maffezini v.Spain, para. 83.

③ Metalclad Corp.v.Mexico, para. 76.

之前通知申请人，立陶宛市政府也没有向申请人警告适用法律即将发生的变化。"① 对于这种在达成协议之前，没有提供备忘录的行为是否产生法律后果，仲裁庭提出："这种行为通常被认为是违反诚信或者契约中的过失，然而，这种行为虽然令人反感，但其本身并不构成违反国际法，特别是申请人一直未能证明立陶宛市政府拥有公众无法获得的信息，尤其是其他法律专家意见。"仲裁庭认为，立陶宛未能披露此类信息不应被视为违反公平公正待遇。②

Champion 诉埃及案③中，申请人认为埃及政府提供的补偿仅仅给予特定的棉花公司，其选择公司获得补偿的程序和方式违反国际法的透明度义务。针对公平公正待遇条款的推理，仲裁庭并未详细说明依据国际法东道国是否存在透明度义务，而是直接接受了投资者关于存在这种义务的论点。仲裁庭提出："为说明东道国违反公平公正待遇……申请人有义务证明东道国的解决方案没有以透明的方式作出。仲裁庭注意到，关于棉花交易中心的法律和法令，是东道国根据申请人的要求公开、可用且已经出版的。申请人能够从各种渠道事先知道所有监管其投资的规章和条例。申请人没有提出任何证据或甚至有关的论据说明埃及违反了国际法规定的透明度义务。因此，投资者的索赔必须被否决。"④

2.不得拒绝提供相关行政文件

例如，2007 年裁决的 Siemens 诉阿根廷案中，申请人认为公平公正待遇要求稳定的投资环境，确保透明度和可预测的规则和做法，意味着投资者可以信赖国家对投资者所作的上述承诺。仲裁庭赞同投资者的观点，提出"……拒绝投资者查阅行政文件表明阿根廷在投资方面缺乏透明度……"⑤

三 违反透明度义务的仲裁实践分析

从上述以及其他众多的案例中可以发现，投资争议中常常提出公平公

---

① Parkerings Compagniet AS. v.Lithuania, para. 295.
② Parkerings Compagniet AS. v.Lithuania, paras. 307-309.
③ Champion Trading Company and Ameritrade International, Inc.v.Egypt, ICSID Case No.ARB/02/9, Award, October 27, 2006.
④ Champion Trading Company and Ameritrade International, Inc.v.Egypt, para. 164.
⑤ Siemens A.G v.Argentina, paras. 308.

正待遇中的透明度义务,但关于透明度义务的独立地位依然存在争议,因大部分投资协定同时规定了透明度条款与公平公正待遇条款,要求东道国公布与外国投资者有任何关系的法律、法规、程序和行政做法,① 如果一项国际投资协定明确规定透明度条款且允许其提交国际仲裁,这种情况下,可能会产生是否有必要将透明度义务引入公平公正待遇的质疑。

可以肯定的是,即使不存在上述明确的透明度义务条款,基于东道国和投资者之间的公平关系,东道国对投资者的行为至少要求最基本的透明度。由于投资者在衡量东道国行为时,对公平的感觉一般取决于行政措施是否合理,因此,部分仲裁庭倾向于承认公平公正待遇存在"感觉合理"的透明度义务,从而区别于透明度条款"披露义务的最低标准"的要求,也可作为那些没有透明度条款的投资协定透明义务的保障。②

然而,何为"合理"? 尚无定论。如要构建"合理"透明义务内容,需考虑不同国家的文化和行政水平差异,了解各个国家透明度做法的特征,反映文化、历史和管理流程的价值。而且,不同国家间行政文化的差异可能会产生不同形式的信息,不同形式的信息作出的优先考虑也不尽一致,有些国家重视公共关系与公民开放的价值,而有些国家则认为其他方面更为重要。③ 再者,从公平的角度看,国家的透明度水平受其行政框架的限制,尤其是对信息收集和创建访问通道的能力影响,同时也取决于国家行政人员技能的素质和越来越多的信息技术的可用性。发展中国家的行政机构在行政速度和效率方面一般都较弱。④ 可见,什么是"合理"的透明度义务,恐怕一时难以达成共识。

需要警惕的是,轻易地肯定公平公正待遇中包含透明度义务,极易为东道国强加"家长式"披露负担。例如,Tecmed 案的仲裁庭认为"……

---

① 例如,阿塞拜疆—芬兰(2003 年)BIT 第 3 条:"每一缔约方应确保其一般适用的法律、条例、程序、行政裁决和司法决定以及在其生效后可能影响另一缔约方投资者在其领土上的投资的国际协定,及时出版或以其他方式公开。" UNCTAD, *Bilateral Investment Treaties 1995–2006: Trends in Investment Rulemaking*, UNITED NATIONS, New York and Geneva, February 2007, P.76.

② See Abhijit P.G.Pandya, "Interpretations and Coherence of the Fair and Equitable Treatment Standard in Investment Treaty Arbitration", Ph.D.Law, London School of Economics, 2011, p.235.

③ See OECD, *Public Sector Transparency and the International Investor*, 2003, p.23

④ See H.Blair, "Participation and Accountability at the Periphery: Democratic local Governance in Six Countries", *World Development*, Vol.28, No.1, pp.31–32.

外国投资者期望东道国以一致的方式行事，没有歧义，与外国投资者的关系完全透明（totally transparently in its relations with the foreign investor），使投资者可以预先知道任何和所有将监管其投资的规则和法规（any and all rules and regulations），以及相关政策和行政做法或指示的目标，以便能够计划其投资并遵守这些规定……"根据 Tecmed 案的描述，东道国必须确保投资者能够获得影响外国投资的所有规章和条例，这意味着，除了具有可以访问这样的规则和法规的系统之外，东道国还必须花费成本来计算哪些规则影响外国投资者，并整理和出版它们。如果是这样，东道国将担负一项繁重的任务，即担心哪些外国投资者在其领土上存在，以及他们在做什么，以便确定他们将如何受到当前和未来法规的影响。在投资者对信息收集缺乏积极态度的情形下，导致投资者对那些可能不利的监管政策既不主动寻找也不提前规划，这对东道国显然是不公平的。

基于上述考虑，不应将透明度纳入公平公正待遇义务之中。

本章小结

公平公正待遇条款在国家间投资关系中引人注目，最主要的原因是它可以作为评估外国投资者和东道国之间关系的尺度,[1] ICSID 的仲裁庭也越来越依靠是否存在对公平公正待遇条款的违反来作出对外国投资者进行补偿的裁决。[2] 不仅东道国需要明确地认识自己在条约下承担义务的性质和范围，投资者也迫切想了解东道国违反了哪些义务即违反了公平公正待遇。总结违反公平公正待遇条款的情形，是研究该条款不可删减的部分。东道国违反正当程序义务即违反公平公正待遇，是最少引起争议的情形。东道国正当程序义务包括东道国对待外国投资者时不得司法不公，行政程序正当合理。东道国违反正当程序义务要求其行为"粗暴或明显的不公正"达到"令人震惊"的程度，然而对于什么样的程序能被认为是公正的和正当的，统一认识还未出现。从仲裁庭的地位和利益平衡的角度看，为在国内法一般瑕疵和"显失公正"之间进行整体的权衡，正当程序义

---

[1] 石慧：《外资待遇法律制度研究》，中国人民大学出版社 2012 年版，第 166 页。

[2] ［尼泊尔］苏里亚·P. 苏贝迪：《国际投资法：政策与原则的协调》（第二版），张磊译，法律出版社 2015 年版，第 183 页。

务的模糊性是必要的。目前，涉及公平公正待遇条款的仲裁中，投资者提及最多的是东道国违反其合理期待，进而违反了公平公正待遇。大多数仲裁庭支持东道国有保护投资者合理期待的义务。同时，仲裁庭还提出了基于客观因素判断投资者合理期待的方法。仲裁庭认为，首先，应以投资发生时的法律状态作为产生投资者期待的参照点。一方面，投资者必须竭尽所能地尽职调查东道国国内法律框架；另一方面，投资者的期待应依据法律主要条款产生。其次，在投资已经做出之后，东道国针对投资的保证或承诺都可能产生期待。最后，合理期待保护不得妨碍东道国随后为公共利益规范国内事务的权利。保护投资者合理期待义务在仲裁中得到热烈讨论，但基于其与公平公正待遇类似的不确定性，大部分 BITs 中的公平公正待遇条款并未纳入投资者合理期待的内容。考虑到仲裁庭极有可能利用保护投资者合理期待义务，给予外国投资者过高的保护标准，从而诱发投资者滥诉，因此，不宜将保护投资者合理期待纳入公平公正待遇义务之中。违反非歧视义务是否违反公平公正待遇，是国际仲裁实践中遇到的新问题，目前没有定论。但随着公平公正待遇的发展，大部分仲裁案例接受公平公正待遇中非歧视义务的独立地位。由于目前非歧视义务确定标准尚不明确，仲裁中涉及非歧视义务的投资争端，风险和不确定性较高。在近几年的仲裁案例中，透明度成为仲裁庭审查公平公正待遇时使用的一个相对新颖的概念。[①] 违反透明度义务是否违反公平公正待遇亦没有定论，公平公正待遇中的透明度义务的必要性以及范围这一问题本身也存在广泛争议。公平公正待遇中透明度义务源于对投资协定目的的分析，个别仲裁庭提出，违反国际投资协定宗旨或者善意原则即违反透明度义务。然而，达成公平公正待遇中"合理"透明度义务的共识具有现实困难，且极易为东道国带来沉重的披露负担。鉴于上述考虑，透明度义务不应纳入公平公正待遇之中。

[①] 石慧：《外资待遇法律制度研究》，中国人民大学出版社2012年版，第181页。

第五章　公平公正待遇条款的中国实践

"发展是硬道理——知识的真正平等交流和互惠只有在人们富裕起来，有了自信心，有了自主性之后，才有可能进行。"①

第一节　公平公正待遇条款规定的现状

一　BITs 中的公平公正待遇条款

（一）原则性规定的公平公正待遇条款

我国部分 BITs 中，对公平公正待遇没有做出任何限定，这类协定集中出现在 20 世纪 80 年代。例如，1985 年中国—奥地利 BIT 第 2 条："缔约任何一方对该种投资在任何情况下应给予公正和公平的待遇。" 1986 年中国—斯里兰卡 BIT 第 3 条第 2 款："依照第 2 条批准的投资，应根据本协定给予公正和公平的待遇和保护。" 1988 年的中国与波兰、澳大利亚、马来西亚、新西兰签订的 BITs 中公平公正待遇都属于这种原则性规定。21 世纪初期，也出现了少量这种原则性规定的公平公正待遇条款，如 2005 年中国—葡萄牙 BIT，2006 年中国—瓦努阿图 BIT、中国—印度 BIT，2019 年中国—马里 BIT、中国—马耳他 BIT。②

20 世纪 90 年代，为说明公平公正待遇，极少数协定中的公平公正待遇条款中纳入充分保护与安全共同规定。因为充分保护与安全无法对公平公正待遇做出任何限定或者说明，这类条款依然属于原则性规定的公平公

---

① 苏力：《知识的互惠与征服》，《法学家茶座》2007 年第 14 辑。
② 本章提及我国所有 BITs，除特别注明之外，均来自外交部中国条约数据库，或商务部条约法律司。中国条约数据库：http://treaty.mfa.gov.cn/Treaty/web/index.jsp；商务部条约法律司：http://tfs.mofcom.gov.cn/article/h/。

正待遇条款。例如，1995年中国—南斯拉夫BIT第2条第3款："缔约一方投资者的投资在缔约另一方的领土内应始终受到公平与公正的待遇并享受充分的保护和保障。"

（二）与其他待遇联系规定的公平公正待遇条款

20世纪80年代开始，我国部分BITs中，出现规定公平公正待遇应不低于最惠国待遇的条款模式。这种规定的公平公正待遇条款集中出现在20世纪90年代，也是数量最多的条款模式。例如，1989年中国—巴基斯坦BIT第3条："1.缔约一方的投资者在缔约另一方领土内的投资和与投资有关的活动应受到公平的待遇和保护。2.本条第一款所述的待遇和保护，应不低于给予第三国投资者的投资和与投资有关的活动的待遇和保护。"1994年中国—牙买加BIT："第3条（1）缔约任何一方的投资者在缔约另一方的领土内的投资和与投资有关的活动应受到公正与公平的待遇和保护。（2）本条第1款所述的待遇和保护不应低于其给予第三国投资者的投资及与投资有关的活动的待遇。"

我国部分BITs中，亦出现公平公正待遇应不低于国民待遇的条款模式。这种条款一般同最惠国待遇共同规定，要求从优适用。这种模式的条款所占比例较少，仅在20世纪90年代和21世纪初零星可见。如1997年中国—加蓬BIT第3条"投资待遇"："1.缔约各方应保证对缔约另一方在其领土内的投资给予公平和公正的待遇，根据其法律法规给予不低于其国民的投资的待遇或者给予最惠国待遇，两者从优适用。"2000年中国—伊朗BIT第4条"投资保护"："1.缔约一方应对在其领土内投资的缔约另一方的投资者的投资给予充分的法律保护和公平待遇，该保护和待遇依照东道国缔约一方的法律和法规在可比较情况下应当不低于其给予本国投资者或任何第三国投资者投资的保护和待遇。"

我国部分BITs中，规定在不损害其法律和法规的情况下，对缔约另一方投资者在其领土内对投资的管理、维持、使用、享受和处置不采取任何不合理或歧视性措施，否则违反公平公正待遇。这类条款模式所占比例较大，在20世纪和21世纪初频繁出现。例如，1986年中国—英国BIT第2条："促进和保护投资规定……2.缔约任何一方的国民或公司在缔约另一方领土内的投资，应始终受到公正和公平的待遇和持久的保护和保障。缔约各方同意，在不损害其法律和法规规定的条件下，对缔约另一方的国民或公司在其领土内对投资的管理、维持、使用、享有或处置不得采取不合理的或歧视性的措施。缔约各方应遵守其对缔约另一方国民或公司的投资可能已同意的义务。"2006年中国—印度BIT第3条:"投资待遇规定1.缔约一方应保证在其领土内给予缔约另一方投资者的投资和与该投资相关的活动公平和平等的待遇。在不损害其法律法规的前提下,缔约方不得采取任何可能阻碍与投资相关的行为的歧视措施。"

(三)依据国际法的公平公正待遇条款

进入21世纪,我国部分BITs中,将公平公正待遇与国际法联系规定,这种条款模式所占比例较少,对国际法的提及主要有两种。

第一种,依据国际法原则。

典型文本如下:2005年中国—马达加斯加签订的BIT第3条"公正和公平待遇":"1.缔约任何一方应依据国际法原则,给予缔约另一方投资者在其领土内的投资以公正和公平的待遇,该待遇在法律上和事实上都不应受到阻碍。2.公正和公平待遇在法律或事实上的障碍主要系指,但不限于:各种对生产和经营手段进行限制的不平等待遇,各种对产品在国内外销售进行限制的不平等待遇,以及其他具有类似效果的措施。而出于安全、公共秩序、卫生、道德和环境保护等原因采取的措施不应被视作障碍。"[①]

第二种,依据国际法规则。

典型文本如下:2007年中国—哥斯达黎加BIT第3条"投资待遇":"1.缔约一方的投资者在缔约另一方的领土内的投资应始终享受符合普遍接受的国际法规则的公正与公平的待遇。"[②]

[①] 中国—马达加斯加BIT的意义在于,首次出现以公平公正待遇命名的独立条款,其次,首次用列举的方式说明违反公平公正待遇在法律或事实上的措施。类似的BIT包括2007年中国—与塞舌尔签订的BIT,其第4条"公平和公正待遇":"任一缔约方都应当根据国际法原则给予另一缔约方投资者在其领土内进行的投资公平和公正待遇,并且保证因此获得承认的权利的行使在法律上和事实上均不应有障碍。包括但不限于:任何被认为是法律上和事实上对公平公正待遇有所妨碍的对于购买和运输原材料、辅料、能源、燃料和生产方式和运行方式上的歧视性限制,和妨碍产品在其境内和海外销售和运输,以及其他类似措施。"

[②] 类似BIT包括2012年中日韩BIT第5条"总体投资待遇":"一、缔约一方应当对缔约另一方投资者的投资给予公平公正待遇和充分的保护及保障。'公平公正待遇'及'充分保护及保障'的概念不要求在依据公认的国际法规则给予的任何合理及适当标准的待遇之外或额外给予。对本协定其他条款或者对其他国际协定的违反并不必然导致对本条款的违反。"

(四）依据国际最低待遇标准的公平公正待遇条款

典型 BIT 文本如下：2008 年中国—墨西哥 BIT 第 5 条 "最低待遇标准"："1.任一缔约方应根据国际法给予缔约另一方投资者的投资包括公正和公平待遇以及完全的保护和安全的待遇。2.本条规定将给予外国人的国际法最低待遇标准作为给予缔约另一方投资者投资的最低待遇标准。'公正和公平待遇'和'完全的保护和安全'这两个概念并不要求给予由国家实践和法律确信所确立之国际法要求给予外国人的最低待遇标准之外或额外的待遇。违反本协定的其他条款或其他国际协定的条款，不构成对本条的违反。"

2008 年的中国—哥伦比亚 BIT 第 2 条 "投资的促进、准入和保护"："……3.每一缔约方都应根据习惯国际法给予另一缔约方的投资者在其领土内的投资以公平公正待遇和全面的保护和安全。4.为进一步明确，（1）'公平公正待遇'和'全面的保护和安全'的概念并不要求给予超出根据习惯国际法标准给予外国人的最低待遇标准所要求之外的待遇。（2）违反了本协定或其他国际协定的其他条款并不意味着违反外国人最低待遇标准。（3）根据普遍接受的习惯国际法原则，'公平公正待遇'包括禁止在刑事、民事或行政程序中拒绝司法。"

（五）列举式的公平公正待遇条款

进入 21 世纪，我国在与乌兹别克斯坦和坦桑尼亚的 BITs 中，采用对公平公正待遇的义务进行列举的条款模式。2011 年中国—乌兹别克斯坦 BIT 第 5 条 "公正与公平待遇"："1.缔约一方应该确保给予缔约另一方的投资者及在其境内的投资以公正与公平待遇，提供充分保护与保障。2.'公正与公平待遇'要求缔约一方不得对缔约另一方投资者粗暴地拒绝公正审理，或实行明显的歧视性或专断性措施。" 2013 年中国—坦桑尼亚 BIT 第 5 条 "公正与公平待遇"："1.缔约一方应该确保给予缔约另一方的投资者及在其领土内的投资以公正与公平待遇，提供充分保护与保障。2.'公正与公平待遇'是指缔约一方不得对缔约另一方投资者拒绝公正审理程序，或实行明显的歧视性或专断性措施。"

二　FTAs 中的公平公正待遇条款

目前，我国已签协议的自由贸易区共有 21 个，[①] 其中，有 5 个 FTAs

---

① 分别为《区域全面经济伙伴关系协定》（RCEP）、中国—柬埔寨、中国—毛（转下页）

在投资章节中规定了公平公正待遇条款。① 我国 FTAs 中的公平公正待遇条款主要有 3 种。

第一种，原则性规定的公平公正待遇条款。

2006 年中国—巴基斯坦 FTA 第 48 条"投资待遇"："1.任一缔约方投资者在另一缔约方境内的投资均应获得公平和平等的待遇。2.在不损害其法律法规的情况下，任一缔约方均应给予与另一缔约方投资者的投资相关的投资和活动以优惠程度不低于该缔约方给予其自己的投资者的投资和相关活动的待遇。3.任一缔约方给予与另一缔约方投资者的投资相关的投资和活动的待遇的优惠程度不应低于其给予任何第三国的投资者的投资和相关活动的待遇。4.本条第 3 款规定不应解释为要求一缔约方将根据下列活动产生的任何待遇、优惠和特权的利益给予另一缔约方的投资者：（1）任何其他的关税同盟、自由贸易区、经济同盟和任何产生上述同盟或类似机构的国际协定；（2）完全或主要与关税相关的国际协定或安排；（3）任何为边境地区的小额边境贸易提供便利的安排。"②

第二种，限定在国际最低待遇标准之内的公平公正待遇条款。

例如，2005 年中国—智利 FTA 签订，2012 年 9 月签订的《中华人民共和国政府与智利共和国政府自由贸易协定关于投资的补充协定》第 6 条"最低待遇标准"："1.缔约一方应依据国际法给予缔约另一方涵盖投资以公平、公正待遇和充分保护及保障。2.'公平公正待遇'和'充分保护及保障'的概念并未要求给予超出最低待遇标准所要求的或额外的待遇。3.认定一项对本协定其他条款或其他协定条款的违反，不能构成对本条款的违反。"③ 2009 年 4 月中国—秘鲁 FTA 和 2015 年中国—韩国 FTA 也将公平公正待遇限定在最低待遇标准之内，区别在于中国—秘鲁 FTA

（接上页）里求斯、中国—马尔代夫、中国—格鲁吉亚、中国—澳大利亚、中国—韩国、中国—瑞士、中国—冰岛、中国—哥斯达黎加、中国—秘鲁、中国—新西兰（含升级）、中国—新加坡、中国—新加坡升级、中国—智利、中国—智利升级、中国—巴基斯坦、中国—巴基斯坦第二阶段、中国—东盟、中国—东盟（"10+1"）升级、内地与港澳更紧密经贸关系安排。参见中国自由贸易区服务网：http：//fta.mofcom.gov.cn/index.shtml。

① FTA 文本参见 http：//fta.mofcom.gov.cn/georgia/georgia_agreementText.shtml。
② 中国自由贸易区服务网：http：//fta.mofcom.gov.cn/pakistan/xieyi/xieyizw_cn.pdf。
③ 中国自由贸易区服务网：http：//fta.mofcom.gov.cn/chile/xieyi/touzibcxd_cn.pdf。

中公平公正待遇是单独条款，① 中国—韩国 FTA 中公平公正待遇则规定在最低待遇条款之下。②

2022 年生效的 RECP 第 10 章第 5 条"投资待遇"："（1）每一缔约方应当依照习惯国际法外国人最低待遇标准给予涵盖投资公平公正待遇以及充分保护和安全。（2）为进一步明确：（a）公平公正待遇要求每一缔约方不得在任何司法程序或行政程序中拒绝司法；（b）充分保护和安全要求每一缔约方采取合理的必要措施确保涵盖投资的有形保护与安全；以及（c）公平公正待遇和充分保护和安全的概念不要求给予涵盖投资在习惯国际法关于外国人最低待遇标准之外或超出该标准的待遇，也不创造额外

---

① 2009 年 4 月中国—秘鲁 FTA 第 132 条"公平公正待遇和完全的保护和安全"："1.各缔约方都应根据习惯国际法给予另一缔约方的投资者在其领土内的投资以公平公正待遇和全面的保护和安全。2.为进一步明确，（1）'公平公正待遇'和'全面的保护和安全'的概念并不要求给予超出根据习惯国际法标准，给予外国人的最低待遇标准所要求之外的待遇；（2）违反了本协定的其他条款或其他国际协定，并不意味着违反外国人最低待遇标准；及（3）'公平公正待遇'包括根据普遍接受的习惯国际法原则禁止在刑事、民事或行政程序中拒绝司法。（4）'全面的保护和安全'标准在任何情况下都不意味着给予投资者比投资所在缔约方国民更好的待遇。"中国—秘鲁 FTA 改变了 1994 年中国—秘鲁 BIT 中公平公正待遇不低于最惠国待遇的规定，同时删除特殊贸易安排的适用例外。中国自由贸易区服务网：http://fta.mofcom.gov.cn/bilu/annex/bilu_xdwb_10.pdf。

② 2015 年中国—韩国 FTA 第 12.5 条："最低标准待遇"："1.各缔约方应当根据习惯国际法给予涵盖投资包括公平公正待遇和充分保护和安全在内的待遇。2.为进一步明确，第一款将习惯国际法中给予外国人的最低标准待遇作为给予涵盖投资的最低标准待遇。'公平公正待遇'和'充分保护和安全'的概念并不要求缔约方给予额外的或者超出上述标准的待遇，且并不创造额外的实体权利。第 1 款所要求提供的：（1）'公平公正待遇'包括依照法律的正当程序原则不得在刑事、民事或行政裁决程序中拒绝司法的义务；（2）'充分保护和安全'要求各缔约方提供习惯国际法所要求的治安保护水平。3.认定违反本协定的其他条款或者其他国际协定并不能够证明存在对本条的违反。4.各缔约方应当在其所采取或维持的与因国内战争或其他武装冲突、反叛、暴动、暴乱或其他内乱造成的投资损失有关的措施方面给予另一缔约方投资者及涵盖投资非歧视待遇。5.尽管有第五款的规定，如果一缔约方的投资者在第四款所提及的情形下在另一缔约方的领土内遭受的损失产生自：（1）另一缔约方的军队或者当局对涵盖投资的征用或者部分征用；（2）另一缔约方的军队或者当局在非情势必需时对涵盖投资的全部或者部分破坏；另一缔约方对前述损失应根据情况恢复原状或者向投资者提供补偿，或者同时归还原物和给予补偿。补偿应根据经必要调整的第 12.9 条进行。6.第四款不适用于第 12.3 条不一致的、与补贴或者赠款相关的现行措施。"
中国—韩国 FTA 采取列举公平公正待遇为正当程序要求，改变了 1994 年中国—秘鲁 BIT 中对公平公正待遇无任何限定的做法。中国自由贸易区服务网：http://fta.mofcom.gov.cn/bilu/annex/bilu_xdwb_10.pdf，2022 年 1 月 25 日。

的实质性权利。"[①]

第三种，列举式的公平公正待遇条款。

2009 年 8 月中国—东盟（10+1）FTA 第 7 条"投资待遇"："(1) 各缔约方应给予另一方投资者的投资公平和公正待遇，提供全面保护和安全。(2) 为进一步明确：(a) 公平和公正待遇是指各方在任何法定或行政程序中有义务不拒绝给予公正待遇；和 (b) 全面保护与安全要求各方采取合理的必要措施确保另一缔约方投资者投资的保护与安全。(c) 违反本协议其他规定或单独的国际协定的决定，并不构成对本条的违反。"[②]

三 BITs 和 FTAs 中条款差异及解决

我国与相同的缔约方之间签订的 BIT 和 FTA 中公平公正待遇条款都具有差异性，中国—智利 FTA 中将公平公正待遇限定在最低待遇之中，并删除了 BIT 中公平公正待遇不低于最惠国待遇和特殊贸易安排的适用例外。中国—巴基斯坦 FTA 也改变了 BIT 中公平公正待遇不低于最惠国待遇和特殊贸易安排的适用例外的规定，选择了原则性规定公平公正待遇条款。中国—秘鲁 FTA 及中国—韩国 FTA 的改变较大，具体如表 5-1、表 5-2 所示。

表 5-1　中国—秘鲁 BIT 和中国—秘鲁 FTA 公平公正待遇条款比较

中国—秘鲁 BIT（1994 年）	中国—秘鲁 FTA（2012 年）
第 3 条 1. 缔约任何一方的投资者在缔约另一方领土内的投资和与投资有关的活动应受到公正与公平的待遇和保护。 2. 本条第一款所述的待遇和保护，应不低于给予任何第三国投资者的投资和与投资有关的活动的待遇和保护。 3. 本条第一款和第二款所述的待遇和保护，不应包括缔约另一方依照关税同盟、自由贸易区、经济联盟、避免双重征税协定和为了方便边境贸易而给予第三国投资者的投资的任何优惠待遇	第 132 条　公平公正待遇和完全的保护和安全 1. 各缔约方都应根据习惯国际法给予另一缔约方的投资者在其领土内的投资以公平公正待遇和全面的保护和安全。 2. 为进一步明确， (1) "公平公正待遇"和"全面的保护和安全"的概念并不要求给予超出根据习惯国际法标准，给予外国人的最低待遇标准所要求之外的待遇； (2) 违反了本协定的其他条款或其他国际协定，并不意味着违反外国人最低待遇标准；及 (3) "公平公正待遇"包括根据普遍接受的习惯国际法原则禁止在刑事、民事或行政程序中拒绝司法

---

① 参见中国自由贸易区服务网：http://fta.mofcom.gov.cn/rcep/rceppdf/d10z_cn.pdf。
② 参见中国自由贸易区服务网：http://fta.mofcom.gov.cn/dongmeng_phase2/annex/touzixieyi_cn.pdf。

表 5-2　中国—韩国 BIT 和中国—韩国 FTA 公平公正待遇条款比较

中国—韩国 BIT（2007 年）	中国—韩国 FTA（2012 年）
第 2 条 …… 2.促进和保护投资 缔约一方投资者的投资应在缔约另一方境内受到公平和公正对待，享受充分与及时的保护和保障	第 12.5 条 最低标准待遇 1.各缔约方应当根据习惯国际法给予涵盖投资包括公平公正待遇和充分保护和安全在内的待遇。 2.为进一步明确，第一款将习惯国际法中给予外国人的最低标准待遇作为给予涵盖投资的最低标准待遇。"公平公正待遇"和"充分保护和安全"的概念并不要求缔约方给予额外的或者超出上述标准的待遇，且并不创造额外的实体权利。第一款所要求提供的： （1）"公平公正待遇"包括依照法律的正当程序原则不得在刑事、民事或行政裁决程序中拒绝司法的义务； （2）"充分保护和安全"要求各缔约方提供习惯国际法所要求的治安保护水平

除中国—韩国 FTA 目前没有明确的解决方案之外，上述差异都在 FTA 规定了解决方案，主要是两种方法：

第一种，FTA 代替 BIT 条款。中国—智利 FTA 在附件 4 终止《双边投资协定》中规定，"缔约双方同意 1994 年 3 月 23 日于圣地亚哥签署的《中华人民共和国政府和智利共和国政府关于鼓励和相互保护投资协定》（以下称《双边投资协定》）和由此产生的权利与义务在本协定生效之日终止。"

第二种，"择优选择"的方式。如中国—秘鲁 FTA 关于投资的第 10 章规定，第 143 条"其他义务"："如果一缔约方的立法或缔约双方之间现存或其后设立的国际义务使一缔约方投资者的投资享受比本协定规定的更优惠待遇的地位，该地位不受本协定的影响。"中国—巴基斯坦 FTA 也做了相同规定，第 55 条"其他义务"："如果缔约一方的立法或缔约双方之间现存或其后设立的国际义务使缔约一方投资者的投资享受比本协定规定的更优惠待遇的地位，该地位不受本协定的影响。"

确切地说，第一种方式是一种确定性解决方法，第二种"择优选择"的方式，关键是看哪个协定赋予的投资待遇更优惠。从上文可见，除中国—巴基斯坦 FTA 与 BIT 中公平公正待遇条款并无实质差异之外，其余三国的 FTAs 中的公平公正待遇条款都比 BITs 中的条款规定了更多的限定，如按照"择优选择"的方式，BIT 中条款规定给予仲裁庭更多的解释空间，给予投资者更多和更优惠待遇的可能性较大，第二种"择优选择"

的方式可使 FTA 中更多限定的公平公正待遇条款无效。从时效性、条款发展和仲裁经验角度考虑，应明确此种差异应采取 FTA 代替 BIT 条款的方法，使公平公正待遇条款限定性的规定实际发挥作用，避免实践操作的混乱。

四　公平公正待遇条款的发展轨迹

（一）从原则性规定到限定性规定

Rudolf Dolzer 提出："往往被认为传统的资本输出国，一般都主张公平公正待遇的宽泛理解，而南欧国家则倾向于狭隘理解。不过，从今天的发展来看，这种概括是有缺陷的。众所周知，美国已经倾向于较为狭窄的理解。除了德国，中国拥有最多数量的 BIT，中国对公平公正待遇则采取最为宽泛的理解，也可以说是采纳了无保留意见的公平公正待遇版本。从本质上讲，美国已经开始有了作为被告，关注在美投资案件中进行答辩的需求。目前，中国则关注它作为海外投资者及在中国海外投资的公平对待的需要。换句话说公平公正待遇不是，起码今天南半球和北半球不是截然相对。"[①]

Rudolf Dolzer 教授的总结并非完全准确。我国是存在对公平公正待遇没有任何限定，类似"裸奔"的原则性规定，但仅是密集体现在于 20 世纪 90 年代，公平公正待遇条款非常明显地遵循着逐渐限定理解的路径发展。

例如，为防止公平公正待遇条款被无限制扩展解释，成为霸王条款，2008 年中国—墨西哥 BIT 中开始增设防御性条款："违反本协定的其他条款或其他国际协定的条款，不构成对本条的违反。" 2009 年中国—东盟（10+1）FTA 中公平公正待遇被限定为不得违反正当程序；2011 年中国—乌兹别克斯坦 BIT "要求缔约一方不得对缔约另一方投资者粗暴地拒绝公正审理，或实行明显的歧视性或专断性措施"；2015 年中国—韩国 FTA，包括依照法律的正当程序原则不得在刑事、民事或行政裁决程序中拒绝司法的义务。

2001 年 NAFTA 自由贸易委员会对 NAFTA 第 1105 条做出解释以前，各

[①] See Rudolf Dolzer, "Fair and Equitable Treatment: Today's Contours", *Symposium on the Law and Politics of Foreign Investment*, Vol.12, Issue 1, 2014, p.16.

个国家往往更关注对外国投资进行直接征收的案例,对如何解释和理解公平公正待遇,以及这个包罗万象的概念可能带来什么麻烦并没有意识。无论是出于与发达国家谈判中的不平等地位,还是并未意识到公平公正待遇可能会带来投资者对我国的滥诉,21世纪之前,我国多采取完全开放规定的公平公正待遇条款在当时是合理的,也是现实的选择。进入21世纪,公平公正待遇也开始被限定,体现出我国立法对国际经验的不断吸收。

(二) 从坚决拒绝到开始接受"国际标准"

国际标准,或者国际法最低待遇标准,是西方国家在19世纪殖民时代提出的。它们认为按照国际法,外国国民及其财产享有一定标准的待遇,任何低于该标准的待遇便会引起国家责任。由于西方发达国家最初坚持所谓的"文明国家"的国际法来衡量该待遇标准,且常常利用该标准的模糊不清作为保护侨民的借口,所以发展中国家一直对"国际标准"比较谨慎,不接受在投资保护协定中纳入这种提法。随着国际社会的发展,发达国家不再单方面地强调"文明国家"的国际法,取而代之普通意义上的国际法,进入21世纪,我国部分投资协定中开始出现将公平公正待遇限定在"国际最低标准"之内。

例如,2005年中国—马达加斯加BIT提出依据国际法原则给予公正和公平的待遇;2007年中国—哥斯达黎加、中国—法国BIT使用"国际法规则";2008年中国—哥伦比亚BIT使用"习惯国际法",直到同年中国—墨西哥BIT,直接将公平公正待遇明确写入"最低待遇标准"之下。

我国接受公平公正待遇限定在国际最低待遇标准下,是基于自身资本输出能力的自信和制度自信。例如,我国与墨西哥及加拿大的双边投资关系中,我国对墨西哥和加拿大的投资大于两国对我国的投资,BIT对墨西哥和加拿大政府可能约束更大,或者说,墨西哥和加拿大政府受到中国投资者提起国际仲裁的风险也更大。[1]

---

[1] 在投资准入方面,中国—加拿大BIT没有订入投资准入国民待遇,但订入了投资准入最惠国待遇,但是中国的投资准入开放程度低于加拿大,而加拿大的其他许多投资条约订入了国民待遇,这表面上平等互惠的承诺落到现实产生的就是更有利于中国和中国投资者的不互惠的实际后果。参见王彦志《新自由主义国际投资法律机制:兴起、构造和变迁》,法律出版社2016年版,第344页。

第二节　公平公正待遇条款存在的问题

一　公平公正待遇条款规定差异较大

现有资料显示，我国签订约131个双边投资协定中，约有6个不包含公平公正待遇条款。[①] 原则性规定公平公正待遇条款的协定，约有30个，约占BITs总数的23%；规定公平公正待遇不低于最惠国待遇或国民待遇的有49个，其中20世纪签订的约有45个，[②] 21世纪约有4个，[③] 约占BITs总数的37%；联系国际法和国际最低待遇标准的公平公正待遇条款的协定约有7个，约占BITs总数的5%。

从上述数据可知，我国协定中公平公正待遇条款主要以原则性规定和限定为不低于最惠国待遇或国民待遇为主。需要指出的是，这种将公平公正待遇与最惠国待遇或国民待遇结合，只有将公平公正待遇明确规定为"就是指"或者"等同于"最惠国待遇或国民待遇，才能够有效地限定公平公正待遇的含义范围，但这种规定方式使得公平公正待遇条款的存在不再有任何实际意义。而且，除非投资协定明确做此规定，否则不能将公平公正待遇等同于国民待遇或最惠国待遇，因为这将违反协定的善意解释原则。因此，这种条款在进入21世纪基本被抛弃。同样，原则性规定公平公正待遇条款也存在一系列弊端，如投资者投机式的滥诉；被仲裁庭扩大自由裁量权；导致公平公正待遇扩张解释可能；仲裁庭对东道国立法、司法、行政等活动不当审查；等等。上述结果并非缔约国缔结投资协定的初

---

① 包括：意大利、日本、捷克、斯洛伐克、白俄罗斯、罗马尼亚、黎巴嫩。因为无法获得中国与约旦、波黑两国协定的官方文本，数据统计并不精准。统计数据主要来源于中华人民共和国条约数据库：http://treaty.mfa.gov.cn/Treaty/web/list.jsp，2022年1月24日。

② 包括：巴基斯坦、保加利亚、加纳、匈牙利、蒙古国、葡萄牙、玻利维亚、吉尔吉斯斯坦、亚美尼亚、菲律宾、哈萨克斯坦、乌克兰、摩尔多瓦、土库曼斯坦、越南、老挝、阿尔巴尼亚、塔吉克斯坦、格鲁吉亚、克罗地亚、爱沙尼亚、斯洛文尼亚、立陶宛、乌拉圭、阿塞拜疆、厄瓜多尔、智利、埃及、秘鲁、牙买加、津巴布韦、赞比亚、柬埔寨、孟加拉国、阿尔及利亚、苏丹、刚果民主共和国、南非、佛得角、埃塞俄比亚、巴巴多斯、卡塔尔、巴林；还包括：阿根廷和南非，但这两个国家的BITs中，对公平公正待遇还做了不受任何不合理或歧视性措施的约束或损害的限制。

③ 包括：科特迪瓦、捷克、罗马尼亚、古巴。

衷，也会干扰东道国正常的管理活动，导致"从一个为投资者提高最低待遇的'盾'变成一个攻击东道国的政府措施的'矛'"①。基于这样的原因，这种原则性规定的公平公正待遇条款也基本被缔约国抛弃。

二 公平公正待遇条款术语使用不一致

我国公平公正待遇条款术语使用并不固定，最早使用的是"公平合理"。例如我国第一个双边投资保护协定，1982 年中国—瑞士 BIT 第 2 条规定："缔约各方应始终保证公平合理地对待缔约另一方投资者的投资。"1984 年中国—挪威 BIT、② 1985 年中国—丹麦 BIT③ 也都使用了"公平合理"。

我国大部分 BITs 中使用术语"公正和公平"，例如 1985 年中国—奥地利 BIT 第 2 条"缔约任何一方对该种投资在任何情况下应给予公正和公平的待遇"，2003 年中国—德国 BIT 第 3 条"缔约一方的投资者在缔约另一方的境内的投资应始终享受公平与公正的待遇"。我国部分投资协定中还使用了"公平与平等"，例如，2001 年中国—塞拉利昂共和国 BIT 第 3 条"投资待遇缔约一方的投资者在缔约另一方的领土内的投资应始终享受公平与平等的待遇"。

从字面上看，"公平合理""公平公正""公平平等"并无实质区别，都为说明对投资者的保护需要达到公正的水平。官方文本出现术语差别的原因并不清楚，由于还未出现上述条款在仲裁中的适用实践，所以无法预料这样的差别会产生怎样的后果。鉴于我国绝大部分条款都使用"公正和公平的待遇"，一般也认为"公平公正待遇"已经成为一个固定术语。建议我国投资协定的签订和修订应该统一术语，使用习惯术语"公正和公平的待遇"。

还需指出的是，我国部分投资协定中，将公平公正待遇与国际法、国

---

① 朱小菁：《NAFTA 投资仲裁中的公正与公平待遇》，《国际经济法学刊》2006 年第 3 期。

② 中国—挪威 BIT 第 3 条"投资的促进和保护"：缔约一方应鼓励缔约另一方的国民或公司在其领土内进行投资，并依照其法律和法规接受此种投资，给予公平合理的待遇和保护。上述投资应符合投资所在缔约一方的国家目标，并受其法律和法规的管辖。

③ 中国—丹麦 BIT 第 3 条"保护投资"：缔约一方国民或公司的投资在缔约另一方领土内应始终受到公平合理的待遇，并享受保护和保障。缔约各方应恪守其在批准缔约另一方国民或公司的投资合同中可能承担的义务。

际法原则、国际法规则结合规定,这种模糊的表述,使仲裁庭完全可以认为,此时的公平公正待遇应该结合包括协定、习惯、一般法律原则等在内的所有国际法渊源来予以识别、解释、认定,这无异于开放理解公平公正待遇条款包含的内容。也正是因为如此,NAFTA 缔约方三国才通过解释性规定将公平公正待遇限定在习惯国际法最低待遇标准之内,而且美国、加拿大等国随后的 BIT 范本和投资实践中,不但将公平公正待遇限定在习惯法最低待遇标准的范围之内,而且明确强调习惯国际法的认定必须依据国家实践本身和国家法律要素。[1]

三 公平公正待遇条款的位置安排不统一

我国 BITs 中,公平公正待遇条款的位置安排并不完全统一。

极少数 BITs 中,公平公正待遇同时出现在序言位置。例如,我国第一个 BIT,即 1982 年中国—瑞典 BIT 中,在序言和条款中都提及了公平公正待遇。"序言部分:中华人民共和国和瑞典王国政府,愿坚持公平合理地对待缔约一方投资者在缔约另一方境内投资,特协议如下……第 2 条 1. 缔约各方应始终保证公平合理地对待缔约另一方投资者的投资……"1985 年的中国—丹麦 BIT:"序言 中华人民共和国政府和丹麦王国政府,愿为在两国投资创造良好条件并加强两国间的合作,以鼓励有效地使用资源;认识到在平等互利的基础上给予投资公平合理的待遇将符合上述目标,达成协议如下。……第 3 条 保护投资 1. 缔约一方国民或公司的投资在缔约另一方领土内应始终受到公平合理的待遇,并享受保护和保障。缔约各方应恪守其在批准缔约另一方国民或公司的投资合同中可能承担的义务……"部分 BITs 中,公平公正待遇规定在投资与投资促进条款之下。例如,1985 年中国—新加坡 BIT、1986 年中国—斯里兰卡 BIT、1996 中国—毛里求斯 BIT,都规定在第 3 条:"促进和保护投资,规定依照第 2 条批准的投资,应根据本协定给予公正和公平的待遇和保护。"部分 BITs 中,公平公正待遇成为明确的待遇条款。例如,1988 年中国—澳大利亚 BIT 第 3 条 "投资待遇":"缔约一方应始终:保证其领土内的投资和与投资有关的活动得到公正和公平的待遇。"

---

[1] 参见王彦志《国际经济法总论:公法原理与裁判方法》,华中科技大学出版社 2013 年版,第 153—158 页。

可见不同时期，我国对公平公正待遇条款的认识和定位并不明确。虽然国家之间签订投资保护协定，本是在不同经济、文化背景下的特殊谈判之结果，内容有差别，措辞有差别是正常现象。但公平公正待遇条款存在的上述问题可能导致我国在投资争端中处于不利地位。

随着我国海外投资不断向新领域、新区域拓展，以及国际、国内环境与人权保护呼声的日渐高涨，各国管理国际投资的措施或五花八门或推陈出新。新的国际和国内环境，为我国投资协定完善提出了新要求：保证条约规则具体化，同时为应对复杂的投资监管措施留有空间，努力实现条约规范的确定性与灵活性的统一。[1]

第三节　公平公正待遇条款的改进

一　公平公正待遇条款改进之纷争

（一）公平公正待遇作为无差别待遇

这种观点认为，除了某些重要的例外，把公平公正待遇理解为无差别待遇，即最惠国待遇或国民待遇，只要给予了对方缔约国投资与东道国或任何其他国家的投资相同的待遇，就应当认为这种待遇是公平公正的，也即无差别待遇。例如我国有学者直接肯定公平公正待遇规范的基本成分正是无差别待遇，只要东道国给予外国人与其国民或其他外国人同等的待遇，即表明这种待遇是公平公正的。只有这样理解公平公正待遇，才有明确的内容与标准可循，从而成为一个确定的法律制度。[2]

这种观点的局限性在于其本身存在很大的不确定性。因为何为"某些重要的例外"很难确定，而且在BIT中如何明确这些重要例外，也是实际操作中的困难。例如，可以认定明显的不公正属于上述的重要例外，但这又回到公平公正待遇本身的宽泛性中。实际上，正如GATT/WTO法和投资协定条约本身的规定一样，国民待遇和最惠国待遇本身也存在具体例外和一般例外。在GATT/WTO法中，违反GATT第1条（最惠国待遇）和第3条（国民待遇）的贸易措施，仍然可以依据GATT第20条一

---

[1] 参见梁开银《公平公正待遇条款的法方法困境及出路》，《中国法学》2015年第6期。
[2] 杨基月：《公平与公正待遇适用研究》，《学术探索》2014年第4期。

般例外被认为具有合法性。但是，恰恰 GATT 第 20 条的具体例外事项和一般序言条款本身包含了"必要性""武断性""不正当的""变相限制"等不确定性的要素。不过 GATT 第 20 条采用了上述相对有限的表述，而没有采用更加宽泛的公平公正待遇的表述。因此，在无差别待遇之外保留"某些重大例外"仍然无法有效解决公平公正待遇所包含的不确定性问题，而且如果完全将公平公正待遇等同于（规定了具体例外限制的）国民待遇和最惠国待遇，将使公平公正待遇本身再无任何意义。①

（二）把公平公正待遇作为非诉事项

余劲松教授提出，因为私人求偿依据的法律规则应是具体的，即具有确定性和可操作性，当私人权利受到侵害时，其损害或损失依据有关具体规则是可以确定的，然而，公平公正待遇内容抽象，缺乏确定性和可操作性，不宜作为私人投资者基于条约索赔的依据。因此，可将公平公正待遇作为一个抽象的标准，作为投资协定原则的描述，这样就不具有可诉性，其结果是不宜将其作为投资者对东道国的可诉事项。②

将公平公正待遇作为非诉事项，可以一劳永逸地解决公平公正待遇条款解释和司法实践中遇到的所有问题，但这种路径不具有现实性和可行性。

首先，从现实性来说，从 20 世纪 90 年代以来，公平公正待遇作为保护投资者权益的条款，代替传统的征收条款成为投资者越来越青睐的选择条款，正如余劲松教授文中所表述，"也就是说，公平公正待遇在条约的解释和适用中可以发挥重要作用。正是由于这一标准的抽象性和模糊性使其可以被灵活解释，达到保护外国投资者及其投资的目的"③。说明其对促进国际资本流动具有不可抹杀的功劳，而因为公平公正待遇条款本身模糊性和内容可能的扩大性就彻底"去诉"的做法，不现实也不合理，估计缔约国也不会接受这样的提议。

其次，选择将公平公正待遇条款彻底"去诉"化处理，是基于公平

---

① 王彦志：《国际经济法总论：公法原理与裁判方法》，华中科技大学出版社 2013 年版，第 160 页。

② 余劲松：《外资的公平与公正待遇问题研究——由 NAFTA 的实践产生的几点思考》，《法商研究》2005 年第 6 期。

③ 余劲松：《外资的公平与公正待遇问题研究——由 NAFTA 的实践产生的几点思考》，《法商研究》2005 年第 6 期。

公正待遇内容一度被扩大的担忧,这种担忧目前看来没有过度强调的必要性。仲裁员扩大公平公正待遇内容的前提是条款本身对内容毫无限定,而且并非所有的仲裁实践都喜好这种有利于保护投资者的宽泛解释,这也是早期的仲裁现象,晚近的仲裁庭已经开始关注基于保护东道国合法监管权力,或者平衡东道国合法监管与投资者合法权益保护而对公平公正待遇进行的内容限定。[①] 目前大多数投资裁判法律依然很新,还很难预测投资争端如何影响国际法未来的发展。任何一个条款存在,在实现缔约者本意的同时,实践中肯定会存在这样那样偏离缔约本意的适用现象,"去诉"化处理公平公正待遇,说明我国作为资本输入国对本国经济稳定性和法治环境的不自信。我国现在具有资本输入和输出国的双重身份,国内经济稳定发展,吸引投资与保护投资并重,完全放弃可有效保护投资者的公平公正待遇条款可诉性的做法,无异于因噎废食,不符合我国当前的国际地位和国家利益诉求。

最后,将公平公正待遇"非诉化"处理,导致公平公正待遇的存在功能仅剩下确定条约的基调、解释条约的辅助因素和填补条约和国内法的漏洞。然而,这实际上也无法真的将公平公正待遇有效地非诉化。例如,如何采用公平公正待遇来填补条约和国内法的漏洞就是现实的问题。因此,这里仍然存在公平公正待遇的可诉性及其固有的困境。比如,如果东

[①] 例如,在 S.D.Mayers 案中,仲裁庭强调,在解释和适用最低待遇标准时,仲裁庭并没有宽泛的权限来对政府的决策做出第二次评审,政府决策错误在通常情况下应该由该国内部政治和法律过程包括选举来救济,只有投资者如此被不公正或武断对待以至于从国际上来看都是不可接受的,才能认定违反 NAFTA 第 1105 条,对于违反第 1105 条的认定必须结合国际法,给予国内当局调整其内部事务的权力以很高的尊重。Methanex 案中,就投资者提出的东道国违反有关征收和补偿条款义务的诉求,仲裁庭提出,作为一个一般国际法问题,为了公共目的且符合正当程序的非歧视的管制,尽管影响了外国投资者或其投资,但并非注定是征收性的或不可补偿性的,除非东道国政府给了可能考虑进行投资的投资者以特别承诺保证不采取此类管制措施。美国加利福尼亚州政府的禁令是为了公共目的,是非歧视性的,是符合正当程序的,因此,投资者就美国政府的措施构成违反 NAFTA 第 1110 条的相当于征收的指控是不成立的。进而,仲裁庭又指出,投资者也没有证据证明加利福尼亚州禁令具有征收的行为特征,投资者的商誉和市场份额虽然可以构成有价值的投资资产,但是,很难认为这些资产能单独存在并且被征收。最后,仲裁庭驳回了对美国的征收指控。在本案中,仲裁庭对相当于征收所做的限制性解释实际上更接近于美国—加拿大 2004 年 BIT 实践中关于间接征收在条约附件所做的限制性解释,也就是,除了极少数例外,缔约一方旨在保护诸如公共健康、安全和环境等合法公共福利目标的非歧视性管制行为,不构成间接征收。

道国投资管理措施符合国民待遇和最惠国待遇，但却明显违反正当程序，而投资条约本身又没有规定正当程序义务，这时是否可以认为构成了条约漏洞？假如可以认为这时构成了条约或国内法的漏洞，然而用公平公正待遇条款来填补漏洞，仍然没有真正解决公平公正待遇本身的困境。如果真正彻底将公平公正待遇非诉化，虽然确实解决了公平公正待遇本身固有的困境，也将导致公平公正待遇作为投资者待遇不再具有任何实质意义。实际上，彻底将公平公正待遇条款非诉讼化，无异于将公平公正待遇彻底从投资条约之中删除。①

（三）"原则 + 规则"的互补路径

梁开银教授提出，改进公平公正待遇条款应采用"原则 + 规则"的路径，"将公平公正待遇条款原则化，置于条约序言或专门设置条约总则，同时，辅之以具体待遇规则"。具体如"在 BIT 中具体纳入'公平公正待遇原则不可诉'这一司法规则及其例外适用的条件：（1）违反公平公正待遇条款，达到所谓习惯国际法所确认的'令人震惊'的，或至少是'使人吃惊的'或'极端恶劣'的程度，以至于违反人类理性有动摇条约法理基础之虞的严重程度；（2）无'具体条约规则'可直接适用；（3）经过严格法理论证程序。否则，公平公正待遇原则不能作为原告起诉赔偿的直接依据。这样的处理使公平公正待遇条款更多的只是一个约束缔约方（国家）和仲裁庭（或法官）的条约规范，或填补规则漏洞或限制规则滥用。投资者不能依据公平公正待遇条款对缔约方的具体行政行为或措施提起诉求或索赔"②。

"原则 + 规则"路径的主要目的是避免投资者直接依据公平公正待遇条款的起诉和滥诉。这种路径和"非诉化"公平公正待遇条款思路的区别在于其适用的例外。原则化处理公平公正待遇与现代投资协定中限定、具体化公平公正待遇内容的趋势相悖；而且适用例外的规则本身与最低待遇标准结合，实际上公平公正待遇依然无法摆脱可能的滥诉，以及对东道国经济监管权力的审查。

首先，关于"违反公平公正待遇条款，达到所谓习惯国际法所确

---

① 王彦志：《国际经济法总论：公法原理与裁判方法》，华中科技大学出版社 2013 年版，第 161 页。

② 梁开银：《公平公正待遇条款的法方法困境及出路》，《中国法学》2015 年第 6 期。

认的'令人震惊'的,或至少是'使人吃惊的'或'极端恶劣'的程度,以至于违反人类理性有动摇条约法理基础之虞的严重程度",这种不法行为的认定显然是继承 1927 年 Neer 案中国际最低待遇标准的理解。Neer 案确立了较高的审查标准,但遗憾的是,没有任何仲裁说明什么是"使人吃惊的"或"极端恶劣","以至于违反人类理性有动摇条约法理基础之虞的严重程度"的判断依然掌握在仲裁庭手中。这种将 Neer 案的标准从判断是否违反公平公正待遇的实体标准,变为是否可以据此援引公平公正待遇条款进行诉讼的门槛条件,没有实质作用,不能限制仲裁庭的裁量权,也无法达到阻碍投资者诉讼的实际效果。

其次,虽然公平公正待遇与最低待遇标准有过亲密联系的时期,但公平公正待遇应被确立为一个独立概念。甚至部分仲裁实践和学者提出,Neer 案的标准不涉及什么是公平和公正,与外国投资者或投资待遇无关。"Neer 案不涉及对外国投资的处理问题,而是外国人的人身安全。一般来说,国家不对私人当事方的行为负责,只有在特殊情况下,国家才会对未能进行后续调查负有国际责任。因此,没有足够的理由认为 BIT 的规定仅限于国家本身对待外国投资的荒谬待遇标准。现代社会中,什么是不公平和不公正,并不需要等于荒谬或恶劣的。特别是,一国可能不公平和不公正地对待外国投资,而不必采取恶意行为。今天最低待遇标准的内容不能限于 20 世纪 20 年代的仲裁裁决确认的习惯国际法的内容。Neer 案的标准早已远离了公平公正问题。"[①]

"原则 + 规则"这种"回归"式路径,承认公平公正待遇不断规则化的现实,但"原则化"处理公平公正待遇条款,与时代发展潮流不符,缺少现实性和可操作性,没有实际意义。

二 公平公正待遇条款改进的路径要求

(一)坚持公平公正待遇条款的可诉性,统一位置安排与术语使用

公平公正待遇条款已经成为投资争端中最突出的争议,这个趋势逐年

[①] See Judge Stephen M.Schwebel, "Is Neer Far from Fair and Equitable?", *Arbitration International*, Vol.27, Issue 4, December 2011, p.561.

加强。2014—2015年出具的6份裁决书全部涉及公平公正待遇条款。① 公平公正待遇成为国际投资仲裁中投资者与东道国博弈的焦点，是投资者赢得投资仲裁的重要筹码，条款可诉性已经成为不可争辩的事实和趋势，坚持公平公正待遇条款的可诉性是现实需求，也是我国加大海外投资保护不可或缺的工具。坚持公平公正待遇条款的可诉性，即要求不可"回归式"原则化条款，固定公平公正待遇投资待遇条款位置，统一条款术语为"公平与公正待遇"。

（二）避免形成过高保护待遇，列举"东道国义务"

1.以21世纪的条款发展趋势为基础

进入21世纪，我国缔结的BITs及FTAs都显示出将公平公正待遇列举为程序性义务的倾向。例如，2009年中国—哥伦比亚BIT规定公平公正待遇内容为"包括禁止在刑事、民事或行政程序中拒绝司法"；② 2011年，中国—乌兹别克斯坦BIT封闭式列举公平公正待遇内容为"粗暴地拒绝公正审理，或实行明显的歧视性或专断性措施"；③ 2013年，中国—

---

① See David Collins, "Review of 2016 International Centre for Settlement of Investment Disputes (ICSID) Decisions", *Manchester Journal of International Economic Law*, Vol.13, 2016, pp.456-474.

② 中国—哥伦比亚BIT 第2条 投资的促进、准入和保护

……

3.每一缔约方都应根据习惯国际法给予另一缔约方的投资者在其领土内的投资以公平公正待遇和全面的保护和安全。

4.为进一步明确，（1）"公平公正待遇"和"全面的保护和安全"的概念并不要求给予超出根据习惯国际法标准给予外国人的最低待遇标准所要求之外的待遇。

（2）违反了本协定或其他国际协定的其他条款并不意味着违反外国人最低待遇标准。

（3）根据普遍接受的习惯国际法原则，"公平公正待遇"包括禁止在刑事、民事或行政程序中拒绝司法。

（4）"全面的保护和安全"标准在任何情况下都不意味着给予投资者比投资所在缔约国国民更好的待遇。

③ 中国—乌兹别克斯坦BIT 第5条 公正与公平待遇

1. 缔约一方应该确保给予缔约另一方的投资者及在其境内的投资以公正与公平待遇，提供充分保护与保障。

2. "公正与公平待遇"要求缔约一方不得对缔约另一方投资者粗暴地拒绝公正审理，或实行明显的歧视性或专断性措施。

3. "充分保护与保障"要求缔约方应采取合理及必要的治安措施以提供投资保护和保障，但在任何情况下都不意味着缔约一方应当给予投资者比该缔约国国民更优的待遇。

4. 认定违反本协定其他条款或其他条约的条款，不构成对本条款的违反。

坦桑尼亚BIT列举公平公正待遇内容为"拒绝公正审理程序，或实行明显的歧视性或专断性措施"；① 2015年中国—土耳其BIT列举公平公正待遇内容为"拒绝公正的司法程序，或实行明显的歧视性或专断性措施"。② 可见，我国近几年签订的投资协定中公平公正待遇内容仅禁止司法不公和歧视，并未承认公平公正待遇包含保护投资者合理期待和透明度义务，也并未提及正当程序义务中的行政行为正当合理义务。

协定如此规定符合我国国情。首先，仲裁庭对正当程序清楚和统一的看法还没有出现，过于开放的正当程序义务可能引发仲裁庭对东道国行政行为酌处权的考察。同时，我国行政法理念陈旧，程序正义、平等对待、环境保护还没有完全纳入我国的行政立法、执法的理念之中，没有完成权力导向向规则导向的转变，③ 纳入行政行为正当合理义务将提高我国仲裁风险。其次，鉴于投资者合理期待与公平公正待遇类型，具有不确定性，会在很大程度上降低投资者向东道国索赔的门槛。如果在投资协定中纳入保护投资者合理期待义务，会加剧公平公正待遇条款的不确定性，与我国目前限定公平公正待遇内容的趋势不符。最后，关于

---

① 中国—坦桑尼亚BIT第5条 公正与公平待遇
1.缔约一方应该确保给予缔约另一方的投资者及在其领土内的投资以公正与公平待遇，提供充分保护与保障。
2."公正与公平待遇"是指缔约一方不得对缔约另一方投资者拒绝公正审理程序，或实行明显的歧视性或专断性措施。
3."充分保护与保障"要求缔约方在履行确保投资保护与保障职责时，采取合理的必要的治安措施，但在任何情况下都不意味着缔约一方应当给予投资者比该缔约国国民更优的待遇。
4.认定违反本协定其他条款或其他条约的条款，不构成对本条款的违反。
② 中国—土耳其BIT第2条 促进和保护投资
1.缔约一方应根据其法律法规尽可能促进缔约另一方投资者在其领土内的投资。
2.缔约一方投资者的投资在缔约另一方领土内应一直得到与国际法原则一致的公平和公正待遇，并应享有充分保护与保障。缔约方不得通过任何不合理或歧视性的措施损害对上述投资的管理、维持、使用、享有或处置。
3."公平和公正待遇"要求缔约一方不得对缔约另一方投资者拒绝公正的司法程序，或实行明显的歧视性或专断性措施。
4."充分保护与保障"要求缔约方在履行确保投资保护与保障职责时，采取合理和必要的治安措施。
5.认定违反本协定其他条款或其他条约的条款，不构成对本条款的违反。
③ 参见何志鹏《国际经济法治：全球变革与中国立场》，高等教育出版社2015年版，第403页。

透明度义务，考虑到我国目前大部分协定中都规定了专门的透明度条款，且仲裁庭对公平公正待遇是否包含透明度依然有异议，基于目前限定公平公正待遇条款的发展趋势，不纳入透明度义务是谨慎和务实的考虑。

2.列举公平公正待遇的"义务"

公平公正待遇作为义务性规范，其内容意味着国家"可以"或者"应该"行为的范围，这些内容体现着东道国在投资的法律、政策和措施的作为与不作为方面的权衡与抉择。公平公正待遇条款"双刃剑"的特点，要求缔约国谨慎地列举公平公正待遇内容，考虑海外投资保护的必要性与投资者滥诉的可能性。

我国在强调保护对外投资方面，应注意避免加剧某些国家对中国崛起的忧虑。同时，我国虽然已经成为资本输入与输出大国，但参与国际仲裁的经验还不足，优秀涉外法律服务人才储备不足，因此，在海外投资利益的高度保护与防范投资者滥诉，避免背负不必要的国际责任之间，应选择后者。这也是我国投资协定谈判一贯的立场，我国与美国 BIT 谈判争议焦点之一便是公平公正待遇条款的高标准保护与我国限定公平公正待遇条款之间的讨论，基于上述考虑，公平公正待遇条款应以近几年签订的投资协定中的公平公正待遇内容表述为基础，合理吸收其他中外投资协定以及其他缔约方间投资协定的有益经验，防止公平公正待遇条款被扩大解释，避免形成过高保护待遇，列举"东道国义务"。

3.不宜采用具体修饰词汇

需要指出的是，投资协定目的是促进投资和保护投资，公平公正待遇条款的存在意义依然是保障投资，作为义务性规范的公平公正待遇条款，规制对象是东道国整体行为，即从整体上考察国家对待投资的行为是否达到"不公平、不公正"的程度，而并非东道国国内行为的具体指导。公平公正待遇条款规定不可如国内立法那般"精准、细致"，不可逾越成为管理国家之"国家之法"，也不可为投资者设置过高的申请门槛，使公平公正待遇条款失去保护投资者之本意。公平公正条款列举的义务，不可"绝对性"规定，需保持一定的一般性、抽象性，给予投资者、东道国、仲裁庭三方根据具体情形，权衡各种因素，做出行为选择和决定的空间。

基于此种考虑，公平公正待遇条款规定内容不宜采用具体修饰词汇直接描述和强调其严重程度的表述方式。例如，2015 年印度 BIT 范本草案

第 3 条（待遇标准）规定，每一缔约方不应使得另一缔约方投资者的投资遭受习惯国际法中的拒绝司法、未予救济且极端恶劣的违反正当程序以及明显的粗暴对待（包括持续的、不正当的且令人不能容忍的强制或骚扰）。①

（三）平衡保护投资者和东道国利益

1. 基于资本输出国地位，允许"协议新增"内容

首先，公平公正待遇条款改进，需符合中国当前的国际地位和国家利益诉求。非洲、拉美、中亚是我国重要的对外投资目的地，这些地区不少发展中国家的经济政策缺乏稳定性，法治化水平也不太高，一些国家的政局时常陷入动荡，我国在这些地区的投资可能面临较大的商业和非商业风险。

其次，我国是对外投资大国，强调海外投资保护是公平公正待遇条款改进考虑的国情之一，封闭列举条款固有的缺点是无法穷尽所有可能的不公平不公正行为，这种局限性是缔约国限定公平公正待遇内容，防止仲裁庭过度解读对东道国经济监管权力造成干扰的必然结果。② 为加大投资者保护力度，缓解"列举式"僵化性，公平公正待遇条款内容应允许"协议新增"内容，以个性化方案解决投资保护困境。例如，如果缔约国经济政策不稳定、法治水平不高，急需外部资金的进入以拉动国内经济的发展，我国可通过谈判"协议新增"保护投资者合理期待内容，以提高我国海外投资的保护水平。

最后，允许"协议新增"公平公正待遇内容，也是合理吸收其他中

---

① 该 BIT 范本草案的特色在于，废除了"公平与公正待遇"的术语，也没有采取"最低待遇标准"的表述，只是在"待遇标准"的标题下，采取了列举式清单的表述方式，而且只是将拒绝司法限定在习惯国际法的范围内，进而对违反正当程序和粗暴对待则没有采取一般抽象的习惯国际法的限定方式，而是采取了通过具体修饰词汇直接描述和强调其严重程度的表述方式。目前，此种表述方式非常少见。参见王彦志《国际投资法上公平与公正待遇条款改革的列举式清单进路》，《现代法学》2015 年第 6 期。

② 有学者认为，公平公正待遇作为一个绝对且抽象的待遇标准，除缔约双方可以事先约定哪些情形符合或不符合公平公正待遇之外，"列举式"条款试图划定公平公正待遇条款的适用范围几乎是不可能的。这种认知并没有问题，但两害相权取其轻，早期公平公正待遇被过度解读为对东道国经济监管权的干涉，现代 BIT 重在平衡投资者权益与东道国主权，不完全解读或者限定公平公正待遇内容，也是现实和无奈之举。毕竟，"生活并不服从逻辑，反而是逻辑要服从于生活"。参见梁开银《公平公正待遇条款的法方法困境及出路》，《中国法学》2015 年第 6 期。

外投资协定有益经验的要求。例如，2014年谈判完成的欧盟与新加坡FTA第9.4条规定：构成违反公平公正待遇的措施是指……前述未列明的对待也可能构成违反公平公正待遇，但需缔约方依本协定程序达成协议。2014年CETA第8.10条规定：1.每一缔约方应在其领土内依据第2—6款，给予另一方涵盖投资和投资者公平公正的待遇和充分的保护和安全。2.违反公平公正待遇是指构成以下情形的一项或者一系列措施……3.缔约方应定期或应一缔约方请求评审公平公正待遇义务内容，服务和投资委员会可以在此方面形成建议并提交给贸易委员会做出决定。

2.基于资本输入国地位，需设置例外条款

20世纪90年代，公平公正待遇并未引起东道国的关注，主要因为缔约国并未意识到该条款被用作投资者索赔依据，鉴于目前公平公正待遇的高援引率和索赔成功率，公平公正待遇"敞口"状态对缔约东道国具有不利影响。因此，基于传统的资本输入国地位，公平公正待遇需设置例外条款。

"例外条款设置，可以参照其他国际条约或投资条约中其他条款的规定及国际仲裁经验，例如，参照同样作为投资者索赔依据的征收和补偿条款，规定国家为了公共安全和健康、保护环境、维护公共秩序所采取的措施不属于违反公平公正待遇。如果上述例外适用于整个条约的话，则不必对公平公正待遇单独设立例外条款。"[①] 同时规定"认定违反投资协定其他条款或其他条约的条款，不构成对公平公正待遇条款的违反"。

(四) 援引公平公正待遇条款需用尽当地救济

1.有益于维护当事者双方权益

如本书第四章所述，用尽当地救济规则的主要理由是给予东道国自查空间，有机会纠正错误，东道国承担国家责任之前获得充分的机会纠正其错误，也是公平的要求。仲裁制度的目的是保障投资者权益，并非作为国内司法程序的上诉程序，如果东道国存在的救济途径可以保障投资者权益，完全可以纠正先前的不当行为，投资者也可以节省昂贵的国际仲裁费用，也表示了对东道国主权的尊重；同时，考虑到当事者双方都是善意维

---

① 参见余劲松、梁丹妮《公平公正待遇的最新发展动向及我国的对策》，《法学家》2007年第6期。

护自身权益的本意，东道国有机会纠错，投资者更愿意保护良好投资关系以继续经营，本地救济是当事方效率最大化的选择。

2.可降低公平公正待遇扩张适用风险

投资协定是缔约方共同意愿的体现，也是缔约方双方约束条件的表达，公平公正待遇被仲裁庭扩张解释，提高缔约方本无意愿提供的投资待遇是东道国最为警惕之事，也是晚近公平公正待遇内容被限定在一定范围之内的主要原因。毕竟，"一切皆流，无物常住"，东道国不可能预见所有的行为后果和风险，用尽当地救济可提起东道国的注意与警惕，比照已有的仲裁经验，修正不当行为，降低仲裁庭发现违反公平公正待遇的可能性。目前，我国还存在约占总数的15%，对公平公正待遇条款未做任何限定的投资协定，一旦发生投资争端，这种开放式结构的公平公正待遇将给予仲裁庭无限解释适用的可能，加大我国承担国际责任的风险。用尽当地救济可以"缓冲"这一风险，加大投资者滥诉的成本，降低公平公正待遇扩张适用风险。

例如，马来西亚Ekran Berhad公司诉中国案中，如果Ekran Berhad公司切实履行了前置程序，向行政主管部门申诉或者向法院提起诉讼。中国政府严格按照规则和程序，积极应对，将仲裁庭扩大待遇条款适用的风险降低，避免出现政府主动与投资者和解的被动局面。[1]

3.用尽当地救济是我国务实选择

首先，我国虽然成为新近的资本输出大国，但在今后以及相当长的一

---

[1] 本争端起源于Ekran公司的下属公司中马艺术文化（Sino Malaysia Art & Culture）公司对中国海南省土地的租赁权被海南地方当局收回的事实。中马艺术文化公司于1993年在中国注册，其主要的经营范围包括文化艺术品产业。其与海南政府签订合同，租赁近900公顷的土地，租期从1993年至2063年共70年。根据《中华人民共和国城市房地产管理法》以及《海南经济特区土地管理条例》，为了减少土地闲置和抑制土地囤积，超过合同约定的动工开发之日起期满一年未动工的，可以征收相当于土地使用权出让金20%以下的土地闲置费；满两年未动工的，可以无偿收回土地使用权。基于上述规定，2004年，海南省政府收回了中马艺术文化公司对该项土地的使用权，被收回的土地价值约1750万马来西亚令吉（折合570万美元）。据称，Ekran公司在提交ICSID争端解决之前曾与当地政府协商多年，但均未得到解决，于是依据1990年3月31日生效的中国—马来西亚BIT提起仲裁。马来西亚公司提交仲裁后，中国政府主动跟这个公司达成了和解，Ekran公司主动撤诉。参见https://icsid.worldbank.org/apps/ICSIDWEB/cases/Pages/casedetail.aspx?CaseNo=ARB/11/15，2022年3月17日。Ekran公司诉中国案，是我国第一次被诉至ISCID，商务部对仲裁结果难以预测，和解是国际仲裁经验缺乏背景下的选择。

段时间内将仍然保持资本输入国的身份。我国较少成为被仲裁国家，并非因为外资企业与中国政府间未发生争端，而是因为长期以来我国为吸引外资，以及缺乏国际仲裁经验而采取息事宁人态度，这也导致国内出现对外资长时间受到"高于国民待遇"的批评。1998年7月中国—巴巴多斯BIT的签订，标志我国对待国际仲裁的成熟态度，也预示着我国对内、外资本争端更加公平地运用规范的司法途径解决的信心。从"优待"到"公平对待"的变化，以及可能的对东道国司法不信任的心理都会促使投资者更愿意将东道国送至国际司法平台，要求用尽当地救济可防止出现投资争端井喷式增长。①

其次，也是最重要的原因，作为发展中国家，我国在某些领域的知识和管理经验依然不足；② 缔结条约程序法与国内部门法之间还存在法律冲突，缺乏一致性和透明度；司法制度改革尚未完成。如 Abhijit P. G. Pandya 博士的担忧一样，"发展中国家的司法系统如果存在以下情形，包括司法机关缺少司法独立；无效的资源管理；法律教育的不足；由于高昂的费用，法律服务难以普及，或者难以满足的程序要求，可能会使纠纷中的投资者遭受损害。因此，一个习惯适用更好的资源分配系统司法标准的投资者，可能会对诉讼的方式和结果感到不满，认为其遭受到不公平不公

---

① 1998年7月中国—巴巴多斯BIT是第一个根据ICSID或联合国国际贸易法委员会（贸易法委员会）的规则，有条件地允许外国投资者不受限制地进入国际仲裁的协定。

中国—巴巴多斯BIT第九条：投资争议的解决

……

2.如本条第一款的争议在争议一方自另一方收到有关争议的书面通知之日后六个月内不能协商解决，投资者有权选择将争议提交下述两个仲裁庭中的任意一个，通过国际仲裁的方式解决：

（1）依据1965年3月18日在华盛顿签署的《关于解决一国与他国国民间投资争端公约》设立的"解决投资争端国际中心"；

（2）根据《联合国国际贸易法委员会仲裁规则》设立的仲裁庭。该规则中负责指定仲裁员的机构将为"解决投资争端国际中心"秘书长。

3.尽管有第二款的规定，缔约一方仍可要求投资者在将争议提交国际仲裁前，用尽其国内行政复议程序。但是，如投资者已诉诸本条第十款规定的程序，则本款规定不应适用。

……

10.缔约一方的投资者有权将任何争议诉诸缔约另一方有管辖权的法院。如果投资者已诉诸本款规定的程序，本条第二款将不予适用，除非法院将有关事项移交国际仲裁解决。

② 例如我国金融监管内容和手段不够规范，服务贸易领域技术水平、管理能力落后。

正的待遇"①。

三 公平公正待遇条款改进的具体方案

公平公正待遇条款改进的具体方案，根据上述的讨论，范例如下：

第 X 条 公平与公正待遇

1. 缔约一方应该确保给予缔约另一方的投资者及在其领土内的投资以公平与公正待遇。

2. "公平与公正待遇"是指缔约一方不得对缔约另一方投资者拒绝公正审理程序，或实行明显的歧视性或专断性措施。

3. 前述未列明的对待也可能构成违反公平公正待遇，但需缔约方依本协定程序达成协议。

4. 为了公共安全和健康、保护环境、维护公共秩序所采取的措施不属于违反本条款。

5. 认定违反本协定其他条款或其他条约的条款，不构成对本条款的违反。

需要说明的是，这一范例适用于我国缔结的 BITs 和 FTAs，其重要意义在于：用统一的范例来指导未来中外投资协定中的公平公正待遇条款谈判，更好地平衡东道国与投资者利益。

本章小结

本章是本书的最后一章，也是最终论证的目标，前述各章都是为本章服务。如果只是描述公平公正待遇所有表象而不实际解决问题，前文分析也就没有任何意义。公平公正待遇条款要求在特定的情况下调整各种相互竞争的利益。公平公正待遇条款的改进目的是，平衡投资者与东道国利益，在符合投资保护政策基础上获取国家利益最大化。从发展轨迹可见，我国投资协定中公平公正待遇条款的发展，经历从原则性规定到限定公平公正待遇义务，更加谨慎保护投资者利益的过程。这符合公平公正待遇条款发展的趋势。目前，我国协定中的公平公正待遇条款存在条款规定差异

---

① See Abhijit P. G. Pandya, "Interpretations and Coherence of the Fair and Equitable Treatment Standard in Investment Treaty Arbitration", Ph. D. Law, London School of Economics, 2011, p. 165.

较大，术语适用不一致和位置不确定的缺陷。时至今日，公平公正待遇已成为投资者最为喜爱的索赔援引条款，历史不可能倒退，"去诉化"和"原则化"公平公正待遇条款的改革方案不具有现实性。新的国际和国内环境，为我国投资协定的完善提出了新要求：保证条约规则具体化，同时为应对复杂的投资监管措施留有空间，努力实现条约规范的确定性与灵活性的统一。因此，以我国近年签订的投资协定条款为基础，合理吸收国际经验才是改进公平公正待遇条款的现实路径。近年来，我国签订的BITs和FTAs都体现出列举公平公正待遇为程序性义务的趋势，鉴于列举方式的固有缺陷，从平衡保护的角度出发，应允许缔约方"协议新增"公平公正待遇的义务，并要求援引条款之前用尽当地救济。据此，本书提出公平公正待遇条款的改进范例，希望统一的范例可指导未来中外投资协定中的公平公正待遇条款谈判。

结　　论

　　"法律的生命不在于逻辑，而在于经验"，公平公正待遇条款的发展生动体现了霍姆斯大法官的这一论断。公平公正待遇如火如荼的讨论，"是逻辑形式背后存在相互竞争的各种论据理由的相关价值和重要性的判断，有时候可能是含糊不清和无意识的判断"。虽然确定性可能真的只是个幻想，但这不能阻挡学者和司法人员追寻公平公正待遇义务构成的步伐。毕竟，缔约国签订投资协定时可不是想给自己未来巨额赔偿铺平道路，投资争端的仲裁机构也不愿意成为投资者投机的可利用工具。

　　公平公正待遇确实与正义有着天然的联系，除却它们使用相近似的表达外，最初提及公平公正待遇也是处在协定的序言之中，仅是一种态度或者宣言，并没有约束力。精明的美国人善于用法律保护自己的权益，与各国签订的友好通商航海条约将公平公正待遇纳入条款其中，而双边投资协定的迅猛发展使公平公正待遇成为条款惯例。让美国始料未及的是，其主导的 NAFTA 中的公平公正待遇条款逐渐成为投资者寻求保护、声讨东道国要求索赔的最佳工具。NAFTA 自由贸易委员会迅速地对公平公正待遇做出限定，将其纳入最低待遇标准之下。自此，围绕公平公正待遇与国际最低待遇标准的关系，公平公正待遇条款是否具有独立地位，以及公平公正待遇条款具体义务为何，成为投资者、东道国在仲裁过程中的争论焦点。

　　"不确定性在法律中受到非难，极度的确定性反而有损确定性。"仲裁庭在公平公正待遇条款的反复推理中逐渐形成部分共识，提出东道国为投资者提供公平公正待遇，包含保护投资者合理期待、透明度、非歧视、正当程序等义务，上述义务在各国投资协定中被选择性地接受。然而，上述义务并非清晰、明确的衡量标尺，同样具有一定的模糊性，或许就是这样的特征才能满足仲裁庭在平衡竞争利益的过程中追求"最大"正义的要求，也是公平公正待遇成为国际投资规范的原因。即公平公正待遇为东道国确定了"行为标准",又不能过于细微,毕竟尊重东道国主权是永远不可逾越的红线,只有平衡保护才是真的正义。

"法律就像旅行一样,必须为明天做准备、它必须具备成长的原则。"平衡主义的公平公正待遇条款是国际正义的实现路径,符合我国作为资本输入与输出国双重身份的地位考虑,而完全没有限定的公平公正待遇条款可能成为投资者索赔的利器,需尽快修订投资协定中的公平公正待遇条款。将公平公正待遇限定为不得拒绝公正审理,或不得实行明显的歧视性或专断性措施等程序性义务,同时预留新增内容空间,是最佳的改进路径。

"一百个人心中有一百个哈姆雷特",上述修改方案或许无法完全体现公平公正待遇的全部面目。然而,"法律的基础有两个,而且只有两个……公平和实用"。以现有规定为基础,注重平衡保护和条款的成长空间,"列举"与"协议新增"模式的公平公正待遇条款,是成本最小的设计方案,也是最为稳妥和务实的选择。

参考文献

一 中文类

(一) 中文著作

白中红:《〈能源宪章条约〉争端解决机制研究》,武汉大学出版社 2012 年版。

车丕照:《国际经济法研究》,法律出版社 2015 年版。

陈安:《国际经济法学专论》,高等教育出版社 2002 年版。

陈安:《国际投资法的新发展与中国双边投资条约的新实践》,复旦大学出版社 2007 年版。

陈安:《陈安论国际经济法学》(第三卷),复旦大学出版社 2008 年版。

陈金钊:《法律解释学——立场、原则和方法》,湖南人民出版社 2009 年版。

冯寿波:《〈WTO〉与条约解释——理论与实践》,知识产权出版社 2015 年版。

甘翠平:《WTO 争端当事方推动程序研究》,法律出版社 2016 年版。

何志鹏:《国际经济法的基本理论》,社会科学文献出版社 2010 年版。

何志鹏:《国际经济法治:全球变革与中国立场》,高等教育出版社 2015 年版。

黄辉:《WTO 与国际投资法律实务》,吉林人民出版社 2001 年版。

金成华:《国际投资立法发展现状与展望》,中国法制出版社 2009 年版。

孔祥俊:《法律解释方法与判例研究》,人民法院出版社 2004 年版。

李爱年、韩广:《人类社会的可持续发展和国际环境法》,法律出版社 2005 年版。

刘京莲：《阿根廷国际投资仲裁危机的法律与实践研究——兼论对中国的启示》，厦门大学出版社 2011 年版。

刘笋：《WTO 法律规则体系对国际投资法的影响》，中国法制出版社 2001 年版。

刘文静：《WTO 透明度原则与我国行政公开制度》，法律出版社 2008 年版。

刘志云：《国际经济法法律自由化原理研究》，法律出版社 2015 年版。

卢进勇、余劲松、齐春生：《国际投资条约与协定新论》，人民出版社 2007 年版。

卢秋帆：《国际贸易法律文本特点及其变迁研究》，中国政法大学出版社 2013 年版。

卢晓勇：《国际投资理论与发达国家对华直接投资》，科学出版社 2004 年版。

罗先云：《WTO 多边贸易规则与实践》，中国政法大学出版社 2015 年版。

马迅：《〈能源宪章〉投资规则研究》，武汉大学出版社 2012 年版。

慕亚平：《国际投资的法律制度》，广东人民出版社 1999 年版。

强世功：《法律的现代性剧场：哈特与富勒论战》，法律出版社 2006 年版。

石慧：《投资条约仲裁机制的批判与重构》，法律出版社 2008 年版。

苏力：《制度是如何形成的》，北京大学出版社 2008 年版。

万猛：《国际投资争端解决中心案例导读》Ⅰ，法律出版社 2015 年版。

王成礼：《法治的均衡分析》，山东人民出版社 2008 年版。

王兴贤：《朱子语类》卷五十九，上海古籍出版社 2014 年版。

王彦志：《国际经济法总论：公法原理与裁判方法》，华中科技出版大学出版社 2013 年版。

王彦志：《新自由主义、国际投资法律机制：兴起、构造和变迁》，法律出版社 2016 年版。

王勇：《最惠国待遇的回合：1989—1997 年美国对华贸易政策》，中央编译出版社 1998 年版。

王勇：《1972—2007 年中美之间的条约法问题研究》，法律出版社 2009 年版。

吴岚：《国际投资法视域下的东道国公共利益原则》，中国法制出版社 2014 年版。

杨松：《国际货币基金协定研究》，法律出版社 2000 年版。

姚梅镇：《国际投资法》，武汉大学出版社 1985 年版。

姚梅镇：《国际投资法》（第三版），武汉大学出版社 2011 年版。

叶惟：《法律适用中的解释问题研究》，中国社会科学出版社 2006 年版。

叶兴国、陈满生：《北美自由贸易协定》，法律出版社 2011 年版。

叶兴平：《国际争端解决机制的最新发展——北美自由贸易区的法律与实践》，法律出版社 2006 年版。

余劲松：《国际投资法》（第 4 版），法律出版社 2014 年版。

余凌云：《行政法上合理期待之保护》，清华大学出版社 2012 年版。

曾华群：《WTO 与中国外资法的发展》，厦门大学出版社 2006 年版。

张光：《国际投资法制中的公共利益保护问题研究》，法律出版社 2016 年版。

张海燕、邓婷婷：《国际经济法典型案例评析》，中南大学出版社 2016 年版。

张庆麟：《国际投资法专论》，武汉大学出版社 2007 年版。

仲大军：《国民待遇不平等审视：二元结构下的中国》，中国工人出版社 2002 年版。

周佑勇：《行政法基本原则研究》，武汉大学出版社 2005 年版。

（二）中文论文

［美］本尼迪克特·金斯伯里、斯蒂芬·席尔：《作为治理形式的国际投资仲裁：公平与公正待遇、比例原则与新兴的全球行政法》，李书健、袁屹峰译，《国际经济法学刊》2011 年第 2 期。

［英］戴维·赫尔德、凯文·扬：《有效全球治理的原则》，《南开学报》（哲学社会科学版）2012 年第 5 期。

［英］哈特：《实证主义和法律与道德的分离（上）》翟小波译，强世功校，《环球法律评论》2001 年夏季号。

［英］克雷格:《正当期望：概念性的分析》,马怀德、李洪雷译,《环球法律评论》2003年夏季号。

包晋:《NAFTA下美国关于"公平与公正待遇"的国家实践——争端解决的视角》,《国际经济法学刊》2014年第1期。

陈喜峰:《简论欧盟法中的相称性原则》,《法学评论》2003年第5期。

陈喜峰:《宪政的国际法：全球治理的宪政转向》,《暨南学报》(哲学社会科学版) 2013年第1期。

陈正健:《国际投资仲裁中的先例使用》,《国际经济法学刊》2014年第1期。

陈致中:《国际法院与国际经济争端的解决》,《中山大学学报》(社会科学版) 1994年第3期。

邓婷婷:《投资者的行为在公平与公正待遇条款中的适用》,《求索》2010年第9期。

刁小行:《语境主义：思考正义的一种方法论原则》,《天津行政学院学报》2012年第3期。

冯寿波:《规则的解释与解释的规则》,《西部法学评论》2013年第6期。

封筠:《保护伞条款与国际投资争端管辖权的确定》,《暨南学报》2011年第1期。

高培鹏:《最惠国待遇在国际投资法中的主要法律问题》,《中国法学》2001年增刊。

高秦伟:《论欧盟行政法上的比例原则》,《政法论丛》2012年第2期。

龚群:《当代社群主义对罗尔斯自由主义的批评》,《中国人民大学学报》2010年第1期。

韩秀丽:《论WTO法中的比例原则》,博士学位论文,厦门大学,2006年。

何帆、冯维江、徐进:《全球治理机制面临的挑战及中国的对策》,《世界经济与政治》2013年4期。

黄世席:《可持续发展视角下国际投资争端解决机制的革新》,《当代法学》2016年第2期。

姬云香、胡晓红：《全球治理下"一带一路"之公平公正待遇问题研究》，《西北师大学报》（社会科学版）2016年第6期。

江必新：《行政程序正当性的司法审查》，《中国社会科学》2012年第7期。

李庆灵：《国际投资仲裁中的缔约国解释：式微与回归》，《华东政法大学学报》2016年第5期。

李石：《论罗尔斯正义理论中的优先规则》，《哲学动态》2015年第9期。

李文青：《国际投资仲裁中的公正与公平待遇标准——以CMS天然气运输公司诉阿根廷案为例》，《国际经济法学刊》2006年第3期。

李祖军：《论程序公正》，《现代法学》2001年第3期。

梁开银：《公平公正待遇条款的法方法困境及出路》，《中国法学》2015年第6期。

刘贺青：《罗尔斯"万民法"第八条探源》，《江南大学学报》2010年第1期。

刘笋：《论投资条约中的国际最低待遇标准》，《法商研究》2011年第6期。

刘万啸：《气候变化背景下国际投资规则的发展趋势及我国对策研究》，《政法论丛》2014年第2期。

吕永祥：《罗尔斯差异原则的内容及证成》，《理论观察》2014年第5期。

莫于川、林鸿潮：《论当代行政法上的信赖保护原则》，《法商研究》2002年第5期。

彭岳：《条约的解释——以DSB上诉机构的裁决为例》，《南京大学法律评论》2004年秋季号。

祁欢、阎聪：《2012美国BIT范本对中美BIT谈判之影响的再研究》，《山西大学学报》（哲学社会科学版）2015年第1期。

漆彤：《论中国海外投资者对国际投资仲裁机制的利用》，《东方法学》2014年第3期。

舒国滢：《法律原则适用的困境——方法论视角的四个追问》，《苏州大学学报》2005年第1期。

苏力：《知识的互惠与征服》，《法学家茶座》2007年第14辑。

童世骏：《国际政治中的三种普遍主义——伊拉克战争以后对罗尔斯和哈贝马斯的国际政治理论的比较》，《华东师范大学学报》（哲学社会科学版）2003 年第 6 期。

王海平：《西方正义战争理论的两个重要范畴：诉诸战争的权利（jus ad bellum）和战争法规（jus in bello）》，《西安政治学院学报》2004 年 6 期。

王衡、惠坤：《国际投资法之公平公正待遇》，《法学》2013 年第 6 期。

王辉：《公平公正待遇标准：美国经验与启示》，《长江论坛》2011 年第 6 期。

王楠：《双边投资协定中的伞形条款解释——兼论 ICSID 近期相关案例》，《法学家》2008 年第 6 期。

王楠：《最惠国待遇条款在国际投资争端解决事项上的适用问题》，《河北法学》2010 年第 1 期。

王彦志：《投资条约保护伞条款的实践及其基本内涵》，《当代法学》2008 年第 5 期。

王彦志：《国际法上国家契约的法律保护》，《当代法学》2010 年第 6 期。

王彦志：《国际投资争端解决的法律化：成就与挑战》，《当代法学》2011 年第 3 期。

王彦志：《公平与公正待遇条款改革的困境与出路——RDC v. Guatemala 案裁决引起的反思》，《国际经济法学刊》2014 年第 1 期。

吴其胜：《国际投资规则新发展与中国的战略选择》，《国际关系研究》2014 年第 2 期。

肖军：《国际投资条约中国民待遇条款的解释问题研究——评 Champion Trading Company & Ameritrade International, Inc. 诉埃及案》，《法学评论》2008 年第 2 期。

徐崇利：《公平与公正待遇标准：国际投资法中的"帝王条款"？》，《现代法学》2008 年第 5 期。

徐亚文：《欧洲人权公约中的程序正义条款初探》，《法学评论》2003 年第 5 期。

杨欢、吴殿廷、王三三：《中国"走出去"战略的阶段性及其策略研究》,《国际商务》(对外经济贸易大学学报) 2012 年第 6 期。

杨慧芳:《外资公平与公正待遇标准的要素评析》,《法学评论》2009 年第 3 期。

杨慧芳:《投资者合理期待原则研究》,《河北法学》2010 年第 4 期。

杨基月:《公平与公正待遇适用研究》,《学术探索》2014 年第 4 期。

杨卫东:《双边投资条约:中国的视角》,博士学位论文,中国社会科学院,2002 年。

洋龙:《平等与公平、正义、公正之比较》,《文史哲》2004 年第 7 期。

余劲松:《外资的公平与公正待遇问题研究——由 NAFTA 的实践产生的几点思考》,《法商研究》2005 年第 6 期。

余劲松、梁丹妮:《公平公正待遇的最新发展动向及我国的对策》,《法学家》2007 年第 6 期。

余凌云:《论行政法上的合理期待原则》,《中国社会科学》2003 年第 3 期。

张建:《国际投资仲裁中的公正公平待遇及其适用》,《大连海事大学学报》(社会科学版) 2016 年第 3 期。

张建军:《国际投资协定之透明度规则研究》,博士学位论文,南京大学,2011 年。

张庆麟、马迅:《论〈能源宪章条约〉投资规则的可持续发展》,《暨南学报》(哲学社会科学版) 2009 年第 2 期。

张卫彬:《国际法院解释领土条约的路径、方法及其拓展》,《法学研究》2015 年第 2 期。

张潇剑:《WTO 透明度原则研究》,《清华法学》2008 年第 3 期。

赵红梅:《投资条约保护伞条款的解释及其启示——结合晚近投资仲裁实践的分析》,《法商研究》2014 年第 1 期。

(三) 中文译著

[英] 阿兰·鲁格曼:《全球化的终结》,常志霄、沈群红、熊义志译,生活·读书·新知三联书店 2001 年版。

[美] 埃蒙·凯利:《强势时代:应对来自不确定世界的挑战》,王哲译,中国人民大学出版社 2009 年版。

[英] 安东尼·奥斯特:《现代条约法与实践》,江国青译,中国人民

大学出版社 2005 年版。

［德］奥本海：《奥本海国际法》，［英］詹尼斯、瓦茨修正，王铁崖等译，中国大百科全书出版社 1995 年版。

［英］奥本海：《奥本海国际法》，［英］詹宁斯、瓦茨修订，王铁崖等译，中国大百科全书出版社 1999 年版。

［英］巴利：《社会正义论》，曹海军译，江苏人民出版社 2007 年版。

［英］彼得·莱兰、戈登·安东尼：《英国行政法教科书》（第五版），杨东伟译，北京大学出版社 2007 年版。

［美］布莱克：《法律的运作行为》，唐越、苏力译，中国政法大学出版社 1994 年版。

［英］菲利普·桑斯：《无法无天的世界：当代国际法的产生和破灭》，单文华、赵宏、吴双全译，人民出版社 2011 年版。

［英］哈特：《法律的概念》，张文显译，中国大百科全书出版社 1966 年版。

［英］哈特：《法律的概念》，张文显、郑成良、杜景义等译，中国大百科全书出版社 1996 年版。

［美］加里·B. 博恩：《国际仲裁：法律与实践》，白麟、陈福勇等译，商务印书馆 2015 年版。

［美］加里·S. 贝克尔：《人类行为的经济分析》，王业宇、陈琪译，格致出版社 2010 年版。

［德］卡尔·拉伦茨：《法学方法论》，陈爱娥译，商务印书馆 2003 年版。

［美］理查德·A. 波斯纳：《正义/司法的经济学》，苏力译，中国政法大学出版社 2002 年版。

［德］鲁道夫·多尔查、［奥］克里斯托弗·朔伊尔编：《国际投资法原则》，祁欢、施进译，中国政法大学出版社 2014 年版。

［美］罗伯特·基欧汉、约瑟夫·奈：《权力与相互依赖》（第 3 版），赵宝煦、门洪华译，北京大学出版社 2002 年版。

［美］罗尔斯：《万民法》，张晓辉等译，吉林人民出版社 2001 年版。

［美］罗纳德·德沃金：《认真对待权利》，信春鹰、吴玉章译，中国大百科全书出版社 1998 年版。

［英］马尔科姆·N. 肖：《国际法》（第六版）（上、下），白桂梅、

高健军、朱利江等译,北京大学出版社 2011 年版。

［比］马克·范·胡克:《法律的沟通之维》,孙国东译,法律出版社 2008 年版。

［美］迈克尔·D. 贝勒斯:《法律的原则——一个规范的分析》,张文显、宋金娜、朱卫国等译,中国大百科全书出版社 1996 年版。

［荷兰］尼科·斯赫雷弗:《可持续发展在国际法中的演进:起源、含义、地位》,汪习根译,社会科学文献出版社 2008 年版。

［英］施米托夫:《国际贸易法文选》,赵秀文译,中国大百科全书出版社 1993 年版。

［尼泊尔］苏里亚·P. 苏贝迪:《国际投资法:政策与原则的协调》(第二版),张磊译,法律出版社 2015 年版。

［德］魏德士:《法理学》,丁晓春译,法律出版社 2003 年版。

［奥］维克托·克里蒙克主编:《国际谈判——分析、方法和问题》,屈李坤、赵围、樊海军译,华夏出版社 2004 年版。

［英］维特根斯坦:《哲学研究》,汤潮、范光娣译,生活·读书·新知三联书店 1992 年版。

［法］伊曼纽尔·盖拉德:《国际仲裁的法理思考与实践指导》,北京大学出版社 2010 年版。

［美］约翰·H. 杰克逊:《GATT/WTO 法理与实践》,张玉卿、李成钢、杨国华等译,新华出版社 2002 年版。

［美］约翰·罗尔斯:《正义论》,何怀宏、何包钢、廖申白译,中国社会科学出版社 2014 年版。

［美］约瑟夫·E. 斯蒂格利茨:《全球化及其不满》,李杨、张添香译,机械工业出版社 2010 年版。

［美］约瑟夫·E. 斯蒂格利茨:《让全球化造福全球》,雷达、朱丹、李有根译,中国人民大学出版社 2011 年版。

［美］詹姆斯·D. 莫罗:《政治学博弈论》,吴澄秋、周亦奇译,上海人民出版社 2014 年版。

二 英文类

(一) 英文著作

A. F. Lowenfeld, *International Economic Law*, Oxford University

Press, 2008.

F. A. Mann, *The Legal Aspect of Money*, Clarendon Press, 1992.

Fabozzi, J. Frank, *Treaty Interpretation*, Oxford University Press, 2008.

K. P. Sauvant and L. E. Sachs, *The Effect of Treaties on Foreign Direct Investment*, Oxford University Press, 2009.

Loana Tudor, *Fair & Equitable Treatment Standard in the International Law of Foreign Investment*, Oxford University Press, 2008.

M. Fitzmaurice, The Practical Working of the Law of Treaties, 5th edn, Oxford University Press, 2010.

M. Sornarajah, *The International Law on Foreign Investment*, Cambridge University Press, 2004.

Martins Paparinskis, *The International Minimum Standard and Fair and Equitable Treatment*, Oxford University Press, 2013.

Patrick Dumberry, *The Fair and Equitable Treatment Standard: A Guide to NAFTA Case Law on Article 1105*, Kluwer Law International, 2013.

Robert Renbert Wilson, *The International Law Standard in Treaties of the United States*, Harvard University Press, 1953.

Roland Kläger, *Fair and Equitable Treatment in International Investment Law*, Cambridge University Press, 2011.

Roland Kläger, *Fair and Equitable Treatment in International Investment Law*, New York: Cambridge University Press, 2011.

Sir Ian Sinclair, *The Vienna Convention on the Law of Treaties*, Manchester University Press, 1984.

S. M. Schwebel Tudor. Ioana, *The Fair and Equitable Treatment Standard in the International Law of Foreign Investment*, Oxford University Press, 2008.

Todd Weiler, *The Interpretation of International Investment Law: Equality, Discrimination and Minimum Standards of Treatment in Historical Context*, Leiden: Martinus Nijhoff Publishers, 2013.

Ünüvar, Günes, *The Vague Meaning of Fair and Equitable Treatment Principle in Investment Arbitration and New Generation Clarifications*, Social Science Electronic Publishing, 2016.

Wolfgang Friedmann, *The Changing Structure of International Law*, Columbia University Press, 1964.

(二) 外文论文

A. Reinisch, "Legality of Expropriations", *Oxford University* Press, 2008.

Abhijit P. G. Pandya, "Interpretations and Coherence of the Fair and Equitable Treatment Standard in Investment Treaty Arbitration", London School of Economics, Ph. D. Law, 2011.

Alexandra Diehl, "The Core Standard of International Investment Protection: Fair Equitable Treatment", *Alphen aan den Rijn: Kluwer Law International*, 2012.

AM. Martin, "Proportionality, An Addition to the International Centre for the Settlement of Investment Disputes, Fair and Equitable Treatment Standard", *Boston College International & Comparative Law Review*, Vol. 37, 2014.

Axel Berger, "China and the global governance of foreign direct investment: The emerging liberal bilateral Investment treaty approach", *Deutsches Institut für Entwicklungspolitik*, Vol. 10, 2008.

B. Kingsbury, S. W. Schill, "Vestor-State Arbitration as Governance: Fair and Equitable Treatment, Proportionality and Emerging Global Administrative Law", *IILJ Working Paper*, Vol. 6, 2009.

BC. Schreuer, "Fair and Equitable Treatment (FET): Interactions with other Standards", *Transnational Dispute Management*, Vol. 5, 2007.

Bernali Choudhury, "Evolution or Devolution? Defining Fair and Equitable Treatment in International Investment Law", *Journal of World Investment and Trade*, Vol. 6, 2005.

C. C. Kirkman, "Fair and Equitable Treatment: Methanex v. United States and the Narrowing Scope of NAFTA Article 1105", *Law & Pol'y Int'l Bus.*, Vol. 34, 2002.

C. G. Garcia, "All the Other Dirty Little Secrets: Investment Treaties, Latin America, and the Necessary Evil of Investor-State Arbitration", *Florida Journal of International Law*, Vol. 16, 2004.

C. Schreue, "Full Protection and Security", *Journal of International Dis-*

pute Settlement, Vol. 8, 2010.

C. Schreuer and U. Kriebaum, "The Concept of Property in Human Rights Law and Investment Law", *Human Rights, Democracy and the Rule of Law*, Vol. 11, 2007.

Cass R. Sunstein, "Problems with Rules", *California Law Review*, Vol. 83, 1995.

David Collins, "Review of 2012 International Centre for Settlement of Investment Disputes (ICSID) Decisions", *Manchester Journal of International Economic Law*, Vol. 9, 2012.

David Collins, Case Reviews, "Review of 2016 International Centre for Settlement of Investment Disputes (ICSID) Decisions", *Manchester Journal of International Economic Law*, Vol. 13, 2016.

David Collins, Rudolf Dolzer, "Fair and Equitable Treatment: Today's Contours", *Santa Clara Journal of International Law*, Vol. 12, 2014.

De Smith, Woolf and Jewell, "Judicial Review of Administrative Action 5th Edition", *Sweet & Maxwell*, Vol. 15, 1995.

Diebold, Nicolas, "Standards of Non-discrimination in International Economic Law", *International & Comparative Law Quarterly*, Vol. 4, 2011.

Dirk Messner, John Humphrey, "China and India in the Global Governance Arena", *Governance and legitimacy in a globalized world*, Vol. 5, 2008.

E. Criddle, "The Vienna Convention on the Law of Treaties in U. S. Treaty Interpretation", *Virginia Journal of International Law*, Vol. 4, 2003.

E. Neumayer and L. Spess, "Do Bilateral Investment Treaties Increase Foreign Direct Investment to Developing Countries?", *World Development*, Vol. 10, 2005.

Federico Ortino, "The Obligation of Regulatory Stability in the Fair and Equitable Treatment Standard: How Far Have We Come?", *Social Science Electronic Publishing*, Vol. 21, 2018.

Francis G. Jacobs, "Varieties of Approach to Treaty Interpretation: With Special Reference to the Draft Convention on the Law of Treaties Before the Vienna Diplomatic Conference", *International and Comparative Law*, Vol.

18, 1969.

G. Sacerdoti, "Bilateral Treaties and Multilateral Instruments on Investment Protection", *Collected Courses of the Hague Academy of International Law*, Vol. 269, 1997.

H. -L. Yu and L. Shore, "Independence, Impartiality, and Immunity of Arbitrators", *ICLQ*, Vol. 52, 2003.

H. Blair, "Participation and Accountability at the Periphery: Democratic local Governance in Six Countries", *World Development*, Vol. 28, 2000.

J. Paulsson, "Arbitration without Privity", *ICSID Review—Foreign Investment Law Journal*, Vol. 10, 1995.

J. Tobin and S. Rose-Ackerman, "Foreign Direct Investment and the Business Environment in Developing Countries", *Yale Law School Economics and Public Policy Research Paper*, 2005.

JSM Schwebel, "IS Neer Far from Fair and Equitable?", *Arbitration International*, Vol. 27, 2011.

Kenneth J. Vandevelde, "A Brief History of International Investment Agreements", *U. C. Davis J. Int'l L. & Pol'y*, Vol. 12, 2005.

Kenneth J. Vandevelde, "A Unified Theory of Fair and Equitable Treatment", *N. Y. U. Journal of International Law and Politics*, Vol. 43, 2013.

Kenneth J. Vandevelde, "The Bilateral Investment Treaty Program of the United States", *Cornell International Law Journal*, Vol. 21, 1988.

Kenneth J. Vandevelde, Bilateral Investment Treaties: History, Policy, and Interpretation, Oxford University Press, 2010.

Kenneth J. Vandevelde, "A Unified Theory of Fair and Equitable Treatment", *New York University Journal of International Law & Politics*, Vol. 43, 2010.

L. Kaplow, "Rules versus Standards", *Duke Law Journal*, Vol. 42, 1992.

Lawal Oluwaseun Sadiq, "Variability of Fair and Equitable Treatment Standard according to the Level of Development, Governance Capacity and Resources of Host Countries", *Journal of International Conmnercial Law and Technology*, Vol. 9, 2014.

Lawrence Collins, "Protection of Foreign Investment: A Study in International Law by Zouhair A. Kronfol", *The International and Comparative Law Quarterly*, Vol. 21, 1972.

M. C. Porterfield, "An International Common Law of Investor Rights?", *U. Pa. J. Int'l Econ. L.*, Vol. 27, 2006.

M. W. Janis, "Equity in International Law", *Encyclopedia of Public International Law*, Vol. 2, 1995.

P. G. Pandya, "Fair and Equitable Treatment Standard in Investment Treaty Arbitration", London School of Economics, Ph. D. Law, 2001.

Patrick Dumberry, "The Practice of States as Evidence of Custom: An Analysis of Fair and Equitable Treatment Standard Clauses in States Foreign Investment Laws", *McGill Journal of Dispute Resolution*, Vol. 2, 2015-2016.

Pierre Legrand, "The Impossibility of Legal Transplants", *Maastricht J. Europ. & Comp. L*, Vol. 4, 1997.

Pradhuman Gautam, "The Umbrella Clause: A Search for Greater Legal Certainty", *Ssrn Electronic Journal*, Vol. 25, 2008.

RA. Hird, "Thomas W Wälde and Fair and Equitable Treatment", *Journal of Energy & Natural Resources Law*, Vol. 27, 2015.

Robbins, "The Emergence of Positive Obligations in Bilateral Investment Treaties", *University of Miami International and Comparative Law Review*, Vol.3, 2006.

Roland Kläger, "Fair and Equitable Treatment: A Look at the Theoretical Underpinnings of Legitimacy and Fairness", *Journal of World Investment & Trade*, Vol. 10, 2010.

Rudolf Dolzer and M. Stevens, "Bilateral Investment Treaties", *American Journal of International Law*, Vol. 3, 1995.

Rudolf Dolzer, "Fair and Equitable Treatment: A Key Standard in Investment Treaties", *International Lawyer*, Vol. 39, 2005.

Rudolf Dolzer, "Fair and Equitable Treatment: Today's Contours", *Santa Clara Journal of International Law*, Vol. 12, 2014.

Rudolf Dolzer, "The Impact of International Investment Treaties on Domestic Administrative Law", *NYU Journal of International Law and Politics*,

Vol. 37, 2005.

S. D. Franck, "Foreign Direct Investment, Investment Treaty Arbitration, and the Rule of Law", *Pac. Mc George Bus. & Dev. L. J.*, Vol. 19, 2007.

S. D. Franck, "The Role of International Arbitrators", *ILSA Jarnal of Interation and Comparative law*, Vol. 12, 2006.

S. Vasciannie, "The Fair and Equitable Treatment Standard in International Investment Law and Practice", *British Yearbook of International Law*, Vol. 22, 1999.

S. Vasciannie, "The Fair and Equitable Treatment Standard in International Investment Law and Practice", *British Yearbook of International Law*, Vol. 70, 2000.

S. W. Schill, "Fair and Equitable Treatment under Investment Treaties as an Embodiment of the Rule of Law", *Institute for International Law and Justice Working Paper*, 2006.

S. W. Schill, "The Fair and Equitable Treatment Standard in the International Law of Foreign Investment", *General Information*, Vol. 20, 2008.

Srilal M. Perera, "Equity-based Decision-making and the Fair and Equitable Treatment Standard: Lessons From the Argentina Investment Disput", *The Journal of World Investment & Trade*, Vol. 13, 2012.

T. M. Franck, "Fairness in the International Legal and Institutional System", *General Course on Public International Law*, Vol. 240, 1993.

T. M. Franck, "On Proportionality of Countermeasures in International Law", *American Journal of International Law*, Vol. 4, 2008.

T. R. S. Allan, "Legislative Supremacy and the Rule of Law: Democracy and Constitutionalism", *Cambridge Law Journal and Contributors*, Vol. 44, 1985.

T. Weiler, "NAFTA Article 1105 and the Principles of International Economic Law", *Colum. J. Transnat'l L.*, Vol. 42, 2003.

T. Weiler, "NAFTA Investment Arbitration and the Growth of International Economic Law", *Can. Bus. L. J.*, Vol. 36, 2002.

Thomas W. Wilde, "Investment Arbitration under the Energy Charter Treaty: An Overview of Selected Key Issues Based on Recent Litigation Experience", *Arbitrating Foreign Investment Disputes*, Vol. 12, 2004.

TW. Wälde, "Energy Charter Treaty – based Investment Arbitration", *World Invest Trade*, Vol. 5, 2004.

U. Kriebaum, "Arbitrary/ Unreasonable or Discriminatory Measures", *International Investment Law*, Vol. 9, 2013.

Vandevelde, "A Brief History of International Investment Agreements", *U. C. Davis J. Int'l L. & Pol'y*, Vol. 12, 2005.

W. M. Reisman, R. D. Sloane, "Indirect Exprorion and Its Valuation in the Bit Generation", *Social Science Electronic Publishing*, Vol. 1, 2006.

Z. Douglas, "Nothing if Not Critical for Investment Treaty Arbitration: Occidental, Eureko and Methanex", *Arb. Int'l*, Vol. 22, 2006.

(三) 国际组织报告类

M. Hallward-Driemeier, "Do Bilateral Investment Treaties Attract FDI?", *World Bank Policy Research Working Paper*, 2003.

OECD, *Fair and Equitable Treatment Standard in International Investment Law*, 2004.

OECD, *Public Sector Transparency and the International Investor*, 2003.

UNCTAD, *International Investment Rule Making*, 2008.

UNCTAD, *Most-Favored-Nation Treatment*, 1999.

UNCTAD, *The Impact on Foreign Direct Investment of BITs', The Effect of Treaties on Foreign Direct Investment*, 2009.

UNCTAD, *UNCTAD Series on Issues in International Investment Agreements II: Fair and Equitable Treatment*, 2012.

UNCTAD, *UNCTAD Series on Issues in International Investment Agreements: Fair and Equitable Treatment*, 1999.

United Nations, *Bilateral Investment Treaties 1995–2006: Trends in Investment Rulemaking*, 2007.

后　　记

　　本书是在我的博士学位论文的基础上修改而成，是我的第一本著作，前后历时五年，见证了我曾经的努力，也映射出我的懒惰。付梓之际，总是要按传统回顾一番。博尔赫斯说过："每个人总是写他所能写的，而不是他想写的东西。"无论多么美妙与雕琢的文字，可能都无法完整地表达我所想所思与无尽感恩。

　　时至今日，我，甚至我的家人，对我能读完博士且出书一事都感到有些惊奇。毕竟，打小我就是家中的"笨女子"，在头脑灵活、反应敏捷的兄弟们中显得笨拙、木讷。好在我一直狂热地爱好读书，经常读到煮饭溢锅，走路碰墙，甚至遭遇车祸。这个爱好让我的读书生涯虽有坎坷，但还算顺利。研究生毕业，我进入高校工作。因为自小没什么远大理想，又是一个有些迟钝和懒惰的人，高校工作让我有一种"小富即安"的满足。而且，由于身体的缘故，家人并不支持我再度求学。因此，进入南大之前，"读博"有些像别人家的孩子，好是好，但总觉得这样的幸运不可能发生在自己身上。七年前我站在南大教学楼前的梧桐树下的激动与骄傲，时至今日依然记忆深刻。如果说人生有分界线的话，南大就是划分的标尺。之前的我，仅有自知却无法自胜，南大的学习，尤其是漫长和艰苦的毕业论文写作，让我逐渐有了自胜的信心。

　　"天下莫柔弱于水，而攻坚强者莫之能胜，以其无以易之。"本书从初稿到最后定稿，数月间经历了太多心情的起伏。需要阅读的仲裁报告少则八九十页，多则三四百页，经常看得我头晕眼花，恶心呕吐。让人更为郁闷的是仲裁机构并不友好的界面和让人抓狂的网速，经常为了下载一个报告，我需要重复登录数十次。恒心与耐心是支撑漫长和枯燥的写作的基础，思考后有所得的快乐是继续前进的动力。我想每本书的出现大概都是作者坚毅心智，提升格局，痛并快乐着的过程。那一个个不眠之夜，使今天的回忆成为一种没有这种经历的人难以理解的醇厚的甜蜜。

能够走到今天，何其幸运，是太多人给我的好运。首先要感谢的是我的导师——南京大学法学院的胡晓红教授。如果不是因为胡老师的耐心与容忍，缺乏自信的我不可能有勇气来南大读书，也不可能在博三论及毕业。胡老师严谨求实，学术洞察力极其敏锐，每次求教，老师总能一语中的，让我茅塞顿开，也羞愧不已。谢谢老师对我的关爱与付出，如果说师生是一场缘分，我希望与您的缘分是三生三世。

感谢南京大学的范健教授、叶金强教授，周安平教授、赵娟教授、徐棣枫教授、肖泽晟教授和彭岳教授，谢谢各位教授高屋建瓴地点评和指导，让我学到了写作的经验和方法。感谢南京航空航天大学的高志宏教授，感谢老同学从硕士到博士从不缺席的帮助；感谢南京大学各位同门的鼓励和陪伴，你们让我感受到团队的力量；感谢我的舍友盛志云，叶超两位小妹妹，你们如此年轻却如此优秀，和你们的"忘年之交"是我在求学时最意外的收获。感谢南京大学的深夜食堂和光速网络！

当然，最为感谢的是我的工作单位甘肃政法大学，学校对青年教师进步的大力支持，使我的求学几乎没有任何后顾之忧。感谢院领导对我的关心，为考试、写作提供一切便利；感谢我的各位同事，求学期间，你们甘当后援，承担了所有的授课任务，还要帮我处理私事，给各位添了不少麻烦，感谢迁就。

同时要感谢的是我的家人。感谢我的婆婆，年近70岁的农村老人，远离家乡，忍受着城市生活的吵闹和孤独，独自一人照顾孙子，生活不便却从无怨言。感谢我的公公，为了支持我学习，善良的您三年来从来都是报喜不报忧，处处为我们考虑。感谢我的母亲，您坚韧、大度、明理，所有的心思都在儿女身上，永远都在为我考虑和服务。感谢我的父亲，您永远是我最坚强的后盾，在我感到沮丧和困惑的时候，您总能为我解郁抒怀，让我重拾信心。感谢我的哥哥、嫂子、弟弟、弟妹，感谢你们三年来不厌其烦地迎来送往。感谢我的先生孙均龙，你总是支持我所有的想法，耐心地听我的抱怨，承受我莫名的怒火，谢谢你永远的包容，辛苦你了。孙浩然小朋友，也要感谢你。你对我的爱与依恋，是我前进最大的动力，是上天赐给妈妈最大的礼物。还要感谢以兰州大学韩伟老师为首的我的闺蜜团，因为你们为我无条件地排忧解难，才让这本书出版得如此顺利。

本书得以在中国社会科学出版社出版，我感到非常荣幸。衷心感谢中国社会科学出版社梁剑琴老师为本书出版给予了最大的方便，促成了拙著的顺利出版。感谢中国社会科学出版社的各位老师，你们细致规范的编辑工作为本书增色不少。

在这个世界上，没有完美无缺的彼岸，只有良莠交织的现实。尽管有严师的指导，亲朋好友的帮助，但由于本人的知识与能力是有限的，书中肯定会有疏漏，也必然存在偏颇和不足之处，敬请读者不吝赐教。

对我而言，这本书的意义在于告诉我要感谢昨天，感谢所有的幸与不幸；告诉我要坚持美好的，忘记痛苦的，用恒心与耐心等待属于自己的那份幸福。

姬云香

2022年3月24日

落笔于甘肃兰州